부모의 길 체인지

부모의 길, 체인지
ⓒ 정명애 2011

초판 1쇄 발행 2011년 11월 25일
초판 2쇄 발행 2012년 06월 29일

지은이 정명애
펴낸이 이기섭
편집인 김수영
기획편집 최광렬 신호승
마케팅 조재성 성기준 정윤성 한성진 정영은
관리 김미란 장혜정
일러스트 조승연
디자인 DesignZoo

펴낸곳 한겨레출판(주)
등록 2006년 1월 4일 제313-2006-00003호
주소 121-750 서울시 마포구 공덕동 116-25 한겨레신문사 4층
전화 02)6383-1602 **팩스** 02)6383-1610
대표메일 edu@hanibook.co.kr

ISBN 978-89-8431-501-3 13370

• 책값은 뒤표지에 있습니다.
• 파본은 구입하신 서점에서 바꾸어 드립니다.

* **한겨레에듀**는 한겨레출판(주)의 교육·학습·실용 부문 브랜드입니다.

부모의 길 체인지

자녀와 부모가 손잡고
함께 성장해 가는 아름다운 길

정명애 지음

대한민국 맞춤형 부모교육서

두 아이를 키웠던 엄마로서, 손주들을 지켜보는 할머니로서, 부모교육을 연구하고 강의하는 사람으로서 이 책을 읽는 내내 가슴이 벅찼다. 수많은 부모교육서를 접했지만 우리나라에 이만한 부모교육 책이 또 있을까 싶다. 이 책이 출간되면 제일 먼저 뉴욕에서 다섯 살 된 딸아이를 힘겹게 키우고 있는 아들과 며느리에게 선물하려 한다. 누구나 그렇듯 좋은 부모가 되고 싶지만, 아이가 커 갈수록 부모로서 어떻게 해 주어야 하는지 막막하고 힘들 때 이 책이 큰 도움이 되어 주리라 확신하기 때문이다.

이 책은 어려운 이론만 내세운 부모교육 이론서도, 외국의 사례만 늘어놓은 번역서도 아니다. 저자가 대한민국 곳곳에서 부모교육을 강의하면서 만난 부모들의 다양한 고민과 걱정들을 토대로 관련 정보를 수집하고 끊임없이 공부하고 연구해 만들어 낸 대한민국 맞춤형 부모교육서이다. 부모교육 모든 분야의 내용을 함축하고 있어 '종합 선물 세트'와 같으며, 쓱쓱 문지르면 "무엇을 도와드릴까요?" 하면서 지니가 나타날 것 같은 요술램프와도 같다.

이 책에서는 결혼하여 부모 되기를 준비하는 단계부터 자녀를 떠나보내는 단계까지 총 6단계에 걸쳐 올바른 부모 역할을 제시하는데, 마치 인생 여행을 하듯 흥미롭게 구성해 놓았다. 여행에서 사람들을 만나듯, 이 책에서도 많은 부모들의 이야기가 펼쳐진다.

결혼에서 출산까지 '이미지 형성 단계'에서는, 자녀의 인연으로 찾아와 준 생명의 존재에 기뻐하며 온 마음으로 환영하고 부모로서 준비를 잘하려고 노력하는 부모, 자녀를 생활인으로 키우려는 부모, 속마음을 터놓고 사랑과 신뢰의 관계를 회복한 아버지의 이야기가 감동적이다.

태어나서 3세까지의 '양육 단계'에서는, 아이의 발달에 좋은 모유를 먹이고 애착 형성이 잘되도록 노력한 부모, 동생이 태어났을 때 위기를 잘 넘긴 부모, 뇌가 잘 발달하도록 오감을 자극하는 책읽기를 해 준 부모, 몸 튼튼·마음 튼튼·공부 튼튼의 기초공사를 잘해 준 부모들을 만나게 된다.

4세에서 8세에 이르는 '권위 형성 단계'에서는, '사랑하기'가 바탕이 된 '가르치기'로 이 세상에는 내 마음대로 해서는 안 되는 일이 있다는 것을 가르쳐 준 부모, 사랑하는 마음을 담아 몸에 좋은 다양한 재료로 정성껏 음식을 만들어 먹이는 부모, 바른 수면습관 들이기에 성공한 부모들을 만난다.

대화를 통해 사랑하기와 가르치기가 이루어지는 '설명 단계'에서는, 더불어 살아가는 마음이 '마음 튼튼'의 중요한 부분임을 알고 학원은 빠져도 봉사는 게을리 하지 않는 부모, 튼튼한 몸과 마음은 평생의 삶을 담는 그릇이기에 놀이의 중요성을 알고 도와준 부모, 자기 선택에 책임을 지는 아이, 용돈을 잘 관리하는 아이, 삶의 중요한 가치를 배우는 아이로 키우기 위해 자녀와 원활한 의사소통을 위해 노력하는 부모, 자녀 스스로 공부하는 법을 터득할 수 있도록 도와주는 부모들의 이야기가 우리를 설레게 한다.

'상호 의존 단계'에서는 부모와 자녀가 독립적이면서 서로 걱정하고 사랑하는 관계를 만들어 가는 것이 부모의 과업이다. 사춘기의 특성을 잘 이해하고 사랑으로 인내한 부모, 성 에너지가 운동이나 다른 활동으로 잘 전환될 수 있도록 도와주는 부모, 디지털 세대 자녀들이 욕구를 조절하여 몸과 마음이 고루 튼튼해질 수 있도록 신경을 쓴 부모, 자녀 스스로 답을 찾도록 코칭 대화로 사랑의 끈을 절대 놓지 않은 부모, 자녀는 자신을 믿고 응원해 주는 사람에게 모든 걸 털어놓고 배우려 한다는 것을 부모교육을 받으면서 깨달아 가는 부모들의 감동을 만나게 된다.

'떠나보내는 단계'에서는, 미래로 나아가는 자녀의 삶을 위해 부모가 먼저 독립하는 것이 부모로서 마지막 과업이다. 부모로서의 삶도 중요하지만 그것이 삶의 전부가 아님을 깨닫고 자신의 삶을 멋지게 만들어 가는 부모를 통해, 부모 역할은 자녀가 자신의 삶을 살도록 넓은 세상으로 떠나보내는 것으로 완성됨을 알게 한다.

대한민국 부모라면 누구나 공감할 만한 평범하고 작은 이야기들이지만, 그 안에는 자녀교육관과 부모의 인생관, 자녀교육 노하우가 잘 녹아 있다. 자녀의 체(體)·인(仁)·지(智) 균형을 생각하는 부모들의 이야기를 보며 자식을 기쁨보다는 부담과 의무로 느꼈던 자신을 한번 돌아보고, 자녀를 위해 부모교육을 받으며 스스로 변화하려 노력한 자랑스러운 부모들을 만나는 기쁨을 만나시기 바란다. 이 책의 장점은 다음과 같다.

첫째, 몸 튼튼(體), 마음 튼튼(仁), 공부 튼튼(智)으로 자녀의 균형 있는 발달을 강조하기에 실제적인 전인교육 길잡이 역할을 한다.

둘째, 〈이야기 마당〉, 〈체인지 생각〉, 〈정보 마당〉으로 재미와 감동, 유익함을 줄 수 있도록 짜임새 있게 구성되어 있다.

셋째, 〈이야기 마당〉에서는 저자가 다년간 교육 현장에서 만난 부모들의 사례가 부모의 발달과업별로 정리되어 있어, 부모들이 쉽게 이해하고 실생활에 적용할 수 있도록 하였다.

넷째, 〈이야기 마당〉에 나온 사람들은 저자가 직접 만난 사람들이기에 따뜻하고, 추상적이지 않고 실제적이며, 대안이 설득력 있게 다가온다.

다섯째, 〈정보 마당〉 코너를 통해 관련 분야의 정보를 제공하여 독자들의 자기주도 학습과 실천을 친절하게 도와준다.

여섯째, 부모의 발달과제들을 모두 아우른, 모든 단계의 부모들에게 필요한 책으로, 자녀의 현재와 미래를 가늠해 보고 과거도 돌아볼 수 있게 한다.

일곱째, 부모교육 이론과 실제를 모두 담고 있어 근본적인 이론의 이해와 실제적 실천의 이해 모두를 돕는다.

좋은 부모가 되려고 애쓰는 부모들의 마음을 어루만져 주고, 자연스레 좋은 부모에 대해 고민하고 통찰하게 해 주는 책. 그리고 좋은 부모가 될 수 있다는 자신감을 갖고 실제로 노력할 수 있게 도와주는 책. 자녀와 손잡고 가슴은 따뜻하게, 발걸음은 힘차게 나아가고 싶어 하는 대한민국 부모들에게 자신 있게 이 책을 권한다.

주성민
한국지역사회교육협의회 이사장

생명의 소중함을 깨우치는 지혜의 서(書)

정명애 선생님으로부터 『부모의 길, 체인지』의 추천사를 부탁받고 처음에는 망설였습니다. 제가 교육학자도 아닌데 교육에 관한 글에 대해서 언급한다는 것이 부담스러웠기 때문입니다. 그러나 선생님께서 저에게 부탁한 이유를 듣고는 제가 추천의 글을 써도 좋겠다는 생각을 하였습니다.

선생님께서는 출판사로부터 자기주도적 학습에 관한 책을 의뢰받았는데, 생명대학원에서 공부하신 덕분에 이 세상의 어떤 가치보다도 생명이 절대적으로 중요한 가치라는 것을 깨닫게 되어 책의 방향을 바꾸었다고 합니다. 그리고 학생들끼리 벌이는 무한 경쟁과 엄청나게 지출되는 사교육비에 함몰되어 있는 우리의 교육계 현실이 자녀와 부모의 '생명성'을 위협하고 있기에, 저자는 부모의 길에서 체(몸 튼튼), 인(마음 튼튼), 지(공부 튼튼)의 방향을 제시하고 싶었다고 합니다.

인간의 성장 과정에서 교육이 중요하다는 것은 누구나 다 알고 있습니다. 특히 우리나라 부모들이 자녀교육에 대해서 쏟는 관심은 세계적으로도 널리 알려져 있습니다. 그러나 자녀교육이 잘 되기 위해서는 교육에 대한 관심 못지않게, 교육의 목적과 그 목적을 이루기 위한 구체적인 내용이 중요합니다. 다시 말해, 어떤 내용을 왜 가르쳐야 하는지에 대한 성찰이 필요합니다. 저는 교육의 목적은 자아를 실현하고 공동체를 위해서 공헌할 수 있는 한 인간으로 양육하는 데 있다고 가르쳐 왔습니다. 그에 더하여, 저는 좀 더 근본적으로 자신이 받은 생명의 소중함을 깨닫도록 가르치고, 모든 생명은 연결되어 있다는 것을 가르쳐야 한다고 생각합니다.

생명의 가르침이 강조되어야 하는 까닭은 오늘날 우리 사회에 만연한 반생명적인 현상에서 찾을 수 있습니다. 최근 발표에 의하면, OECD 33개 나라 가운데 우리나라의 자살률이 가장 높다고 합니다. 자살은 의학적으로 우울증이라는 병과 관련이 깊다고 합니다. 사람들이 우울증에 빠지게 되는 이유를 좀 더 근본적으로 살펴보면, 그것은 서로 베푸는 사랑의 나눔이 부족하기 때문이고, 우리 사회가 생명의 문화보다는 죽음의 문화에 빠져 있기 때문입니다. 반생명적 현상으로 또 하나 지적하고 싶은 것은 생태계 파괴입니다. 지구가 더워지고 있다는 이야기는 우리가 일상생활에서 체험하고 있는 현상입니다. 지구가 더워지면 많은 생물 종들이 멸종하게 되고, 지구 생태계가 파괴됩니다. 그리고 생태계의 파괴는 인간 생명과 인간이 그동안 이루어 온 문명 전체를 위협하고 있습니다. 바로 그 때문에 앞으로는 생명의 소중함과 연대성을 가르치는 교육이 더욱 중요해질 것입니다.

『부모의 길, 체인지』는 이러한 생명의 교육관에 기초하고 있으며, 저자가 교육 현장에서 체득한 지혜가 담겨 있습니다. 출판을 축하드리며, 올바른 자녀교육의 지침을 구하는 이들에게 일독을 권합니다.

이재돈

신부·가톨릭대학교 생명대학원장

이야기를 시작하며

이른 봄에 목련꽃 봉오리를 보면 참 신기합니다. 보통 꽃들은 햇빛을 향하기 마련인데 목련의 뾰족한 봉오리 끝은 하나같이 북쪽을 향하고 있습니다. 그런 목련꽃 봉오리를 볼 때마다 참 이상하다고 생각했는데 신문에서 글을 읽고 그 연유를 알게 되었습니다. 목련꽃은 고대 식물의 꽃들과 매우 흡사하답니다. 실제로 목련은 약 1억 년 전 지금 유럽 수준의 기후인 북극지방을 중심으로 북반구 전역에 걸쳐 널리 분포했는데, 급격한 기후 변화로 인해 빙하로부터 안전한 남쪽에 분포하던 목련만 살아남아 오늘에 이르렀다고 합니다. 그래서 목련꽃 봉오리는 지금도 북쪽을 바라본다고 합니다. 올 봄에는 북쪽바라기를 하고 있는 목련꽃 봉오리가 이 책을 쓰게 된 저의 마음을 표현해 주는 것 같아 정답게 느껴졌습니다.

10년간의 교직을 내려놓고 두 아들을 잘 키우기 위해 엄마 역할에 집중했지만 방향을 잃고 헤매기 일쑤였습니다. 그래서 부모 노릇에 대한 공부를 하다가 부모교육 강사가 되었고, 후배 부모님들을 만난 세월이 20년이 다 되어 갑니다. 마음이 아픈 자녀 뒤에는 자녀와 병리적으로 연결된 부모님이

계시는 것을 보고, 상담심리를 공부하여 심리치료 현장에서 일하기도 했습니다. 그동안 두 아들은 성장해서 결혼을 하였고, 각자의 독립된 삶을 만들어 가고 있습니다. 강산이 두 번 변하는 세월 동안 제가 깨달은 것은 바로 '방향'이었습니다. 부모의 길을 가면서 방향만 분명히 알고 있다면 자주 넘어진다 하더라도 언제든 다시 시작할 수 있다는 것을 깨닫게 되었습니다.

그렇다면 언제 어디서나 북쪽 방향을 알려 주는 나침반처럼 부모의 길에서 방향을 알려 주는 것은 무엇일까요? 20여 년의 시간과 경험을 거쳐서 제가 알게 된 것은 지(知)·덕(德)·체(體)였는데, 먼 길을 돌아서 알게 된 나침반은 바로 우리나라 교육기본법 제2조에 홍익인간의 개념으로 나와 있었습니다. 그러나 공부에만 치우쳐 있는 현실이 안타까워 순서와 내용을 바꿔서 체(體)·인(仁)·지(智)가 나침반이 되면 좋겠다고 생각했습니다. 성적이나 대학 입시에만 매달리지 말고, 몸과 마음이 튼튼하고 자기주도적인 학습 능력을 갖춘 자녀를 키워 내자는 것입니다. 부모가 걸어야 할 길의 방향은 체(體)·인(仁)·지(智)의 균형이며, 그중에서 가장 중요한 것은 인(仁), 즉 사랑에 바탕

을 둔 '마음 튼튼'이라는 것을 말씀드리고 싶습니다.

목련을 관찰하다 보니 담벼락에 막혀서 자라는 목련꽃 봉오리는 제각각 딴 곳을 바라보고 있기도 했습니다. 높은 담에 막혀 그만 북쪽 방향을 놓치고 만 것 같았습니다. 그 모습을 보며 점수와 경쟁이라는 큰 벽에 막히면 부모님들도 방향을 잃을 수 있겠다고 생각했습니다. 하지만 사람은 식물인 목련과 달라야 하지 않을까요? 그렇게 위기를 맞은 듯한 부모의 길에서 방향을 찾고 체·인·지의 균형을 잡으려고 노력한 많은 부모님들이 계십니다. 부모교육 현장에서 제가 직접 만났던 부모님들, KACE(한국지역사회교육협의회) 부모리더십센터에서 매년 열리는 좋은부모대회에서 발표된 사례들, 그리고 제가 개인적으로 알고 있는 분들의 이야기를 소개합니다. 그분들도 부모의 길에서 자주 넘어지고 혼란에 빠져 힘들어했지만, 그래도 힘을 내 다시 시작하곤 했습니다. 그 소중한 경험을 선물로 내어 주셨습니다. 프라이버시를 존중하기 위해 가명을 쓰고 글의 양이나 흐름 때문에 약간 조정을 한 경우도 있지만, 내용이나 전체 맥락은 그대로입니다.

책에 소개된 사례를 참고하여 '나도 한번 해 보자.'며 실천하시려는 부모님들을 온 마음으로 응원합니다. 한 번의 실천이 무슨 소용인가 싶으시겠지만, 의미 있는 그 순간은 자녀의 삶에서 찬란하게 빛날 것입니다. 시간이 하나의 덩어리로 연속되어 있는 것 같지만, 사실 우리의 인생은 여러 가지 사건들로 구성됩니다. 자주 넘어지고 방향을 놓쳐서 혼란스럽더라도 그때마다 다시 일어나서 부모와 자녀가 행복한 순간을 만들어 가면 됩니다.

이 자리를 빌려 자신의 이야기를 내어 주신 분들께 진심으로 감사의 말씀을 드립니다. 책을 출판해 주신 한겨레에듀 관계자 여러분, KACE 부모리더십센터의 여러분, 동료 강사 선생님, 기도로 도와준 친지들, 〈정보마당〉에 소개할 수 있도록 허락해 주신 모든 분께 감사드립니다. 그리고 신뢰와 격려를 보내 준 가족에게 사랑의 마음을 전합니다. 부모의 길에서 체(體), 인(仁), 지(智)의 균형을 잡기 위해 노력하면서 실천의 열매를 하나씩 만들어 가는 모든 부모님께 이 책을 바칩니다.

차례

1 부모의 길

2 이미지 형성 단계

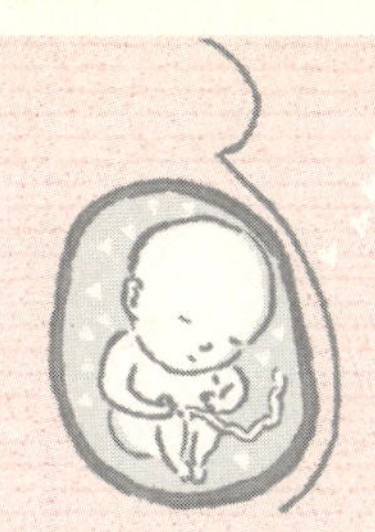

3 양육 단계

4 권위 형성 단계

설명 단계

강남

부모의 길

어둡고 깜깜한 길을 가야 할 때, 갈림길 앞에서 선택하기 어려울 때,
낯선 길을 혼자 가야 할 때 우리는 두려움을 느낍니다.
부모의 길도 그렇게 불안하고 두려울 때가 많습니다.
터널처럼 어둡고 불안한 부모의 길을 어떻게 하면 편안한 길로 바꿀 수 있을까요?

부모의 길은 기쁨으로 빛나는 순간이 있는가 하면 고통의 무게에 짓눌려 숨 쉬기조차 어려울 때도 있습니다. 이 땅의 많은 부모님들이 돌풍처럼 몰아닥치는 주변의 교육열을 보며 불안이 점점 커져서 과중한 교육비를 힘겹게 감당하곤 합니다.

1부에서는 그런 어려움 속에서도 방향을 잃지 않으려고 중심을 잡는 부모님들, 엄마에게만 교육을 맡겨 놓지 않고 함께 고민하고 노력하는 아버님들, 자녀의 성장에 따라 달라지는 부모 발달과업을 인식하고 있는 부모님들의 이야기가 소개됩니다.

01

부모도 사표 내고 싶을 때가 있다

결혼을 하고 나서 둘만의 신혼을 즐기고 싶었는데 바로 임신이 되고 말았어요. 입덧도 심했고, 벌써 엄마가 된다는 게 솔직히 싫었어요. 태어난 아기는 밤낮을 가리지 않고 울었고, 등이 바닥에 닿기만 하면 무엇에 찔린 것처럼 울어 댔어요. 안고 흔들어야 잠이 들었고, 조심조심 내려놓으면 여지없이 울었어요. 거의 안고 살 수밖에 없다 보니 어깨와 손목이 너무 아팠고, 허리도 끊어질 것 같았어요. 무엇보다도 잠을 잘 수가 없어 견딜 수 없이 고통스러웠어요. 아기를 안고 졸다 보면 팔 힘이 풀려 아기를 놓칠까 봐 깜짝 놀라 깨기 일쑤였지요. 주변에서 도와주는 사람도 없었고, 남편은 회사 일을 핑계로 점점 늦게 퇴근했고요. 정말 벗어나고 싶었어요. 하루만이라도 실컷 잠을 자면 소원이 없을 것 같았어요. 백일쯤 되던 어느 날, 아기가 하도 악을 쓰고 울어서 그만 나도 모르게 침대에 아기를 던져 버렸어요. 그때는 제정신이 아니어서 내가 무슨 일을 했는지도 몰랐어요. 그런데 잠깐 아기 울음소리가 안 나는 거예요. 바로 그 순간 제정신으로 돌아왔고, 내가 무슨 짓을 했는지 보게 되었어요. 너무나 깜짝 놀라 아기를 안았는데, 아기가 숨을 헉, 헉, 하더니 잠시 후 울음을 터뜨렸어요. 그 지겹던 울음소리가 그렇게 반가울 수가 없었어요. 지금도 그때 생각을 하면 아찔해요. 그 아기가 지금은 아리따운 중학생 소녀가 되었지요.

친정어머니는 내 결혼을 반대하셨습니다. 왜냐하면 남편이 3대 독자라서 손이 귀한 집으로 시집가면 여자가 고생한다고. 하지만 나는 내 뜻대로 결혼을 했고, 아들을 낳아야만 며느리로서 의무를 완수한다는 것을 알게 되었습니다. 아기를 기다리는 3년 동안 시부모님의 성화로 몸에 좋다는 한약을 여러 번 먹었습니다. 운 좋게 아들을 낳았지만, 남동생이 생기지 않아 4대 독자가 되었습니다. 그 귀한 아들을 일곱 살 때 잃어버릴 뻔했습니다. 유치원이 집에서 가깝기에 늘 데려다 주고, 끝나는 시간에 맞춰서 데리러 갔습니다. 그날도 아들을 데리고 집으로 오다가 두부를 사려고 가게로 갔습니다. 아들이 집으로 먼저 가겠다고 해서 바로 집 앞에 왔으니까 그러라고 했습니다. 얼른 두부를 사 가지고 집에 왔더니 집으로 먼저 간 아들이 없었습니다. 정말 하늘은 노래지고 머릿속은 하얘지면서, 시부모님의 일그러진 얼굴이 떠올랐습니다. 남편에게 일단 전화를 하고 나서 울면서 아이를 찾아다니는데 다리가 헛것처럼 길바닥이 오르락내리락했습니다. 지나가는 아이만 보면 우리 아들 같아 보여서 달려가 돌려세워 얼굴을 보면 아니었습니다. 그렇게 울며불며 동네를 샅샅이 뒤졌는데 우리 아들은 어디에도 없었습니다. 사고나 유괴처럼 나쁜 일만 상상이 되어 견딜 수가 없었습니다. 두부는 어디에 내팽개쳤는지도 모르고 미친년처럼 헤매고 다녔습니다.

다행히 아들을 찾았는데, 며칠 전에 놀러 갔던 옆 동네 놀이터에서 신나게 놀고 있었습니다. 정말 죽은 목숨이 살아온 것 같아서 부여안고 울었습니다. 아니, 내 명이 끊어졌다가 다시 이어진 것 같았습니다. 아들이 고등학생이 된 지금도 안전 때문에 노심초사합니다. 언제쯤 이렇게 고통스러운 부모의 짐을 내려놓을 수 있을까요?

두 어머니의 고통이 찌르르~ 전해 옵니다. 혼자서 감당해야 했던 육아의 고통이 얼마나 컸으면 순간적으로 이성을 잃었을까요? 그 귀한 4대 독자를 잃어버렸을지도 모른다는 두려움이 얼마나 컸을까요? 이 책을 읽는 부모님들도 자녀를 키우면서 끊임없이 닥치는 고통의 순간들을 감당하고 계실 것입니다. 이 세상에서 가장 고귀한 가치가 '생명'이기에, 자녀를 키워 내는 일은 고통이기는 하나 성스럽고 귀한 일입니다.

만약 여러분이 새로운 직업을 구하고 있을 때, 이런 구인 광고를 보게 된다면 어떻게 하시겠어요?

1. 자격증 필요 없음

2. 학력, 경력을 따지지 않음

3. 누구든 원하면 할 수 있음

4. 남자와 여자가 한 팀이 되어야 함

5. 24시간 근무해야 하고, 휴일 없음

6. 무보수

7. 한번 시작하면 사표 낼 수 없음

도대체 세상에 이런 일이 어디 있으며, 누가 하겠다고 나서겠습니까?

그런데 여러분은 지금 이런 일을 하고 계십니다. 고통과 기쁨을 교차시키며 부모 노릇이라는 옷감을 짜고 있는 중입니다. 고통이 커지면 때로는 부모들도 사표 내고 싶을 때가 있습니다.

아무런 준비 없이 부모가 되면 고통을 감수해야 하지만, 아픈 만큼 성숙해집니다. 나로 하여금 성숙을 향해 도를 닦게 만드는 존재가 자녀 말고 또 있을까요? 그래서 아래와 같은 유쾌한 상상을 해 봅니다. 다음의 구인 광고를 보고 응모한 사람을 심사하여 통과한 사람만 아기를 낳게 하면 어떨까요?

1. 남자와 여자가 한 팀이 되어 부모교육을 받은 사람

2. 부모교육을 수료한 후 부모자격증을 받은 사람

3. 인내심 테스트를 통과한 사람

4. 하루 24시간, 주 7일 근무 속에서 기쁨을 찾아내는 사람

5. 고통을 통해 성숙해지기를 바라는 사람

6. 이 세상을 생명의 힘으로 채우고 싶은 사람

엄마는 그래도 되는 줄 알았습니다

심순덕

엄마는

그래도 되는 줄 알았습니다

하루 종일 밭에서 죽어라 힘들게 일해도

엄마는

그래도 되는 줄 알았습니다

찬밥 한 덩이로 대충 부뚜막에 앉아 점심을 때워도

엄마는

그래도 되는 줄 알았습니다

한겨울 냇물에 맨손으로 빨래를 방망이질해도

엄마는

그래도 되는 줄 알았습니다

배부르다 생각 없다 식구들 다 먹이고 굶어도

엄마는

그래도 되는 줄 알았습니다

발뒤꿈치 다 해져 이불이 소리를 내도

엄마는

그래도 되는 줄 알았습니다

손톱이 깎을 수조차 없이 닳고 문드러져도

엄마는

그래도 되는 줄 알았습니다

아버지가 화내고 자식들이 속 썩여도 전혀 끄떡없는

엄마는

그래도 되는 줄 알았습니다

외할머니 보고 싶다

외할머니 보고 싶다, 그것이 그냥 넋두리인 줄만……

한밤중 자다 깨어 방구석에서 한없이 소리 죽여 울던

엄마를 본 후론

아!

엄마는 그러면 안 되는 것이었습니다

02

우리나라의 교육열

지금 고등학교 1학년 딸아이가 초등학교 5학년이 되던 해였을 거예요. 우리 부부는 아이 교육을 모든 삶의 우선으로 삼고 살던 때였지요. 당시 우리는 강북에 살고 있었는데, 딸아이를 강남에 있는 학원으로 보냈기에 매일 차로 데려다주고 데려왔어요.

어느 토요일 저녁, 저는 하루 종일 아이의 학원 픽업으로 지쳐서 자고 있었는데 시끄러운 소리에 잠이 깼어요. 단어를 외우고 자라는 아빠의 말에 아이가 큰 소리로 바락바락 대들며, 자기는 지쳤다고 울면서 고함치고 있었어요. 남편은 법 없이도 살 수 있는 착하고, 가정적이고, 아이들한테는 다정다감한 정말 완벽한 아빠인데, 그날따라 큰 소리를 내고 있었지요. 살짝 안방 문을 열고 내다보니, 딸아이의 붉게 일그러진 얼굴과 분노에 찬 눈빛이 보였어요. 그 모습이 제게는 마치 미친 소가 발악하는 것처럼 보였고, 도저히 열한 살짜리 아이의 모습으로는 보이지 않았어요. 그 눈빛을 지금도 잊을 수가 없어요. 그런 모습을 지켜보는 아빠는 실망하는 눈빛이 역력했고요. 저는 차마 문을 열고 나가 그 상황을 수습할 용기가 없었어요. 얼마 후 나가 보니 아이는 자러 들어가고, 남편은 혼자 쓸쓸히 식탁에서 술잔을 기울이고 있었어요.

딸이 너무 피곤해서 짜증 내는 걸로 생각하면서도 무언가 잘못되어 가고 있다는 느낌이 들었어요. 그래서 남편에게 학원 근처로 이사 가자는 제안을 했고, 강남으로 이사를 하게 되었어요. 이사 후에도 저의 사교육에 대한 집착은 컸고, 아이는 힘들게 힘들게 강남 아이들의 일상에 젖어 들었지요. 그래도 초등학교까지는 부모의 요구를 따르면서 공부를 잘하는 아이로 인정받았지만, 지금 돌이켜보면 아이는 이미 자존감, 독립심, 자신감을 다 잃었던 것이지요. 우리 부부는 그런 줄도 모르고, 더욱더 모든 힘을 아이에게 쏟았어요. 드디어 중학교에 입학했는데, 기대만큼 성적이 나오지 않더니 반항하는 사춘기 소녀로 바뀌더군요.

특히, 시험을 치르고 난 뒤에 딸의 태도는 이해할 수 없었어요. 저는 밤새워 딸의 시험을 위해 뒷바라지를 열심히 했고 1점이 깎여 갈 때마다 너무 안타깝고 아쉬워하는데, 아이는 시험 결과에 대해 아무렇지도 않은 듯했어요. 딸의 그런 태도에 절망감이 들었어요. 내 성적이 아니라 자기 성적인데, 정작 본인은 아무렇지도 않다는 식이니 이해가 안 되었지요. 아무리 애써도 변하지 않는 딸을 보며 저의 교육 방법이 무언가 잘못되었다는 생각이 들었어요. 결국 우리 때문에 아이가 그렇게 변했다는 생각도 들었고요.

그 후 우리 부부는 공부보다는 깨어진 부모 자식 간의 고리에 신경을 쓰게 됐고, 아이는 사교육의 굴레에서 벗어나 자신이 원하는 경우에 필요한 부분만 도움을 받았어요. 지금 우리 딸은 스스로 고민하고 해결해 가는 아이로 바뀌고 있는 중이에요. 아직도 아이인지라 실행력이나 지속력이 부족하지만, 하루하루 나아지는 모습에서 우리 부부는 희망을 붙잡고 기다리고 있어요. 사랑하는 마음으로 딸을 믿으려고 애쓰고 있고요. 부모는 학습력만 신경 쓸 게 아니라 다른 부분도 돌아봐야 한다는 사실을 온몸으로 깨달았지요. 그때까지 저는 학습력만 키워 주고, 인성이나 체력적인 부분은 큰 문제가 없으니까 돌아보지 않았어요. 다른 부모들은 우리 부부가 아이의 학습력 부분을 철저히 관리하고 도와주니까 좋은 부모라고 했지만, 저는 좋은 엄마가 아니라 좋은 선생님일 뿐이었어요. 그래서 지금은 좋은 엄마로 살려고 노력 중이에요. 지금 우리 집은 행복한 가정으로 바뀌어 재밌게 살고 있어요.

자녀를 잘 키우려고 부모가 합심하여 노력하신 교육열에 고개가 숙여집니다. 처음에는 학습력에만 초점을 맞추다가 나중에는 자녀와의 관계를 복원하기 위해 노력하신 점이 더 대단하게 느껴집니다. 강남의 학원에 보내기 위해 매일 운전을 마다하지 않고 결국 강남으로 이사까지 갈 정도로 공부에 신경을 썼는데, 그 공부의 끈을 놓기가 얼마나 어려웠을까요? 다행히 교육열의 방향이 바람직한 쪽으로 바뀌어 가족 모두 재미있게 살고 있다는 말이 오랫동안 제 가슴 속에 여운으로 남아 있습니다.

국어사전에서 '상아탑'이란 단어를 찾아보면 '속세를 떠나 오로지 학문이나 예술에만 잠기는 경지'라고 나와 있는데, 대학교를 가리켜 상아탑이라고 부르기도 했습니다. 1960~1970년대에는 대학을 우골탑이라고 부르기도 했는데, 이는 농촌의 가난한 부모들이 전 재산인 소를 팔아 자식을 대학에 보냈기 때문입니다. 부모가 희생을 해서라도 자녀를 잘 키워 내겠다는 교육열은 지금도 계속되고 있습니다. 우리 마음속에는 자녀를 잘 키우기 위해 어떤 노력도 마다하지 않는 집단적 무의식이 있습니다. 대학 입시는 개인의 경쟁이 아니라 가족이나 집단의 경쟁이 되었고, 자기 자신과의 경쟁이 아니라 또래들과의 비교 대상이 되었습니다. 명절이나 가족모임, 동창회, 직장 등 같은 집단에 속한 사람들은 만날 때마다 서로 불안을 증폭시키고 있습니다. 입시 경쟁을 유발하는 원인은 여러 가지가 있지만, 결국 가장 강력한 동인은 부모의 욕망입니다. 내 자녀만큼은 '더 높이, 더 빨리, 더 멀리' 나아가게 하고 싶다는 부모의 욕심과 이기심이 자녀를 입시 경쟁과 과도한 사교육의 장으로 몰아넣고 있습니다. 공부를 잘했던 부모는 '내 아이는 적어도 이 정도는 되어야 해.'라는 생각으로, 그렇지 못했던 부모는 '나는 못했으니 너라도……'라는 심정으로 교육열이라는 그럴듯한 말로 포장된 입시 경쟁에 매달리고 있습니다.

몇 달 전 미국 캘리포니아를 여행했는데, 자동차로 반나절을 달려도 바깥 경치는 변하지 않고 가도 가도 평평하고 넓은 땅 천지였습니다. 저 땅 한 자락 떼어다 우리나라에 가져갔으면 좋겠다는 생각 끝에 가슴이 뭉클해졌습니다. 작은 땅의 반쪽, 그것도 대부분 산이라서 더욱 좁은 땅에 오글오글 모여 사는 우리들의 모습이 떠올랐기 때문입니다. 나라 없는 설움과 동족 간의 전쟁을 겪고서도 이만큼의 경제성장을 이루어 낸 우리들이 신통하고 고마워서 가슴이 먹먹했던 기억이 납니다. 전 세계에서 40년이라는 단기간에 산업사회를 거쳐 정보사회까지 압축 성장을 이루어 낸 나라는 우리나라밖에 없습니다. 저는 이러한 발전의 원동력은 우리나라의 교육열이며, 강대국들 틈에서 자원이라고는 없는 작은 나라가 이렇게 살 수 있게 된 것은 교육 덕분이라고 생각합니다. 다이아몬드는 똑같은 원석이라 하더라도 커팅을 어떻게 하느냐에 따라 가치가 달라진다고 합니다. 우리에게 교육열이라는 좋은 보석이 있다 해도 어떻게 발현되느냐에 따라 우리 자녀의 삶은 달라지고, 우리나라의 미래도 바뀔 것입니다.

사교육 의존도 테스트

(매우 그렇다: 3점, 약간 그렇다: 2점, 거의 그렇지 않다: 1점, 전혀 그렇지 않다: 0점)

1. 사교육을 받지 않으면 내 아이가 다른 아이들에 비해 뒤처질 것 같다.

2. 주위 사람들의 사교육 관련 정보에 소신과 신념이 흔들린 적이 있다.

3. 아이가 공부를 못하거나 성적이 떨어지면 그 해법으로 사교육을 떠올린다.

4. 아이가 집에서 놀고 있으면 내가 스트레스를 받는다.

5. 공부 잘하는 아이의 엄마가 추천해 주는 사교육 코스라면 따라 하고 싶다.

6. 아이가 학원에 가 있으면 안심이 된다.

7. 형편이 된다면 사교육을 더 많이 시키고 싶다.

8. 사교육 없이 공부 잘했다는 수석 합격자의 인터뷰를 신뢰하지 않는다.

9. 사교육을 통한 선행학습이 학교 공부에 도움이 될 것이다.

10. 영어 및 수학 과목의 조기교육 효과를 믿는다.

11. 일단 성적을 올려놓아야 아이의 진로 및 적성 탐색에 유리할 것이다.

12. 사교육은 자연스럽게 복습, 예습을 유도하여 아이의 학업성적 향상에 도움이 될 것이다.

13. 조기 유학이나 영어 캠프가 영어 실력 향상에 도움이 될 것이다.

14. 아이가 학과와 대학 사이에서 고민한다면 대학을 우선하라고 권하겠다.

15. 학원은 학교와 달리 학생 개개인의 특성을 고려하여 개별 지도를 할 것이다.

16. 선행학습 중심의 사교육이 복습 중심의 사교육보다 학업 향상에 더 효과적일 것이다.

17. 돈이 많이 드는 사교육일수록 효과도 클 것이다.

18. 아이가 원하면 학원 가는 것을 허락하겠다.

19. 시험이 다가올수록 아이가 사교육에 의존하는 경향이 있다.

20. 내 아이는 학교 진도보다 3개월 이상 빠른 수학 선행 사교육을 하고 있다.

21. 학년이 올라갈수록 아이가 사교육 받는 시간이 늘고 있다.

22. 학년이 올라갈수록 아이의 사교육비 지출이 늘고 있다.

23. 국어, 영어, 수학, 사회, 과학 등 교과 패키지형 사교육을 받거나 받을 의향이 있다.

24. 숙제를 많이 내주는 학원이나 과외 선생님을 선호한다.

25. 내 아이는 일주일에 두 과목 이상 사교육을 받는다.

26. 아이의 학업 상담을 학교 선생님보다는 학원 선생님과 많이 한다.

27. 사교육 때문에 아이가 책 읽을 시간이 부족하다.

28. 부모가 시키지 않으면 아이가 집에서 스스로 공부하지 않는다.

29. 부모가 시키지 않으면 아이가 집에서 스스로 책을 읽지 않는다.

30. 아이의 사교육 문제로 부부 싸움을 한 적이 있다.

31. 사교육비 때문에 가정경제에 어려움을 느끼곤 한다.

32. 아이가 사교육을 꺼리거나 거부해서 혼낸 적이 있다.

33. 아이의 사교육 스케줄이 걸린다면 가족의 여가 계획을 바꾸겠다.

채점표

1	2	3	4	5	6	7	8	9	10	11
12	13	14	15	16	17	18	19	20	21	22
23	24	26	26	27	28	29	30	31	32	33
합계										

80~99점 : 사교육에 심하게 의존하고 있어 아이와 부모 모두 사교육으로 매우 힘겨운 상황입니다. 사교육과 공교육의 피로감이 누적되어 학습 능력과 정서 상태에 장애가 생길 수 있습니다.

50~79점 : 불안감과 정보 부족으로 사교육에 다소 의존하고 있습니다. 걱정할 정도는 아니지만 상황에 따라 사교육 의존도가 심화될 가능성이 있습니다.

20~49점 : 매우 건강한 교육관의 소유자입니다. 사교육에 대한 의존심은 물리치지만 사교육이 물러간 빈자리를 풍성하게 채우지 못해서 고민이 생길 수 있습니다.

0~19점 : 사교육의 폐해를 잘 알아서 과도한 사교육 정보에 흔들리지 않으며 주변 사람들을 설득하여 잘못된 사교육 행태를 바로잡으려고 노력하고 있습니다.

출처: 『아깝다 학원비』(사교육걱정없는세상 지음 / 비아북)

'사교육걱정없는세상' (www.noworry.kr)

'사교육걱정없는세상'은 다음과 같은 일을 하고 있습니다.

- 『아깝다 학원비』 소책자 700만 명 보급 운동

- 사교육 걱정 없는 세상을 꿈꾸는 문패 달기 운동

- 사교육 걱정을 이기는 등대지기 학교 운영

- 사교육이 붙지 않는 선진국형 행복한 성적표 보내기

- 입시 사교육 고통을 줄이고자 고교 및 대학 입시 정책 개선

- 정부의 사교육 정책, 학교 내신, 학원 문제를 지적하고 보완

- '국민이 길 찾다' 대안 운동을 통해 합리적 대안 만들어 가기

- 카페와 지역 모임 나눔 운동

03

돈가방을 지고 다니는 아이들

큰딸은 어려서부터 아주 똘똘했어요. 초등학교에 들어가서도 공부를 잘하는 자랑스러운 딸이었지요. 중학교에서도 반에서 1등을 했지만, 강남에 비하면 실력이 떨어지는 것 같았어요. 딸을 강남에 전학시키고 싶어서 알아보았더니 이사를 가야만 하더군요. 그런데 강남의 집값이 얼마나 비싼지 우리 집을 팔아야 겨우 강남에 전세를 갈 수 있더라고요. 많이 망설였지만 딸을 위해서 몇 년만 강남에 살다가 다시 돌아가기로 마음먹었어요. 자식을 위한 일이라고 생각하면서 집을 팔아서 전세로 강남에 오게 되었어요. 그런데 웬일인지 딸은 겨우 10등 안에 들 정도였고, 친구들과도 잘 어울리지 못하면서 자신감이 자꾸 떨어지는 것 같았어요. 알고 보니 강남 아이들은 학원을 몇 군데씩 다니고 있는데, 우리 딸은 혼자서 공부하면서 스트레스를 엄청 받았나 봐요. 나중에는 자꾸 예전의 학교로 돌아가고 싶다고 했지만 나는 포기할 수 없었어요. 그래서 딸을 학원에 보내 주었는데, 생활비를 최대한 줄여도 강남 학원비를 감당하는 것이 너무 힘들었어요. 초등학생 동생은 학원도 못 보내고 큰딸을 위해 온 가족이 희생했어요. 그러다 보니 딸이 조금만 공부에 소홀해도 너무나 화가 나서 가족의 희생을 들먹이며 닦달하곤 했지요. 넉넉지 않은 환경이었지만 딸을 위해 모든 것을 희생하며 뒷바라지했어요. 딸과의 갈등은 심했지만 어쨌든 딸은 일류 대학에 합격했어요. 세상을 다 얻은 것 같았고, 딸 교육에 성공했다며 축하도 많이 받았어요. 그런데 이상한 일이 벌어졌어요. 대학에 입학한 순간부터 딸은 공부를 놓아 버리고 놀기만 했어요. 뭐라고 한마디만 하면 사사건건 대들고, 마치 적군을 대하듯 나를 공격했어요. 딸이 대학에만 붙으면 불행 끝, 행복 시작일 줄 알았는데 나와 딸 사이에는 극심한 전투가 시작되었어요. 나는 점점 기운을 잃어 가고, 딸은 점점 멀어져 갔어요. 그것보다 더 끔찍한 일은 다시 강북에 집을 사서 이사를 가려고 했지만 그 사이에 집값이 많이 올라 같은 평수의 집은 살 수가 없다는 사실이에요. 남편은 나이 들어 가는데 아직도 전세로 살면서 앞날을 생각하면 막막하네요.

　　　　공부 잘하는 딸의 앞길을 열어 주려고 있는 힘을 다해 뒷바라지를 했는데 딸은 엇나가고, 노후 대책은 아직 제대로 되어 있지 않으니 얼마나 불안하시겠어요. 집이라도 장만되어 있으면 마음이 조금이라도 놓이고, 이런 결과를 예상했다면 그렇게 무리해서 교육비를 들이지는 않았을 텐데 말입니다.

이 땅의 많은 부모들은 아이를 잘 키워야 한다는 생각으로 지금은 그런대로 돈이 돌아가고 있기 때문에 과중한 교육비를 부담하고 있습니다. 아내는 교육비를 우선해야 하니까 남편에게 돈을 더 벌어 오라고 요구하고, 남편은 노후 대책뿐 아니라 지금 일자리도 불안하기에 아내에게 교육비를 줄여야 한다고 요구하면서 부부가 싸움을 하는 경우도 많습니다.

부모교육에 참가한 어머니들과 함께 각 가정의 교육비, 노후대책비, 나눔의 비중을 분석하고 나면 대부분의 어머니들이 깜짝 놀라곤 합니다. 아이가 지고 다니는 가방 속에 부모 자신의 노후와 이웃을 위한 나눔이 다 들어가 있다는 것을 발견하기 때문입니다.

노후를 위해서 자식보험, 국가보험, 자기보험 중에서 어느 보험을 들어야 할까요?

자식보험은 자녀에게 집중 투자하여 잘 키워 놓고 부모를 책임지게 하는 것이고, 국가보험은 국민연금에 가입하여 국가의 복지에 의존하는 것입니다. 부모 자신에게 투자하여 돈을 벌 수 있는 기간을 최대한 늘리고 개인적으로 필요한 은퇴 자금을 만들어 가는 것이 자기보험입니다.

자녀가 부모에게 고마운 마음을 가지고 있다 하더라도 양쪽 부모의 노후를 책임지는 것은 그리 간단한 일이 아니기에 자식보험은 믿을 것이 못 됩니다. 또한, 우리나라가 초고령화사회로 접어들게 되면 연금을 납부하는 젊은이의 수가 줄어들기 때문에 연금 재정에 문제가 생기게 되어 국가보험만으로는 안심할 수 없습니다. 우리의 노후는 각자 준비해야 합니다.

우리 집의 교육비

1. 매월 지출되고 있는 교육비를 항목별로 적어서 수입의 몇 퍼센트가 되는지 알아본다.

2. 매월 저축하고 있는 노후대책비가 수입의 몇 퍼센트가 되는지 알아본다.

3. 매월 이웃을 위하여 나눔을 실천하고 있다면 수입의 몇 퍼센트가 되는지 알아본다.

4. 부부가 함께 머리를 맞대고 한 달의 평균수입을 정한다.

5. 노후와 비상시를 대비하여 보험 금액과 저축 금액을 정한다.

6. 이웃을 위하여 나눔을 실천할 금액을 정한다.

7. 각자의 수준에 맞는 생활비를 정한다.

8. 총수입에서 노후대책비, 나눔, 생활비를 제하고 나서 교육비의 규모를 책정한다. 어떤 경우라도 책정된 범위를 넘는 교육비는 지출하지 않는다. 자녀가 클수록 교육비가 많아져야 하므로, 어릴 때는 책정된 교육비를 다 지출하지 말고 모아 둔다.

9. 돈을 들이지 않고 자녀를 효과적으로 도울 수 있는 방법을 찾아본다.

04

아버지

저는 아동복 분야에서 일하고 있으며, 초등학교 5학년 아들과 3학년 딸을 둔 아버지입니다. 어느 날 아내가 아버지교실에 가 보지 않겠느냐고 했을 때 아무런 생각 없이 알았다고 했습니다. 시일이 흘러 까맣게 잊고 있었는데 내일은 아버지교실에 가야 한다며, 아내는 메모지 한 장만 달랑 남겨 놓고 찬바람 소리를 내면서 밖으로 나가 버렸습니다. 메모지에는 약도와 시간이 적혀 있었지요. 다음 날 일하면서도 내내 망설였고, 시간도 늦었기에 가지 말자 쪽으로 생각하고 아내에게 전화를 했습니다. 그 순간 아내는 차디찬 한마디를 남기고 전화를 끊었습니다.

"안 가려면 집에도 들어오지 마."

죽은 사람 소원도 들어준다는데 싶어서 아버지교실에 가게 되었는데, 첫

날부터 잘 왔다는 생각이 들었습니다. 아버지교실에서는 수업이 끝나면 집에 가서 실천할 내용을 숙제로 내주었는데, 부담은 되었지만 늘 마음에 담고 있으면서도 하지 않았던 것을 실천할 수 있게 해 주었습니다.

올해 결혼 14년째인데, 아내와 아이들은 항상 나에게 뒷전이었습니다. 결혼 1주년 날 집에서는 아내와 친구들이 파티를 한다고 상다리가 휠 만큼 차려 놓고 기다리고 있었는데 나는 밤새 화투를 친 일도 있었습니다. 시골에서 방문한 누님이 머리가 아프다고 하여 약을 사러 나갔다가 밤새 화투를 하고 아침에 돌아온 적도 있었고요. 가족들은 사고가 난 줄 알고 응급실과 파출소를 알아보고 난리가 났는데, 그것도 모르고 밤새 놀았던 것이지요. 아내가 하는 일이 부도가 나서 아내는 밤잠도 못 자고 걱정을 하는데 나는 당구를 치면서 놀기만 한 적도 있었습니다. 그렇게 나만의 즐거움을 위해 시간을 보낸 결과가 제 몸으로 돌아왔습니다. 지방간이라는 의사 말씀도 무시하고 내가 하고 싶은 대로 했더니 황달과 당뇨까지 오게 되었습니다.

그렇게 건강이 안 좋아지던 시기에 아버지교실을 만났습니다. '아버지'라는 단어는 내가 건강하게 살아야 하는 이유가 되었습니다. 좋은 아버지가 되기 위해 당구도 끊고 열심히 치료받아 건강을 되찾게 된 것이 아버지교실에서 얻은 가장 큰 결실입니다. 내가 바뀌니까 가정도 달라지기 시작했습니다. 내가 일찍 들어와서 저녁을 같이 먹게 되니까 아내와 아이들이 좋아하였습니다. 그동안 대화다운 대화도 없었던 터라, 갑자기 변한 아버지 모습에 아들은 거리를 두었습니다. 나 역시 내 자식인데도 선뜻 다가가기가 어색해서 딸에게만 책을 읽어 주고, 학교 이야기도 물어보고, 텔레비전 본 것에 대해 설명도 해 주었습니다. 그 모습을 지켜보던 아들이 슬그머니 다가와 보충 설명을 해 주면서 자연스럽게 가까워졌지요. 예전에 내가 집에 와서 벨을 누르면 아이들이 "아빠 온다!" 하면서 제 방으로 가서 자는 척했다는 말을 아내에게 들었을 때 기분이 묘했습니다. 지금은 귀가하면 아이들이 방에 있다가도 나와서 문까지 열며 "아버지, 다녀오셨어요?"라고 인사합니다. 이것이 진정한 가정이고, 내가 아버지이며, 이 가정을 지키기 위해 건강하게 열심히 살아야겠다는 생각이 듭니다.

아내가 늘 나에게 하던 말이 생각납니다. "당신 하나만 고치면 돼."

아이는 엄마 혼자서 키우면 되는 줄 알았는데 그게 아니었습니다. 이제는 견학도 같이 가고 여행도 하면서, 아이들 눈높이에서 대화하려고 노력하고 있습니다. 그러나 가끔은 나도 모르게 예전처럼 아내와 아이들에게 소리치고 싶을 때가 있지만, 그럴 땐 아버지교실에서 공부한 것을 생각하며 꾹 참습니다. 좋은 아버지가 되기 위해 아버지교실을 한 번 더 다니고 싶고, 이 모든 것이 참으로 감사합니다.

앞의 글을 쓰신 아버님이 아주 어색한 표정으로 아버지교실에 들어오시던 모습이 생각납니다. 얼굴빛은 약간 노랗고 기운이 없어 보였으며, 억지로 오신 듯한 느낌이 역력했습니다. 매주 토요일, 3시간씩 6주간 참가하는 것이 시간적으로 상당히 부담이 되셨을 텐데 빠지지 않고 열심히 공부하셨습니다. 배운 내용을 일주일 동안 삶에 적용하기 위해 노력하고 그 결과를 기쁘게 보고하시던 모습이 지금도 생생하게 기억납니다. 아버님들을 만나 보면 의외로 확신을 가지고 삶을 변화시키는 분들이 많습니다. 좋은 아버지, 좋은 남편이 되고 싶은 마음은 상당히 큰데 방법을 몰라서 회피하고 있었던 분들입니다.

지금 자녀를 키우고 있는 대부분의 아버지들은 아버지 역할을 어떻게 해야 하는지 잘 모릅니다. 어려서 아버지에게 적극적인 보살핌을 받은 경험이 없고, 주변에서 바람직한 모델을 볼 기회가 없었으며, 아버지가 되기 위한 구체적인 교육을 받은 적도 없습니다. 게다가 직장과 사회에서는 가족보다 일을 우선하도록 요구하기 때문에 대부분의 에너지를 일과 성취에 집중하게 됩니다. 그 과정에서 생기는 스트레스를 해소하기 위해 술자리나 운동, 낚시, 등산 등의 개인생활에 시간을 보내곤 하지요. 그러다 보면 가정 안에서 아버지의 자리는 점점 없어지고 단지 돈을 벌어 오는 사람이 되고 맙니다. 자녀는 아빠를 실제 삶 속에서 함께 살아가는 존재가 아니라 유령처럼 알 수 없는 존재로 받아들이게 됩니다.

엄마가 있어 좋다, 나를 이뻐해 주어서
냉장고가 있어 좋다, 나에게 먹을 것을 주어서
강아지가 있어 좋다, 나랑 놀아 주어서
아빠는 왜 있는지 모르겠다.

TV의 한 예능 프로에서 소개된 초등학교 2학년의 동시에 드러난 아빠의 모습에 가슴이 아픕니다. 심리적 어려움을 겪는 아이들을 검사하기 위해 가족화를 그릴 때, 이런 유령아빠의 모습이 잘 드러납니다. 문 밖에 있는 아버지, 집 안에 있더라도 벽으로 구분되어 있는 아버지, 가족은 함께 밥을 먹고 있는데 혼자서 돌아앉아 TV를 보고 있는 아버지 등으로 그려집니다.

자녀들이 성장한 후에 유령아빠들은 가족에게 따돌림을 당하는 경우가 많습니다. 평생 동안 열심히 돈을 벌어 가족을 부양했는데 퇴직한 후에 가족 안에 아빠의 자리가 없다면 정말 억울하지만, 이 모든 것은 유령아빠가 자초한 일입니다. 자녀가 아버지를 필요로 할 때, 바로 그때 자녀에게 시간을 내어 주고 사랑을 느끼게 해 주어야 합니다. 함께 만든 추억과 다정한 대화 속에서 자녀와 감정적으로 연결될 수 있어야 합니다.

캘리포니아 대학교의 로스 D. 파크 교수는 '아빠효과'에 대해 이야기하고 있습니다. 아빠와의 상호작용은 논리적이고 이성적인 좌뇌를 발달시키며, 수학이나 과학을 더 잘 도와줄 수 있다고 강조합니다. 엄마보다는 아빠가 객관적인 관계를 유지할 수 있기 때문에 엄마와 자녀의 갈등을 중재할 수 있으며, 자녀의 정서를 안정시킬 수 있다고 합니다. 엄마가 매일 아침 자녀를 깨워 학교에 보내고 하루 생활을 돌보는 일은 밀림에 길을 내는 것과 비슷합니다. 당장 닥친 일들을 처리하다 보면, 밀림 속에서 열심히 나무를 베어 내다가 길을 잃게 되는 것과 비슷해집니다. 이럴 때 누군가 나무 위에 올라가 지금 가는 길이 낭떠러지를 향하고 있는지, 목적지를 향하고 있는지 확인해야 합니다. 아버지들이 자녀교육에 관심을 가지고 아내와 대화하면서 방향을 찾아 갈 때, 지금은 밀림 속에 길을 내는 것처럼 힘들어도 언젠가는 탄탄대로에 이를 수 있을 것입니다.

살림이란 단순히 밥하고 빨래하는 집안일이 아니라 생명을 살려 내는 일입니다. 가족을 경제적으로 살리기 위해 열심히 돈을 버는 것도 중요하지만, 아내와 자녀의 마음이 건강하도록 보살피고, 무엇보다 아버지 자신의 위치를 살려 내서 행복한 가정의 중심이 되려고 노력하는 아버지가 되시기 바랍니다. 그런 아버지가 늙어 기운이 없어지면 자녀는 가슴 아파하면서 아버지의 보호자가 되어 줄 것입니다.

쉬

문인수

그의 상가엘 다녀왔습니다

환갑이 지난 그가 아흔이 넘은 그의 아버지를 안고

오줌을 뉜 이야기를 들었습니다

생의 여러 요긴한 동작들이 노구를 떠났으므로,

하지만 정신은 아직 초롱 같았으므로

노인께서 참 난감해 하실까 봐

"아버지, 쉬, 쉬이, 어이쿠, 시원허시것다아."

농하듯 어리광 부리듯 그렇게 오줌을 뉘었다 합니다

온몸, 온몸으로 사무쳐 들어가듯

아, 몸 갚아 드리듯

그렇게 그가 아버지를 안고 있을 때

노인은 또 얼마나 더 작게,

더 가볍게 몸 움츠리려 애썼을까요

툭, 툭, 끊기는 오줌발

그러나 그 길고 긴 뜨신 끈, 아들이

자꾸 안타까이 땅에 붙들어 매려 했을 것이고

아버지는 이제 힘겹게 마저 풀고 있었겠지요,

쉬–

쉬! 우주가 조용했겠습니다

05

부모의 길

저는 엄마가 된 이후에도 일을 계속했는데, 회사 생활과 개인적 삶의 밸런스를 인정해 주고 지원도 많이 해 주는 회사였기에 엄마로서 두 자녀를 양육하기엔 최고의 직장이었습니다. 그렇다 해도 직장인, 주부, 며느리, 엄마라는 여러 역할로 정말 육체적, 정신적으로 숨 돌릴 틈 없이 지냈습니다. 대기업에 다니는 남편은 회사 일에 매여 평일은 물론 주말에도 거의 아빠의 역할을 할 수 없는 상황이어서, 특히 아이들이 아플 때 가장 힘들었습니다. 대안이 없어 별수 없이 어린이집에 보내야 할 경우에는, 전날 아이들 고열에 한숨 못 자고 간호한 저의 피로감 때문이 아니라, 아픈 몸으로 어린이집에서 그곳 프로그램을 감당해야 할 아이들에 대한 안쓰러움으로 정신적 고통이 컸습니다. 간혹 해외 출장 스케줄이 잡히면 제 빈자리를 여러 사람이 메워야 했기에 친정어머니와 여동생에게 미안하고 아이들에게도 힘들고 혼란스러운 시간이 되곤 했습니다. 아마도 이 부분은 저만의 특별한 어려움이 아니고 대한민국 대다수 직장맘들이 겪는 어려움일 것입니다.

그렇게 큰아이를 열두 살, 둘째를 열 살까지 키웠는데 그만 늦둥이 셋째를 낳게 되었습니다. 1년간 육아휴직을 했다가 휴직 기간이 지나고 사직하게 되었습니다. 직장을 그만두면서 가장 고민했던 것은…… 어떻게 표현해야 할까요…… 그것은 여태껏 사회적 조직 안에서 보호받고 인정받던 저를, 저의 절반 이상을 차지하고 있던 직장인으로서의 자신을 벗어 두고 맨몸으로 세상 밖으로 나가는 느낌이랄까요? 하여간 그동안 저를 표현해 주고 설명해 주던 갑옷과 무기들을 모두 내려놓고 군더더기 없는 나약한 나만 남는 것 같아 두렵고 아쉽기도 한 느낌이었습니다. 솔직히 말하면 그만둔 이후의 경제적 압박에 대한 염려도 있었지만, 그것은 극복할 수 있다고 생각했습니다. 사실, 셋째의 존재 자체가 '인생이 나의 계획대로만 되는 것은 아니구나.' 하는 겸허함을 일깨워 준 것이었기 때문에 미래에 대한 막연한 두려움은 내려놓을 수 있었습니다. 대학 졸업과 동시에 취직하여 결혼, 출산을 하고 직장인으로서 아이 둘을 거의 혼자 양육하고 교육하느라 십여 년을 정말 쉼 없이 치열하게 살다 보니 몸과 마음 모두에 휴식이 필요하던 시기였는데, 어찌 보면 제게는 늦둥이가 그런 기회를 마련해 준 존재가 아니었나 싶습니다. 사실, 막내를 키우는 일이 휴식이라고 할 수는 없지만요.

제가 그만둔다고 했을 때 모두 아쉬워했을 겁니다. 어찌 보면 저만 빼고요. 외로운 고민 끝에 외로운 결정이었습니다. 사실, 저는 결혼 이후 맞벌이 주부 역할을 하는 내내 쭈욱~ 외로웠답니다. 남편을 포함해서 가까운 가족조차도 제가 겪는 진정한 어려움을 모르는 채 누구나 해 줄 수 있는 조언만

해 줄 뿐이어서, 그들의 조언이 제게 큰 영향을 주진 못했습니다. 그리고 어떤 실질적인 도움이나 대안도 제시할 수 없는 사람들 입장에선 직장인으로서 저의 삶이 아까워도 제 의견을 존중해 줄 수밖에 없었을 것이라고 생각합니다.

서열상으로는 셋째이지만 처음으로 온전히 아이 키우는 즐거움을 알게 해 준 아이라 그 아이에게는 고마움을 넘어 과분한 마음이 듭니다. 특히, 위의 두 누나들이 마침 뜨거운 사춘기를 지나는 시기라, 셋째의 존재는 저희 가족 안에서 산소 역할을 하는 것 같았습니다. 집안 분위기와 마음의 공기가 정화되고 심리적으로는 무한한 충만감과 뿌듯함이 있지만, 육체적으로는 마흔에 가까운 나이의 출산과 육아가 쉽지는 않습니다. 자주 육체적으로 피로의 한계에 다다릅니다. 그렇지만 위의 두 누나들의 전폭적인 도움 덕분에 조금 힘들고 많이 행복한 생활을 하고 있습니다. 아기들은 일정한 기간 동안 주변 사람들의 헌신적인 보살핌이 없이는 생명을 연장할 수도 건강히 자랄 수도 없기에, 저희 가족은 그 아기로 인해 각자 조금 더 큰 책임을 나누어 질 수 있게 되었고 서로 도움과 기쁨이 되어 줄 수 있는 방법을 배우고 있습니다. 가장 나약해 보이는 존재가 가장 강력하게 가족을 하나로 묶어 주고 더 큰 사랑을 실천할 수 있는 기회를 주고 있으며, 우리 모두 다시는 돌아오지 않을 이 순간을 기꺼이 즐겁게 살고자 노력하고 있습니다.

저처럼 육아를 선택하는 경우도 있지만, 직장인과 엄마의 역할을 동시에 해야 하는 직장맘들도 많습니다. 하루빨리 사회적 분위기가 성숙되어 회사에서는 남자 직원들이 가정일에 적극 동참할 수 있도록 배려해 주고, 국가적으로는 맞벌이 주부의 아이들 양육과 집안일 부담을 줄여 줄 수 있는 제도가 마련되어야 한다고 생각합니다.

직장인으로서, 그리고 엄마로서 힘들게 힘들게 두 딸을 열두 살, 열 살까지 키워 놓았는데 전혀 생각지도 않았던 늦둥이 임신 소식을 듣고 얼마나 당황하셨을까요? 그럼에도 귀한 생명을 특별하게 환영하신 모습에 경탄을 금할 수 없습니다. 아이들이 중학교에 갈 때쯤이면 엄마는 육아에서 벗어나 자신의 삶을 찾고자 일자리를 찾아 나서는 것이 보통입니다. 그런데 거꾸로 그 좋은 직장을 버리고 엄마의 길을 선택해야 했으니, 고민이 크셨을 것입니다. 나를 표현해 주던 갑옷과 무기를 내려놓고 나약한 맨몸인 채 세상으로 나아가야 하는 두려움에 깊이 공감이 갑니다. 저 역시 잘나가던 교사의 길을 접고 부모의 길로 들어선 엄마였으니까요. 그러나 그렇게 선택한 엄마의 길은 참으로 불안하고 힘든 길이었습니다.

우리는 삶을 살아가면서 여러 가지 길을 걷습니다. 편안하고 즐거운 길이 있는가 하면, 불안한 마음이 가득한 채로 걸어야 하는 길도 있습니다. 어떤 길에 서면 두렵고 불안할까요?

어둡고 깜깜한 길을 가야 할 때, 갈림길 앞에서 선택하기 어려울 때, 혼자서 가야 할 때 두렵습니다. 부모의 길도 그렇게 불안하고 두려울 때가 많습니다. 터널과 같이 어둡고 불안한 부모의 길을 어떻게 하면 편안한 길로 바꿀 수 있을까요?

첫째, 부모교육이나 책을 통해서 자녀의 발달단계를 알아야 합니다.

자녀와 부모 자신에 대해 아는 것이 없다면 깜깜한 길을 무턱대고 달리는 것과 같습니다. 부모가 보기에 도저히 이해할 수 없는 자녀의 말과 행동이 사실은 발달단계에 따른 과업을 수행하고 있는 것입니다. 자녀가 자라면 부모도 성장해야 하고, 자녀의 발달단계에 따라 부모 역할도 달라져야 합니다. 부모 역할에 대해 공부하면 못 보던 것을 볼 수 있게 되고, 각 시기에 맞는 부모 노릇을 할 수 있을 것입니다. 부모의 길에서 혹시 넘어지더라도 얼른 일어나서 다시 시작할 수 있습니다.

둘째, 갈림길 앞에서 부부가 의논해야 합니다.

자녀를 어떻게 키울 것인지 부부가 함께 대화하면서 선택해 간다면, 망설임에 에너지를 쓰지 않게 되고 뒤를 돌아보며 후회하는 일이 적어져, 포장도로를 달리는 것처럼 편안해질 것입니다. 마차를 끄는 두 마리의 말이 서로 다른 방향으로 달린다면 그 마차는 앞으로 나아갈 수 없을뿐더러 자칫하면 전복하여 마차가 망가질 수도 있습니다. 부모가 같은 방향을 향해서 나란히 간다면 빨리 갈 수 있고, 멀리 갈 수 있으며, 신나게 달릴 수 있습니다.

셋째, 부모의 길을 함께할 동지가 있어야 합니다.

아무리 어렵고 힘든 길이라도 마음이 맞는 사람들과 같이 가면 수월하게 느껴집니다. 부모교육에서 만난 부모들은 서로 도움을 줍니다. 그들의 모습이 곧 내 모습이고, 그들의 자녀가 곧 내 아들이고 딸이라는 생각으로 힘이 되어 줍니다. 급격한 변화가 소용돌이치는 부모의 길에서는 여정을 함께할 동지가 필요합니다. 혼자서 가다 보면 불안해져서 많은 부모들이 가는 길을 그냥 따라가게 되니까요. 모두가 가는 길이라 해도 내가 가고 싶은 길인지 확인해야 합니다. 같은 방향으로 가고자 하는 부모들끼리 힘을 모으면 원하는 길로 계속 나아갈 수 있습니다. 부모의 길에 불을 밝혀서 방향을 잘 잡고, 여럿이 의논하면서 함께 나아간다면 편안하고 즐거운 길이 되지 않을까요?

부모 됨의 발달 과정, 갈린스키의 6단계 모형

자녀들은 부모의 보호를 받아야만 살아갈 수 있는 연약한 존재로 태어나 독립된 인격체로 성장할 때까지 여러 단계를 거치면서 발달해 간다. 각 발달단계마다 상이한 발달과업이 주어지는데, 이러한 과업을 수행하는 과정에서 누구나 독특한 발달상의 위기를 경험하게 된다. 부모는 자녀가 발달 과정의 위기를 성공적으로 극복하는 데에 누구보다 큰 역할을 한다. 각 단계마다 이루어야 할 과업과 그에 따르는 위기의 내용이 다르기 때문에, 자녀의 발달단계에 따라 부모가 해야 할 역할의 내용, 상호작용의 질과 양이 달라져야 한다. 부모 됨의 발달 과정을 설명하는 대표적인 이론으로는 엘렌 갈린스키(Ellen Galinsky)의 6단계 모형이 있다.

1. 첫 번째 단계: 이미지 형성기

임신기에 해당하는 이 시기에 부부는 둘만의 관계에서 한걸음 나아가 이제 예비 엄마, 예비 아빠로서 출산과 부모기에 대한 이미지를 스스로 형성한다. 또한 신체적, 물질적 준비를 하고 어떤 부모가 될 것인가를 함께 논의한다. 많은 과학적 연구들이 태내기에 형성되는 신체 구조와 기능이 한 개인의 신체 구조와 행동 발달의 기초가 됨을 밝히고 있다. 이는 태내 환경의 중요성을 증명하는 것이고, 나아가 우리나라의 태교를 강조하는 전통에 과학적 근거를 제공하는 것이기도 하다. 이 시기에 예비 부모들은 마음가짐을 바르게 하고 부모 됨을 준비해야 한다.

2. 두 번째 단계: 양육기

양육기는 자녀 출생 후 만 2세까지에 해당한다. 첫 단계에서 형성한 부모 이미지와 현실을 일치시키는 작업을 하고, 부모가 된 현실을 인정하면서 돌봄의 과정을 통해 자녀와 적응하는 단계이다. 아기의 조건이 어떠하든 자신들의 자녀로 수용하는 것은 애착 형성과 양육 책임의 수행에서 첫 번째 관문이 된다. 부모가 되고 자녀를 양육하는 일은 연습 없이 부딪히고, 특별한 교육 없이 스스로 해결해야 하는 경우가 많기 때문에 많은 젊은 부부들이 어려움을 겪게 된다. 양육기는 애착과 기본적 신뢰감이 형성되는 시기이므로 사랑, 관심, 놀이, 접촉, 적절한 자극 등을 통해 아기의 욕구를 충족시켜 줌으로써 건강한 성격발달의 근간이 형성될 수 있도록 해 주어야 한다.

3. 세 번째 단계: 권위 형성기

권위를 형성하는 단계는 자녀 연령 만 2~5세에 해당한다. 이 시기의 아동은 부모와의 관계에서 벗어나 또래나 다른 성인으로 사회적 관계의 범위를 조금씩 넓혀 나간다. 부모는 이제 자녀의 단순한 생리적 욕구와 애정에 대한 욕구를 만족시키는 수준에서 벗어나 아동의 사회화 과정을 도와야 한다. 부모로서 누리는 권위의 범위와 자녀에게 허용되는 행동의 한계를 설정하여 자녀가 따르게 하는 것이 중요한 과제이다. 또한 이 단계는 자녀가 자신의 성과 관련된 성 역할 개념을 습득하는 시기이기도 하므로, 자신의 성에 적절한 행동을 습득하고 융통성 있는 성 역할 개념을 형성할 수 있도록 도와주어야 한다.

4. 네 번째 단계: 설명하는 시기

이 단계는 초등학생 자녀를 둔 시기에 해당한다. 아동이 학교에 입학하면 주변 세계의 여러 문제에 대한 폭넓은 관심을 가지고 탐구 활동을 시작한다. 따라서 이 시기에 부모는 정보 제공자, 자녀의 다양한 의문이나 요구에 대한 해설자, 세상과 사물의 이치를 설명해 주는 설명자 역할을 해야 한다. 또한 자녀들에게 부모 자신의 역할을 이해시키는 것도 필요하며, 부모 자녀 사이에서 새롭게 생기는 여러 가지 갈등을 효과적으로 처리할 수 있는 기술도 갖추어야 한다. 또한 가족의 역할과 권위를 재조정함으로써 부부의 경계와 자녀의 경계를 재조정하는 것도 필요하다.

5. 다섯 번째 단계: 상호 의존기

　청소년기 자녀가 있는 시기이다. 청소년기는 자아정체감과 더불어 뚜렷한 신념, 논리, 가치관이 형성되는 시기이다. 부모는 이제 이전과는 다른 부모-자녀 관계를 정립해야 하며, 의사소통도 새로운 방식으로 개선할 필요가 있다. 또한 사춘기의 2차 성징이 나타나는 시기이므로 자녀가 성적 욕구를 지닌 존재임을 인정하여 자녀의 변화를 받아들이고, 자녀의 합리성과 논리성을 객관적으로 수용하고 지지하는 자세가 필요하다. 청소년들은 자주 감정에 휩싸여 합리적인 판단을 하지 못하고 편견과 오해에 빠져 괴로워하기도 한다. 따라서 부모의 권위는 합리성과 객관성만으로는 유지될 수 없고, 이성과 감정이 조화된 높은 권위가 요구된다.

6. 여섯 번째 단계: 떠나보내는 시기

　부모 역할의 마지막 단계는 떠나보내는 단계이다. 이 시기는 자녀가 부모의 직접적인 보호와 돌봄으로부터 벗어나 혼자서 자율적 생활을 시작하는 시기이며, 부모의 곁을 떠나는 시기이기도 하다. 고등학교를 졸업한 후에는 부모를 떠나 독자적으로 성숙한 개체로서의 삶을 추구하는 서구와는 달리 자녀를 떠나보내는 시기가 자녀 결혼기까지 지연되는 문화적 상황에서, 이 시기에 우리나라 부모의 가장 큰 역할은 인생의 선배로서 여러 가지 어려움에 현명하게 대처할 수 있도록 상담과 조언을 해 주는 것이다. 고등학교 졸업 후이든 결혼 이후이든, 자녀가 떠나기 전에 부모가 먼저 자녀를 떠나보낼 마음의 준비를 마쳐야 한다. 이 단계에서 부모라는 존재가 아닌 한 인간으로서의 자기 자신, 개인으로서의 자기 자신에 대하여 생각해야 하고, 다른 중요한 관계에 대하여 재검토해야 한다.

참고:『부모학』(정현숙 외 / 신정)
『부모교육론』(전남련 외 / 양서원)

06
어떤 자녀로 키울 것인가

중학교 3학년 아들, 초등학교 5학년 아들, 4학년 딸을 키우고 있는 엄마입니다.

학습지 선생님이 처음 우리 집에 방문하셨을 때, 아이들의 시간 계획표를 보시곤 아이들이 군대 생활을 하는 것 같다고 하셨습니다. 아이들의 의견은 무시한 채 내가 짜 놓은 계획표대로 공부하면서 하루 일과를 보내게 했습니다. 계획표대로 지켜지지 않을 땐 어김없이 벌을 주었고, 그러다 보니 항상 큰 소리가 났습니다. 어쩌다 시댁 식구들을 만나는 날이면 어김없이 저희 집 애들만 별나다는 소리를 들었습니다.

그 당시 중학교 2학년 큰아들이 사춘기와 맞물려 계속 어긋나기만 할 뿐, 공부는커녕 가출한다는 소리가 나올 지경이었습니다. 그렇게 공부를 시켰는데도 큰아이의 성적은 비평준화 지역의 고등학교 진학이 어려울 정도라서 아들만 보면 속이 터져 고함을 지르게 되었고, 아들의 반항은 점점 심해졌습니다. 엄마에게 혼난 큰아들은 그 화풀이를 동생들에게 했고, 동생들은 이유 없이 형에게 맞다 보니 엄마한테 이르고, 제가 또 큰아들에게 고함을 치는 악순환이 계속되었습니다.

막내딸도 4학년인데 수학은 계산하는 것이 싫어서, 영어학원은 빠지는 날이 더 많아서 그만둔 상태였습니다. 금요일만 되면 딸아이는 배가 아프다, 머리가 아프다며 학교를 가기 싫어했고, 억지로 보내도 양호실에 누워 있다 오곤 했습니다. 처음에는 꾀병을 부리는 것 같아 혼내서 보냈는데, 알고 보니 금요일 첫 시간 영어 수업 때문이었습니다. 원어민 선생님의 말을 알아들을 수 없고, 친구들 앞에서 창피하니까 몸이 아파졌나 봅니다. 영어를 처음 시작할 때 아이는 준비가 안 되어 있는데 엄마의 강요에 의해 학원을 다니면서, 영어가 어렵고 싫은 과목이 되어 버린 것이었습니다.

부모교육 프로그램에 참가하면서 제 자신이 변화하기 시작했습니다. 공부에만 매달리다가 아이들과의 관계가 무너지고 있다는 것을 알게 되었습니다. '공부 좀 천천히 하면 어때! 이 아이는 분명 공부가 아닌 다른 달란트를 가지고 태어났을 거야.'라는 생각에 다다르자 큰아들에게 공부로 인한 스트레스를 주지 않으려고 노력했습니다. 큰아들 또한 동생들을 괴롭히는 빈도가 줄어들었습니다. 아이들의 이야기를 먼저 들어 주려고 노력했더니, 지금은 세 아이가 학교에서 돌아오면 서로 이야기하겠다고 재잘거립니다. 아이들은 변화하는 저의 모습에 처음에는 엄마가 더 무서웠다고 했습니다. 자기네가 싸워도 엄마가 고함도 안 지르고 잘잘못도 따지지 않고 차분한 목소리로 말을 하니, 저러다가 갑자기 폭발할 것 같아서 더 무서웠다고 했습니다. 하지만 그것은 아이들과 대화를 하기 위한 저의 치열한 노력이었지요.

지금은 군 생활 같은 계획표, 매, 엄마의 고함 소리가 사라졌는데도 아이들은 여섯 시에 일어나 아침 공부를 마치고 학교에 갑니다. 아침이면 일어나기 힘들어하는 아이들을 깨우기 위해 전쟁을 해도 지각하던 아이들이 여유 있게 등교하게 되었습니다. 늘 말썽이던 큰아들이 바쁜 엄마를 대신해서 동생들 밥을 챙기고 설거지까지 해 놓는 아들로 변했습니다.

어느 날, 차로 이동하면서 작은아들과 내가 영어 복습한다고 대화를 나누고 있었습니다. 옆에서 듣던 딸아이가 호기심을 보이면서, 자기도 영어 공부를 하겠다고 "작은 오빠가 영어 공부 시켜 줘." 하는 것이었습니다. 그날 이후 지금까지 한 달이 지났지만 딸아이는 좋아하며 열심히 영어 공부를 하고 있답니다. 수학도 학습지를 선택하여 매일 연산 훈련을 하고 있습니다. 이 모든 것이 공부보다 더 중요한 것이 있다는 것을 알고서 아이를 믿고 기다린 결과입니다.

공부를 잘하는 아이로 키우고자 군대 생활을 시키느라 어머니도 얼마나 힘드셨을까요? 어머니가 그렇게 애를 썼음에도 불구하고 아이들 성적은 안 나오고 가족 간의 관계는 깨져 갔으니, 실망이 크셨을 겁니다. 공부의 줄을 과감히 놓고 마음의 줄을 잡을 때 정말 용기가 필요했을 겁니다. 그 어려운 일을 해낸 어머니가 계셨기에 아들이 동생을 챙기게 되었고, 영어 때문에 몸이 아팠던 막내가 오빠와 영어 공부를 할 수 있게 되었습니다. 참으로 감사한 일입니다.

어머니들에게 어떤 자녀로 키우고 싶은지 여쭈어 보면 다음과 같은 그림을 그립니다.

- 좋은 대학을 졸업해서 좋은 회사에 취직하고 경제적으로 안정된 생활을 하는 자녀!
- 좋은 배우자를 만나서 자녀를 낳고 가정생활을 잘하는 자녀!
- 사회적으로 인정받고 주위 사람한테서 칭찬받는 자녀!
- 자주 찾아오고, 용돈도 잘 주고, 철 따라 보약 해 주고, 해외여행도 보내 주는 자녀!

그런가 하면 눈에 보이지 않는 그 어떤 것에 대해 그림을 그리기도 합니다.

- 자신이 좋아하는 일을 하면서 돈도 벌고 보람도 느끼면서 행복하다고 감사하는 사람!
- 열정을 가지고 자신의 꿈을 이루기 위해 스스로를 조절하면서 생활하는 사람!
- 자기 내면의 진실에 귀를 기울이고 그 소리에 충실하게 사는 사람!
- 실패와 좌절을 반성과 배움의 시간으로 만드는 사람!
- 좋은 직업을 갖거나 높은 자리에 있지 않더라도 자존심을 지킬 줄 아는, 마음이 건강한 사람!
- 경제적, 정신적으로 독립할 수 있는 능력을 갖춘 사람!
- 삶을 즐기고, 아름다움을 느끼고, 유머를 아는 생활을 할 수 있는 사람!

요즘 상담 현장에서 공부 때문에 몸과 마음에 병이 생긴 아이들을 자주 보게 됩니다. 그런 아이들의 부모를 만나 보면 나쁜 사람들이 아닙니다. 부모 자신의 마음이 건강하지 못하거나 부모 역할에 대해 구체적으로 배운 적이 없어서 균형을 잡지 못하고 대학 입시를 위한 점수에만 집중하게 되었을 따름이었습니다. 몸과 마음이 건강해야 공부도 잘할 수 있다는 것을 모르는 부모들이지요. 그렇다면 가정에서는 어떤 자녀를 키워 내야 할까요?

- 겉으로 보이는 체격이 아니라 기본적인 체력이 강하고 병에 대한 저항력이 있는 자녀!
- 자신과 타인을 사랑하면서 든든한 마음의 힘으로 어려움을 이겨 내고 도전하는 자녀!
- 자기주도적 학습 능력으로 지식과 정보를 잘 활용할 줄 아는 자녀!

이 땅의 부모님들이 체(體), 인(仁), 지(智)의 균형을 맞춰서 자녀를 키워 내기를 간절하게 소망합니다.

체.인.지 체험 활동

체-몸 튼튼	인-마음 튼튼	지-공부 튼튼

⑴ A4 용지를 세로로 3등분하여 접은 다음, 풀칠하여 삼각기둥을 만든다.

⑵ 삼면의 아래 부분에 각 각 '체―몸 튼튼' '인―마음 튼튼' '지―공부 튼튼'을 써 넣는다.

⑶ 삼각기둥 안에 강냉이를 가득 채웠다가 그릇에 쏟아 놓는다.

⑷ 현재 내 자녀의 모습을 생각하면서 부족한 부분의 높이를 잘라 낸다.

⑸ 쏟아 놓았던 강냉이를 높이가 달라진 삼각기둥에 다시 담는다.

⑹ 체험 활동 후 느낀 점을 부부가 서로 이야기한다.

PaPa
Mama

2 이미지 형성 단계

연못의 개구리밥과 연꽃을 보면 뿌리가 얼마나 중요한지 깨닫게 됩니다.

개구리밥은 작은 뿌리가 물 위에 떠 있어 바람 불 때마다 이리저리 떠다닙니다.

연꽃은 연못 바닥에 뿌리를 굳게 내리고 아름다운 꽃을 피워 냅니다.

어떤 부모가 될지 방향을 정하는 것은 연꽃의 든든한 뿌리를 가지는 것과 같습니다.

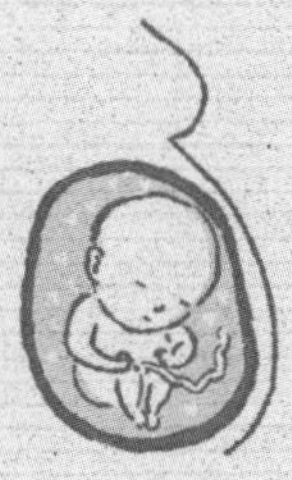

이미지 형성 단계는 부모가 결혼한 순간부터 아이가 태어나기 전까지의 시기이지만, 결혼하기 전부터 시작될 수 있습니다. 어릴 때 부모님의 모습을 보면서 나도 엄마와 아빠 같은 부모가 되겠다거나 절대로 다른 모습의 부모가 되겠다는 생각을 합니다. 이런 과정에서 어떤 부모가 되고 싶은지 이미지를 만들어 가게 되지요.

결혼하기 전에 정자와 난자가 건강하도록 몸과 마음을 정결하게 하는 것도 부모가 되기 위한 준비입니다. 지나친 흡연과 음주, 과도한 전자파로 인한 정자 감소, 지나친 노출과 다이어트로 약해진 자궁, 무절제한 성생활 등은 건강한 아기의 부모가 되는 데 지장을 줍니다.

이미지 형성 단계에서 부모가 할 일은 어떤 부모가 될 것인지, 교육의 관점에 대해서 부부가 대화를 나누는 일입니다.

2부에서는 자녀의 인연으로 찾아와 준 생명의 존재에 기뻐하며 온 마음으로 환영하고, 부모로서 준비를 잘하려고 노력한 부모님들의 이야기를 소개합니다.

01

생명의 힘

임신 사실을 알게 된 날은 공교롭게도 친정어머니가 암 수술을 받으시는 날이었다. 수술실로 들어가신 어머니를 기다리는 동안 마음이 복잡했다. 엄마가 암 진단을 받으신 것도 너무나 갑작스런 일이었고, 수술 결과에 따라 항암 치료를 받게 되시면 맏딸로서 내가 할 일이 많을 텐데 아이를 낳아 기를 수 있을까 걱정되었다. '초등학생 아들이 둘이나 있는데 전혀 예상하지 못했던 늦둥이를 낳아야 하나?'라며 잠시 그런 생각을 했는데, 나도 모르게 눈물이 나왔다.

다행스럽게 친정어머니의 수술 결과는 아주 좋아서 항암 치료를 안 해도 되고, 회복 상태도 아주 양호하다는 것이었다. 이 말을 듣는 순간 마음속에 있던 커다란 돌덩이가 사라지는 느낌이었고, 나도 모르게 엄마에게 임신 이야기를 했다. 예상 외로 엄마는 무척 반가워하셨다. 열 살, 열두 살이 된 아들 둘이 있어서 부담스러워하는 나에게 늦둥이는 큰 선물이라며 엄마의 꿈 이야기를 해 주셨다. 내가 아들 둘과 핑크색 옷을 입은 딸의 손을 잡고 집에 들어서는 꿈이라고 했다. 나는 엄마의 꿈 이야기를 듣고 뱃속의 아기가 딸일 거라고 확신했고, 친정 부모님의 기쁨과 축하에 힘을 얻었다

그런데 6개월쯤 되었을 때 아기가 또 아들이라는 것을 알게 되었다. 청천벽력 같은 일이었다. 내 사전에 아들 셋은 상상조차 해 본 적이 없었다. 며칠 동안 밥도 안 먹히고 힘들어서 누워 있어도 계속 눈물이 났다. 아들 둘도 힘든데 어떻게 셋을 키우란 말인지……. 그때 내게 가장 힘이 되어 준 사람은 남편이었다.

"당신이 정말 힘들면 원하는 대로 해. 나에겐 뱃속 아기보다 당신이 더 소중하니까. 그런데 난, 사실 또 아들이라도 너무 고마워. 내가 외아들이었기 때문에 아들 형제가 많으면 든든하고 좋아."

처음에는 그렇게 말해 준 남편에게 고마운 마음만 있었는데, 며칠 지나서 곰곰이 생각해 보니 아기에게 너무 미안했다. 기다리던 임신이어서 정말로 환영받았던 큰아들과 똑같은 생명인데, 도대체 내가 무슨 생각을 했던 건지…….

드디어 친정아버지가 그렇게 원했던 2008년 8월 8일에 아기가 태어났다. 중국에서는 길일이라서 산부인과에 수술 일정이 많이 잡혀 있다던 바로 그날에 우리 아기가 태어난 것이다. 아기에게 젖을 물리려고 기다리고 있는데 간호사에게서 전화가 왔다. 아기가 태어나면서 기도에 있는 이물질 제거 과정에서 약간 문제가 있었고 심장에서 미세한 소리도 들리니까 좀 더 지켜보다가 다음 수유 시간에 내려보내겠다는 것이었다. 미역국이 왔지만 먹을 수

가 없었다. 아들이라고 싫어했던 내가 너무 바보 같았다. 아기가 건강하게 내 품에 안길 수 있도록 간절하게 기도했다. 다행히 다음 수유 때 만났는데, 정말로 감사한 마음으로 아기를 맞이했다.

아기가 태어난 후 우리 가족에는 변화가 있었다. 가장 큰 변화는 나의 변화이다. 두 아들을 키울 때는 조급함으로 매일 뭔가 마음에 안 들고, 뭔지 모르게 화가 나서 특히 큰아들과의 관계가 많이 힘들었다. 그런데 막내를 임신하고 낳아 보니 큰아들도 이보다 더 큰 기쁨과 감사로 받아 안았던 아기였다는 것이 기억나면서 그간의 내 행동이 너무 미안했다. 그리고 아들 셋을 키우다 보니 잔소리를 할 여유도 기력도 없어서 아이들이 혼자 하도록 집착이 줄어든 것 같다.

간섭받기를 싫어하던 큰아들도 한창 예민할 사춘기인데 전혀 까칠하지 않다. 아기가 새로운 행동을 하면 맏이와 둘째의 어린 시절 이야기를 많이 해 주었는데, 처음에는 시큰둥하니 관심이 없더니 갈수록 진지하게 물어보면서 그 시기에 자기도 엄마한테 많이 사랑받았다는 것을 느끼는 것 같았다.

막내의 탄생으로 자신의 위치가 크게 흔들렸다고 생각하는 둘째가 가장 힘들어했다. 틱 장애가 나타나더니, 학원 선생님께 자기는 주워 온 아들이라고 이야기하곤 했다. 그래서 둘째와 단둘이 쇼핑을 가거나 둘만의 시간을 최대한 많이 가지려고 노력했다. 아기랑 싸워도 절대 혼내지 않고 그 아이의 마음을 읽어 주려고 최선을 다했다. 어찌 보면 둘째의 삶에서 가장 주목받은 시기를 만들어 준 것 같다. 그 덕에 요즘은 동생을 많이 귀여워하고, 외출할 때 옷도 입혀 주고, 주워 온 아들이라는 이야기는 더 이상 하지 않으며, 물론 틱 증세도 없어졌다. 둘째의 변화는 나에게 큰 힘이 되어 주었다. 그동안 부모교육에서 배운 것이 그렇게도 실천이 안 되더니 뭔가 최초의 열

매를 맺은 것 같았다.

　남편이 퇴근할 때 맨발로 방 끝에서부터 "아빠~"를 외치며 안기는 막내에 푹 빠져서 남편은 순간순간 행복해한다.

　늦둥이 임신한 순간부터 3년의 시간이 지났다. 이 3년이라는 시간은 우리 가족에게 많은 변화를 가져다준 더없이 소중한 시간이다. 조급함 대신 여유로움을 얻었고, 짜증 내고 화내는 대신 아기의 재롱을 보고 함께 웃으며 행복했다. 아마도 이 아기가 내 생애에 받은 최고의 선물이자 우리 가족의 보물이 아닌가 싶다.

　가족의 보물인 늦둥이를 선물받았다는 그 어머니를 최근에 다시 만났습니다. 부모교육에 열심히 참가하던 어머니였는데, 임신 후 통 만나지 못하다가 3년 만이었지요. 원래 하얀 피부이기도 했지만, 늦둥이 셋째 아들을 키우면서 느낀 기쁨 때문인지 뽀얀 얼굴이 더욱 아름다웠습니다. 생명이 온 가족에 가져온 변화가 참으로 놀랍습니다. 사춘기 큰형의 까칠함도 부드럽게 해 주고, 틱까지 겪으며 심적 어려움을 겪은 둘째 형에게 가장 주목받는 시간을 선물했다니요. 아버지에게는 아들을 안는 순간마다의 행복을, 엄마에게는 조급함 대신에 여유로움과 감사를 선물했군요. 생명의 힘이 가져온 축복을 눈으로 보는 듯합니다.

　생명의 힘이 얼마나 놀라운지 상담을 공부할 때 체험한 적이 있습니다. 모래놀이치료사가 되려면 이론 공부, 상담 실습, 슈퍼비전 받기, 사례 발표

등 오랜 공부를 해야 합니다. 수련 과정 중에 어느 보육원에서 상담 봉사를 하면서 초등학교 6학년 진석이와 5학년 원주를 만났습니다.

진석이는 아기일 때 엄마가 가출하였습니다. 이후 아버지는 진석이와 여동생을 친척 집에 맡기기도 하고 스스로 돌보기도 하였으나, 거의 학대와 방임의 시기였습니다. 아홉 살이 되어도 취학시키지 않았고, 열 살 때 보육원에 와서 처음 학교에 가게 되었습니다. 보육원에서 수소문하여 엄마를 찾았으나 자녀에 대해 불편해하고 거부하면서 한 달에 한 번 부모 방문의 날에도 오지 않으며, 아버지는 전혀 연락이 되지 않는다고 했습니다. 진석이에게 모래놀이치료를 12회 하고 나서 미국에서 온 모래놀이치료 전문가에게 슈퍼비전을 받았습니다. 그분은 진석이의 상담 결과를 보고 너무나 놀라워하면서 더 이상 상담이 필요하지 않다고 하였습니다. 모래 상자에 표현된 진석이의 내면은 아름다움 그 자체라고 했습니다. 부모로부터 버림받은 진석이는 이미 그 고통으로 진주를 만들었다고 했습니다.

원주와 처음 만났을 때 원주는 눈도 마주치지 못하고 말도 거의 하지 않았습니다. 그림검사에서 자신을 그릴 때 5학년임에도 불구하고 눈물을 흘리는 다섯 살 정도 되는 어린아이로 그렸습니다. 열다섯 번째 만남에서 원주는 자신이 어떻게 버려졌는지 생생하게 이야기했습니다. 아버지가 때리고 언니들한테 때리라고 시켰던 일, 방 안에 가두어 놓아서 이웃집에서 막내딸이 있는 줄도 몰랐던 일, 이사 가면서 아버지가 버렸던 일, 동네 아줌마가 발견했을 때 맞은 상처와 눈썹이 얼어서 눈을 뜨지도 못했던 일, 호적에 올려져 있지도 않은 일 등을 둑이 터지듯 정신없이 쏟아 놓았습니다. 스물네 번을 만났는데, 나중에는 환히 웃는 모습이 얼마나 예쁜지 성숙한 소녀로 새로 태어난 것 같았습니다.

　최악의 환경에서 버림까지 받았던 진석이와 원주는 발달단계 이론으로 볼 때 정상적으로 자라기 어려울 것으로 예상되는 아동입니다. 진석이와 원주의 변화는 상담의 결과라고 이야기할 수 없습니다. 왜냐하면 미숙한 치료사와의 만남이었고, 진석이는 열두 번밖에 만나지 않았기 때문입니다. 진석이와 원주의 내면에 있는 생명의 힘이 작동해서 놀라운 일이 벌어진 것이었습니다. 프랑스의 생명철학자인 앙리 베르그송은 그것을 '생명의 약동'이라는 말로 표현하였고, 분석심리학의 아버지인 카를 융은 우리의 무의식 깊은 곳에 '존귀한 넋'(Self)이 있다고 했습니다.

　진석이와 원주를 만나면서 겪었던 체험으로 저는 생명의 힘을 믿게 되었습니다. 교사로 근무하면서 어린 시절 충분히 사랑해 주지 못한 두 아들의 앞날도 믿게 되었고, 엄마로서 부족했던 제 자신도 용서할 수 있게 되었습니다. 아무리 고통스러운 일을 겪었다 하더라도, 아주 작은 도움의 불씨가 생명의 힘에 점화되기만 하면 자기 에너지로 진화하고 성숙해 간다는 것을 확신합니다. 이 책을 읽는 부모님들도 부디 자녀의 내면에 있는 생명의 힘을 믿게 되기를 소망합니다.

태아, 그 생명 속에 숨겨진 비밀

　해밀턴 필하모닉 오케스트라의 지휘자인 보리스 브로트는 라디오 방송에 나와 인터뷰를 했다. 그는 이야기를 잘하는 재능을 선물로 받은 화려한 경력의 소유자다. 그날 밤 그는 오페라에 대해 여러 가지 질문을 받았으며, 인터뷰 마지막에 어떻게 음악에 관심을 갖게 되었는가에 대해 질문을 받았다. 그는 망설이더니 이렇게 말했다.

　"아, 조금 이상하게 들리실지 모르겠지만 음악은 태어나기 전부터 내 생활의 일부입니다."

　이에 호기심을 느낀 아나운서가 그 이유를 설명해 달라고 하자 그는 이렇게 말하였다.

　"글쎄요. 나로서는 내가 알지도 보지도 못한 악보를 연주하는 능력 등 내가 가진 이상한 능력 때문에 나 자신도 놀란 적이 많았어요. 난생 처음 본 악보를 지휘하고 있는데 갑자기 첼로 파트가 내 머리에 떠올랐어요. 그 파트가 들어 있는 페이지를 가기도 전에 그것이 머리에서 맴돌더니 저절로 흘러가더군요. 어느 날 첼로 연주가인 어머니에게 그 이야기를 했어요. 내 마음에 언제나 특별하게 떠오르는 것은 첼로이기에 어머니가 술책을 꾸미지나 않았나 하고……. 어머니는 그 악보의 첼로 파트를 듣자 수수께끼를 풀어 주셨죠. 그 악보들은 어머니가 임신하였을 때 연주했던 부분이었습니다."

출처: 『태아는 알고 있다』(토마스 버니 글 / 김수용 옮김 / 샘터)

02
환영받은 아기인가

첫아이를 임신했을 때 태어날 아이를 위해 무언가 의미 있는 일을 하고 싶었습니다.

수공예로 근사한 작품을 만들어 볼까? 새로운 것을 배워 볼까? 고민하던 중에 독후감 응모 기사를 보게 되었습니다. 『토지』 완결편 출간 기념 독후감 대회였는데, 너무 감명 깊어서 그즈음 토지 전권을 두 번째 읽고 있었던 터라 충분한 자격이 있다고 생각했습니다.

독후감을 약 석 달 정도 준비했습니다. 원고지 50매를 채우기 위해 읽고 또 읽고, 쓰고 또 썼습니다. 손가락이 아팠지만 점점 불러 오는 배를 보며 미래의 내 아이를 생각하면서 최선을 다했습니다. 그리고 아이가 태어나기 일주일 전에 신문에서 당선 사실을 확인할 수 있었습니다. 그 충만감이란 이루 말할 수 없었습니다. 아기가 태어난 후 책으로 나온 내 독후감을 보면서 흐뭇하고, 뿌듯하고, 아이의 엄마로서 자랑스러웠습니다.

의도한 바는 아니었는데 우연하게도 아이의 이름이 토지의 주인공 최서희와 비슷한 서이입니다. 태교의 덕분인지 서이는 책을 좋아하고 열심히 책을 읽는 아이로 성장하고 있습니다.

독후감 대회에 당선되었던 글의 뒷부분을 소개합니다.

"이제 석 달만 있으면 아이 엄마가 된다. 그동안 때로는 흥분하고, 때로는 분노하고, 그리고 때로는 아픔과 서러움의 세월이 내 것인 양 눈물짓기도 한 내 감정의 기복의 원인이 '토지'였다는 것을 아이는 모르겠지만, 나중에 나중에 얘기해 주리라. 모든 것에 너무나 무지하고 부족했던 이 엄마는 '토지'를 통해 한 번도 보지 못한 조상들의 삶을 이해하고, 개인적 이기주의가 팽배해 있는 이 시대에 민족에 대한, 인류에 대한 새로운 애정이 싹텄으며, 그리고 나와 함께 살고 있는 주변의 모든 사람들을 연민으로 바라볼 수 있게 되었다고…… 또한 내 아이에 대한 진정한 모성을 가슴 뿌듯하게 느낄 수 있었다고!"

과거를 추억하다 보면 유독 하나하나의 느낌이 생생하게 기억나는 날이 있다. 몇 년 이상 지난 일인데도 마치 어제 막 경험한 일인 것처럼, 어떤 일이 어떻게 있었는지 그때 내가 무슨 생각을 했었는지 다 기억이 나는 경우 말이다. 나에게 있어 그런 경험 중 대표적인 것이 아들과 만나게 되었던 순간들이다. 울먹이며 전화를 걸어 임신 소식을 알렸던 아내의 목소리, 임산부 전용 특별 과일 도시락을 준비하며 느꼈던 기쁨, 처음 발길질을 내 뺨으로 느꼈을 때의 설렘, 병원에서 내 아들을 처음 만났던 가슴 벅찬 순간 등, 아들을 만나기까지의 순간순간이 몇 년이 지난 지금까지도 참 생생하다. 그만큼 하나의 생명을, 나의 핏줄을 새롭게 만난다는 것은 나에게 굉장히 큰 의미로 다가왔다. 돌돌이(태명)의 첫 초음파 사진을 보고는 내가 느낀 생명에 대한 막연한 감동을 그대로 흘려 버리긴 아쉽다는 생각이 들었다. 새로운 생명을 만나게 되는 아버지로서 뭔가 의미 있는 일을 하고 싶었다. 그래서 어려운 병을 앓고 있는 사람들에게 새로운 세상을 선물해 줄 수 있는 '조혈모세포' 기증을 신청했다. 참 아쉽게도 아직 적합한 사람을 만나지 못해 기증까지 이루어지지는 못했지만, 앞으로 언제라도 조혈모세포 기증을 하게 되면 그것은 새 생명을 만나게 된 나의 기쁨을 어떤 식으로든 세상과 나누고 싶었던 나의 마음 때문이다.(지금도 하루라도 빨리 기증을 하고 싶은 마음이다.)

사실, 조혈모세포 기증과 같이 단순한 것이 아니더라도, 돌돌이를 만나게 되면서부터 아버지로서의 나 자신과 앞으로 커 나갈 나의 아들에 대해서 참 많은 생각을 하게 되었다. 나는 내 아들이 어떤 사람이 되어서 세상을 어떻게 살아 나갔으면 좋겠는지, 그리고 그렇게 되기 위해서는 내가 어떤 아빠가 돼서 어떻게 도와주면 될 것인지 말이다. 이 고민은 평생을 하면서 살아가게 되겠지만, 아주 단순하게 말하자면 결론은 이렇다. '나는 아들이 긍정적인 마음으로 세상을 넓게 살며, 항상 노력하고, 주변 사람들에게 좋은 영향을 폭넓게 줄 수 있는 사람이 되었으면 좋겠다.' 그리고 그것을 위해 내가 해 줄 수 있는 것은 오로지 하나, 내가 그렇게 살아서 보여 주는 것이다.

세 딸을 키우는 어머니가 맑은 눈빛으로 태교에 대한 이야기를 할 때, 『토지』의 독후감이 당선된 사실보다 태아와 함께 기나긴 이야기를 읽는 동안 인류에 대한 새로운 애정이 싹텄으며 주변 사람들을 연민의 눈으로 보게 되었다는 말이 더 감동적으로 다가왔던 기억이 생생합니다. 태어날 아들을 위해 조혈모세포 기증을 신청한 젊은 아버지가 쓴 글에서는 경건함이 묻어납니다. 생명에 대한 감동과 기쁨을 세상과 나누고 싶었다는 구절에서는 저절로 고개가 숙여집니다.

부끄러운 지나간 시간을 회개하는 마음으로 돌아봅니다. 나에게 찾아든 생명을 과연 어떻게 대했는지 돌이켜 보면 후회되는 점이 한두 가지가 아닙니다. 그래도 로트만 박사의 '임신에 대한 태도로 본 엄마의 유형'을 읽어 보면서 위로를 얻었습니다. 현실적인 문제로 아기를 환영하지는 못했지만 무의식에서는 아기를 바라는 엄마였다는 것을 알게 되었기 때문입니다. 의식 세계에서 충분히 환영해 주지 못했음에도 잘 자라 준 두 아들이 너무 고맙습니다.

부모교육을 받는 어머니들 중에서 늦둥이를 임신하는 경우를 가끔 보게 됩니다. '좋은 부모가 되는 공부를 열심히 하는 엄마에게 아기들이 찾아오는 것은 아닌가?' 하는 생각이 들기도 합니다. 고등학생, 중학생, 초등학생, 세 아이를 키우고 있던 어머니가 생각납니다. 어느 날 그 어머니가 의논할 일이 있다고 해서 만났습니다. 전혀 생각지도 않은 넷째를 임신했다는 사실을 털어놓는 모습은 세상의 모든 고통을 짊어진 듯했습니다. 경제적인 어려움, 노산으로 인한 건강 문제, 자신의 삶을 막 개척하려던 시점, 주변의 따가운 시선, 세 아이들에 대한 부끄러움 등 낳을 수 없는 이유는 너무 많았습니다. 다행스럽게 남편은 임신 사실을 알고 기뻐하며 더 열심히 일하겠다고 말했다지만, 그 어머니의 고민은 상당히 깊었습니다. 저는 그분의 괴로운 심정에 공감하면서 충분히 이야기를 들어 드렸습니다. 대화 중에 생명이 얼마나 귀한 존재인지 인식하고 있는 그 어머니 내면을 만날 수 있었습니다. 생명이라는 한 가지 이유가 아기를 낳을 수 없는 여러 가지 이유를 이겨 냈습니다. 그래서 그 어머니는 넷째를 낳았고, 감사하게도 저는 그 기쁨을 함께 나눌 수 있었습니다. 태어난 아기를 만나러 갔을 때 모든 어려움에도 불구하고 아기를 지켜 낸 엄마와 세상을 만나러 나온 아기를 축복하는 마음이 하늘처럼 퍼져 나갔습니다.

임신에 대한 태도로 본 엄마의 유형

잘츠부르크 대학의 게르하르트 로트만 박사는 태아에게 아주 미묘한 식별능력이 있다는 것을 발견하였다. 그는 여성들이 임신을 바라보는 관점이나 태도에 따라 4가지의 정서적 범주로 분류했다.

1. 의식적이든 무의적이든 아기를 바라고 있다고 판명된 엄마

임신 그 자체가 즐겁고 따라서 출산의 고통도 적었으며 육체적, 정신적으로 건강한 아기를 낳았다.

2. 임신에 부정적인 태도를 가진 엄마

임신 중에 의학적인 문제를 가지고 있었으며 조산아, 저체중아를 낳는 비율이 높고, 정서적으로 불안한 아기를 낳았다.

3. 겉으로는 행복하게 생각하지만 이중적 가치를 가진 엄마

남편, 가족, 친구 등 주위의 모든 사람들은 엄마가 되는 것을 기뻐하고 있다고 생각한다. 그러나 뱃속의 태아는 다르게 느끼는 경우이다. 로트만 박사의 심리 테스트에 의하면 엄마의 무의식세계에서는 임신 자체를 거부하거나 증오할지도 모르는 엄마이다. 태아도 엄마의 이중적 가치로 인해 태어날 때부터 행동과 소화기관에 문제가 있는 경우가 많다.

4. 겉으로는 아기를 원하지 않지만 마음속으로는 바라는 엄마

직업 문제, 경제적 문제 또는 엄마가 될 마음의 준비가 되어 있지 않아서 아기를 원하지 않는다고 말하지만 마음속으로는 임신을 바라고 있는 모순된 정서를 가진 엄마이다. 로트만 박사의 심리 테스트에서 무의식세계에서는 임신을 바라고 있는 것으로 밝혀진 경우이다. 태아는 엄마에게서 두 가지 메시지를 동시에 받기 때문에 정신적으로 혼란에 빠지고, 감수성이 빈약하거나 무기력한 아기가 많다.

출처: 『태아는 알고 있다』(토마스 버니 글 / 김수용 옮김 / 샘터)

03

어떤 부모가 되고 싶은가

우리 부부는 조기교육이 중요하다고 생각하기 때문에 현서에게 여러 가지 교육의 기회를 제공하기로 했어요. 그래서 현서가 네 살 때 피아노 학원에 보냈어요. 음악에 관심을 보이는데, 피아니스트가 되려면 일찍 시작해야 하니까요. 처음에는 재미있게 다녔지만 바이엘 후반부터는 싫증을 내고 피아노 연습도 시켜야만 억지로 하는 거예요. 아무래도 피아노에는 소질이 없는 것 같아서 미술 학원에 보냈어요. 하늘은 빨갛게 바다는 초록색으로 칠하는 것을 보고 노을 지는 하늘이 정말 멋있어서 '혹시 얘가 피카소 같은 화가가 되려나?' 기대를 했거든요. 그런데 미술 학원 선생님은 우리와 생각이 다른 것 같았고, 현서도 점점 미술 학원에 가기 싫어해서 그만두게 하고, 이번엔 태권도 학원에 보냈어요. 순서도 잘 외우고 띠 색깔이 얼른얼른 바뀔 때마다 올림픽 금메달이 눈에 보이는 것 같았어요. 그런데 참 이상하게도 대련 때마다 다른 애들은 싸움도 잘하는데 우리 현서는 겁을 내서 자꾸 뒤로 물러서기만 하는 거예요. 아무래도 현서가 마음이 약해서 강한 운동에서는 능력을 발휘할 수 없을 것 같아 그만두게 하고, 지금은 영어 학원에 보내고 있어요. 열심히 가르치면 이다음에 반기문 유엔 사무총장처럼 외교관이 될 수 있지 않겠어요? 그리고 몸이 건강해야만 모든 것이 가능하기에 수영은 기본으로 시키고 있어요.

한 엄마가 아이와 함께 들길을 가고 있습니다.

아이가 무슨 잘못을 했는지 엄마는 무서운 얼굴로 야단을 치고 있었습니다.

갈 길이 바쁜데 빨리 걷지는 않고 자꾸만 들꽃을 보거나 이상하게 생긴 조약돌을 줍겠다고 해서라네요.

"가연아, 언제 저 언덕을 넘어서 갈 거니? 너랑 같이 출발한 아이는 벌써 언덕 꼭대기까지 갔는데……."

"그래도 저 꽃이 너무 이쁘단 말이야. 어떤 향기가 나는지 가서 맡아 보고 싶어."

"아휴, 중요하지도 않은 것에 고집하고는……. 기다려! 엄마가 향기 맡고 와서 알려 줄 테니까 너는 빨리 가고 있어."

엄마는 얼른 꽃향기를 맡고 와서 딸에게 이야기해 줍니다.

"쌉싸름한 향기고, 꽃잎은 열두 장이고 색깔은 보라색이야. 됐지?"

“엄마, 쌉싸름한 향기가 어떤 거야?”

“별것도 아닌 것에 신경을 쓰고 그래. 집에 가면 국어사전에서 찾아서 설명해 줄게. 빨리 서둘러. 이러다가는 아무것도 안 되겠다.”

예전의 저의 모습입니다. 가연이에게 무엇이 중요한지 모르고 내 방식대로 끌고 가려 했던 모습! 지금은 아이 뒤에서 멀찍이 떨어져서 아이가 가는 대로 따라가려고 노력하고 있습니다. 아이가 넘어지면 가끔은 쫓아가서 일으켜 주기도 하지만, 가능하면 아이를 믿고 한 발짝 뒤로 물러나려고 합니다. 내가 없으면 안 될 줄 알았는데, 뒤에서 지켜보니 가연이는 내가 몰랐던 장점들을 참 많이 가지고 있더군요. 예전의 관점으로 보았다면 모르고 지나갔을 가연이의 장점을 보는 것이 요즘 저의 기쁨입니다.

어떤 것이 있냐 하면…… 동생을 참 잘 데리고 놀고, 책 읽기도 즐기고, 성서 지식도 많고, 솔직하고, 일기도 잘 쓰고, 표현력도 좋고, 캐릭터도 잘 그리고, 얘기도 잘 만들어 내고…….

이런 내 아이를 알아보게 되어 정말 기쁩답니다.

저는 일곱 살 큰아들, 다섯 살 작은아들을 키우고 있는데 두 달 후면 셋째 아들이 태어납니다. 이제 곧 세 아들의 엄마가 됩니다. 저와 저희 아이들의 이야기를 글로 써 달라는 선생님의 부탁을 받고는 갑자기 마음이 복잡해져서 기쁘기도 하고, 부끄럽기도 하고, 제 엄마 노릇이 남에게 소개하기에 떳떳한 모습인가 싶어 아이들과 생활하는 제 모습을 곰곰이 돌아보다가 용기를 냈습니다.

'세상에 흔들리지 않고 자녀와 함께 행복한 걸음을 힘 있게 내딛는 분들' 이야기를 세상에 소개하고 싶다는 선생님 말씀을 듣고, 딱 제가 닮고 싶은 부모상이라고 생각했습니다. 저는 거기에 하나 더 보태서 아이들을 '생활인'으로 키우고 싶습니다.

"다른 건 다 엄마가 알아서 할 테니 너는 들어가서 어서 공부나 해라." 하는 부모는 되지 말자고 저희 부부는 가끔 다짐합니다. 저희 엄마는 평생 직장 생활을 하셨고, 집에는 늘 살림을 도와주시는 분들이 계셨습니다. 엄마도 제게는 늘 마음이 약하셔서 제 부탁은 거의 다 들어주시는 편이다 보니, 저는 스스로 생각해도 사랑은 듬뿍 받았는데 좀 응석받이로 자라서 제 할 일을 스스로 챙기지 못하는 편이었습니다.(엄마가 들으시면 기껏 키워 놨더니 이제 와 딴소리한다고 하시겠지요?)

반면에, 남편은 시어머니께서 남편의 학교 입학과 동시에 직장 생활을 시작하셔서, 아침에 일어나기, 밥 차려 먹기, 숙제, 준비물까지 제 할 일을 스스로 챙겨야 했다고 하더군요. 그래서 그런지 시간, 돈, 약속 관리를 저보다 잘하고 인내심도 많은 편입니다. 물론 요리도 잘하는 일등 남편입니다. 그래서 저희 부부는 아이들이 어려서부터 자기 일은 스스로 하도록 도와주자고 뜻을 모았습니다. 제 할 일을 스스로 할 수 있는 사람! 그것이 제가 생각하는 '생활인'입니다.

애들이 커 가면서 집안일에 관심을 보이면 기회를 주고, 할 수 있도록 격려해 주고, 아이의 자리를 마련해 주었습니다. 설거지, 청소, 빨래, 요리, …… 그중에서 아이들이 제일 신을 내고, 항상 하고 싶어 하는 것이 요리입니다. 처음엔 쿠키 몇 개 굽는데도 집 안을 온통 밀가루 범벅을 해 놓더니 점점 나아져서 요새는 별로 어지르지도 않고 잘합니다. 어느 날은 쌀 씻는 것을 돕겠다고 앞치마까지 두르고 나서기에 기왕에 할 거면 제대로 하라고, 컵에 쌀 계량하는 법, 흘리지 않고 쌀 씻는 법, 눈금에 맞추어 물 붓고 취사 버튼 누르는 것까지 알려 주었습니다. 그랬더니 제가 임신하고 나서 아침에 일어나지 못하면 "엄마 내가 밥할게요, 걱정 마세요!" 하며 몇 번 밥을 해 주었답니다. 한두 번은 고두밥을 먹긴 했지만 그래도 얼마나 기특하고 고맙던지, 여섯 살 아들이 참 든든하게 느껴지더라고요.

아이들과 그저 재미로 하던 요리 놀이였는데 그 '밥' 사건 이후로는 아이를 대하는 저의 태도도, 아이의 자신에 대한 평가도 어쩐지 좀 달라진 것 같습니다. 무조건 도움만 받던 어린아이에서 팀의 일원으로 인정받았다고 할까요? 쿠키, 팬케이크, 찹쌀 경단, 팝콘, …… 비교적 간단한 간식만 만들어 먹다가 차츰차츰 밥도 하고, 돈가스도 만들어 보고, 깍두기도 담그는 등 자신이 만든 요리를 한 끼 식사로 먹으며 가족들에게 감사의 인사를 듣는 아이들의 마음이 어떠했을까요? 생각만 해도 흐뭇합니다.

몇 달 후에 동생이 태어나면 심부름은 자기에게 맡기라고 벌써부터 큰소리도 칩니다. 아닌 게 아니라 집 안 청소, 빨래 널기도 벌써부터 아이들의 도움을 받고 있지요. 공짜는 아니고 일하고 용돈을 받습니다. '가족을 위해 집안일을 하는 것에 용돈을 줄 것이냐?'를 놓고 남편과 고민하다가 당연히 해야 할 일이 아닌 집안일에는 용돈을 조금씩 주자고 결정을 했습니다. 꼭 필요한 것은 사 주고, 원하는 것은 생일이나 특별한 날에 선물받는다는 것이 저희 집의 원칙입니다만, 큰아이가 일곱 살이 되니 가지고 싶은 소소한 장난감이 조금씩 생기더군요. 무조건 안 된다고 하기도 곤란하고 사 달라는 대로 사 주기도 곤란해서, 집안일을 하면 용돈을 주기로 했습니다. 아들은 지금도 꼭 갖고 싶은 장난감이 있다며 며칠째 열심히 용돈을 모으고 있습니다. 그러다 보면 물건도 아껴서 쓰고, 원하는 것이 있으면 노력해야 가질 수 있다는 것도 조금씩 알아 가겠지요. 저희는 그렇게 아이들을 생활인으로 키우려고 노력 중입니다.

현서를 잘 키워 내려고 여러 가지 교육을 시키는 엄마의 열정이 대단합니다. 미래에 대한 청사진을 가지고 교육을 제공하는 현서 엄마는 만들고 다듬어 가는 '조각가형' 부모이시군요. 피겨 스케이팅의 김연아 선수와 그 어머니처럼 아이가 잘 받아들여 멋진 팀이 된다면, 세상에 기여하는 인재를 키워 낼 수 있습니다.

부모교육에서 가연이 어머니를 처음 만났을 때, 뜻대로 안 되는 딸 때문에 상당히 힘들어하고 있었습니다. 그런데 자신이 어떤 부모가 되고 싶은지 알게 되면서 마치 모든 것이 해결된 듯 행복 모드로 바뀌었던 기억이 납니다. 가연이 어머니는 자녀의 특성이 잘 드러나도록 키우고 가꾸는 '농부형' 부모가 되고 싶었는데 자신을 잘 모르고 고생을 많이 했던 것이지요.

일곱 살 아들이 해 준 밥을 먹으며 행복해하고, 청소를 하고 빨래를 널어 주는 두 아들을 생활인으로 키우려고 방향을 정한 엄마와 아버지는 '성찰형' 부모이십니다. 자신이 어떤 부모가 되고 싶고 자녀들과 어떤 삶을 살 때 행복한지 깨달아 알고 계신 부모님이십니다. 쿠기를 몇 개 굽느라 부엌이 밀가루 천지가 되어도 어떤 가치를 귀하게 여기는가에 따라 부모의 반응이 이렇게 달라집니다.

어떤 부모가 될 것인지 부부가 함께 의논해서 방향을 정하는 것은 아주 중요합니다. 사람마다 타고난 성향이나 가치관에 따라 원하는 부모상이 다르기 때문입니다. 여러 가지 수초가 자라고 있는 연못에서 개구리밥과 연꽃을 볼 때 뿌리가 얼마나 중요한지 깨닫습니다. 개구리밥은 작은 뿌리가 물 위에 떠 있어 바람이 불 때마다 이리저리 흔들리며 떠다닙니다. 그러나 연꽃은 연못 바닥에 뿌리가 박혀 있어 세찬 바람이 불어도 잠깐 흔들릴 뿐 엉뚱한 곳으로 떠내려가지는 않습니다. 든든한 뿌리에서 긴 연줄기를 키워 내고 흙탕물에 더럽혀지지 않는 연꽃을 피워 내고 있습니다. 어떤 부모가 될 것인지 부모상을 정립하는 것은 연꽃처럼 든든한 뿌리를 가지는 것과 같습니다.

지금부터 당신의 팔순 잔치를 상상해 봅시다. 아담하고 편안한 장소에 당신의 80세 생일을 축하하기 위해 사람들이 모여 있습니다. 자녀와 손주들, 친척, 친구 등 당신의 삶에서 의미 있고 소중한 사람들, 그리고 자녀의 친구들도 함께하고 있습니다. 화기애애한 분위기에서 맛있는 식사와 여흥이 진행되었습니다. 팔순 잔치가 끝날 무렵, 당신의 자녀가 마이크 앞에 서서 '부모님께 올리는 편지'를 낭독하려고 합니다. 그 편지의 내용은 무엇일까요?

현재 당신이 어떤 부모인지, 자녀와 관계가 어떤지 신경 쓰지 마시고, 당신이 받고 싶은 편지를 구체적으로 써 봅시다. 편지 내용을 잘 살펴보면 당신이 조각가형, 농부형, 성찰형 부모 중에서 어떤 부모가 되고 싶은지 알 수 있습니다. 물론 부모의 길에서 세 가지 교육이 다 필요하지만, 주로 어떤 방향을 향해서 가려고 하는지 알 수 있을 것입니다.

교육에 관한 세 가지 관점

1. 다듬고 만들어 가는 교육(조각가형)

자녀 교육에서 무엇이 중요한지 알고 있는 부모가 교육의 중심이 되어 자녀에게 필요하고 유익한 것을 가르치는 방식이다. 교육을 문화적인 차원에서 이해하여 누적된 문화유산을 계승하고 발전시켜야 한다고 보는 관점이다. 문화유산은 다 배울 수 없으므로 부모가 핵심적인 것을 선별하고 효과적으로 구성하여 교육을 제공하는 것이다. 이런 교육은 짧은 시간에 많은 내용을 집중적으로 가르칠 수 있기에 자녀의 능력을 신장시키는 데 효과적이다. 부모가 결과에 대한 청사진을 가지고 자녀를 다듬어 만들어 가는 교육으로, 조각가가 작품을 구상하고 나서 재료인 돌을 다듬고 만들어 자신이 원하는 작품으로 만들어 가는 것에 비유할 수 있다. 이러한 교육은 권위적, 획일적이 되거나 자녀의 개성, 자발성, 능력이 무시될 수 있다.

2. 가꾸고 기르는 교육(농부형)

식물을 잘 기르는 사람은 그 식물이 가진 잠재적 가능성이 최대한 드러나도록 거름, 토양, 수분 공급, 햇빛 등에 신경을 쓴다. 식물의 내면적 가능성을 가장 중요시하며, 자연의 법칙과 순리에 따라 잘 성장하도록 돕고 키워 낸다. 이러한 식물의 생장원리를 바탕으로 하여 자녀의 내면적 가능성이 최대한 발휘되도록 적절한 환경을 제공하려는 관점이다. 부모는 자신만의 가능성을 가진 자녀가 교육의 중심이 되어야 한다고 생각한다. 가꾸고 기르는 교육은 적극적으로, 또는 소극적인 형태로 드러나지만, 자녀가 가진 가능성을 따라가는 것을 기본으로 하고 있다. 이러한 교육은 자녀 밖에 있는 요소, 즉 교육자가 이끌어 가고 만들어 갈 수 있는 부분을 너무 등한시할 수 있다.

3. 깨달음의 교육(성찰형)

이 교육은 부모가 중심이 되는지, 자녀가 중심이 되는지에 관한 것은 중요하게 생각하지 않는다. 인간 존재에 대한 이해를 중요하게 여기며 인간의 내면에서 나오는 소리에 귀를 기울이려고 한다. 사람은 훈련하여 비약할 수 있는 부분도 있고 가꾸고 돌보아 드러날 수 있는 부분도 있지만, 이성적으로는 도저히 설명할 수 없는 초월적이고 신비한 부분도 있다고 생각한다. 따라서 부모와 자녀가 함께 살아가는 구체적인 삶의 과정에서, 예측할 수 없는 비약과 창조적인 부분이 드러나는 것에 주의를 기울인다. 부모와 자녀의 만남, 감정과 정서, 성숙의 과정을 중시하는 교육이다. 이러한 교육은 어떻게 살 것인가에 대한 답을 스스로 추구하고 성찰하게 하며, 깨달음을 통해 자주적인 결단을 해 나가는 것에 초점을 맞추고 있다.

참고: KACE '바른 교육관 갖기' 교재

04

사랑하기와 가르치기

큰아들이 처음 내 품에 안겨 눈을 뜨던 모습은 신기하고 신비했으며, 생명은 아름답고 고귀했습니다. 그 아들이 자라서 중학생이 되었는데 차츰 공부와 성적에 대해 걱정이 되기 시작했습니다. 저는 열심히 공부하지 않는 아들에게 문제의 심각성을 들어 구체적으로 훈계하기 시작했습니다. 그래도 나아지는 기색이 없어 점점 잔소리를 하게 되었고, 그게 먹히지 않자 매를 들기도 했습니다. 그러던 어느 날 홧김에 했던 손찌검에 아들은 코피를 흘리며 쓰러져 코 수술까지 받아야 했습니다. 이 일로 인해 아들은 마음에 깊은 상처를 받아 더 반항적이 되어 갔고 자기만의 세계로 들어가는 것 같았습니다.

아들로 인한 근심이 깊어 가고 있을 때 아내의 권유로 '좋은아버지교실'에 참가하게 되었습니다. 강의를 듣는 동안 아들을 대하는 저의 태도에 문제가 있다는 것을 알게 되었습니다. 아들은 10대 청소년이고 아직 성인이 아닌데, 그 아이에게 기대하고 요구하는 수준은 어른도 따르기 어려운 것이었습니다. 제 교육방침에 뭔가 개선할 부분이 있는 것 같았습니다.

함께 교육을 받았던 분들과의 교제는 제게 많은 기쁨과 영감의 원천이 되었습니다. 우리는 만나면 밤 늦도록 술잔을 기울이기도 하고 등산도 하면서 함께 받았던 교육, 최근에 읽은 책, 사회적 이슈 등을 나누며 유익한 만남을 이어 갔습니다. 어느 부부가 소개해 준 이민정 선생님의 '대화법' 테이프로 오디오 강의를 들었습니다. 대화를 할 때는 상대가 누구든 상대방을 존중하고 배려해야 한다는 것을 알게 되었습니다.

저는 제 아들을 사랑했습니다. 그러나 그것을 표현할 때 제 입장에서 문제점을 지적하고, 제 입장에서 해결책을 정리해서 분명하게 제시했습니다. 그대로 고쳐지지 않으면 화를 냈고, 야단을 쳐서라도 제 주장을 관철시키고자 했습니다. 아버지로서 당연히 그래야 한다고 생각했지만 결과적으로 큰아들은 반항아가 되어 버렸고, 다른 가족들도 이런 저를 힘들어했습니다. 그래서 저는 아들과 대화하는 법을 바꾸기로 했습니다. 비록 제가 생각하는 바가 있더라도 아들의 이야기를 들어 줌으로써 그 아이를 존중해 주기로 했습니다. 그렇게 실천하기 시작한 후 며칠이 지나지 않아 아이들의 자세가 달라지기 시작했습니다. 아들들이 저와 대화하고 함께 있는 것을 즐거워하기 시작한 것입니다. 어느 날 조간신문을 읽고 있던 제게 큰아들이 진로 문제를 상담해왔습니다. 두 시간 가까이 대화를 나눴는데, 우리 사이에서는 처음 있는 일이었습니다. 이제 아들과의 관계가 야단치고 야단맞는 관계가 아니라 속마음을 터놓는 사랑과 신뢰의 관계가 되었다는 것이 무엇보다 감사합니다.

2010년 '좋은부모대회'에서 앞의 글을 아버지가 발표할 때, 무대 아래에서는 아내와 두 아들이 하나 되는 눈빛으로 무대 위 아버지를 응원하고 있었습니다. 사랑으로 연결되어 있는 가족의 모습을 바라보노라니 가슴이 뭉클했습니다. 아버지의 글이 끝나자 가장 크게 환호한 사람은 바로 큰아들이었습니다.

아버지는 큰아들을 너무나 사랑했습니다. 사랑한 만큼 잘 가르쳐서 반듯하게 키워 내려는 마음이 너무나 컸기에 야단치고 잔소리도 하신 거지요. 그럴수록 반항적이 되어 가는 아들을 보며 아버지 마음은 괴롭고 답답하셨을 겁니다. 자녀를 가르치는 일, 특히 공부 가르치는 일에 집중하다가 하마터면 사랑마저 잃을 뻔하셨네요. 큰아들을 존중하고 이야기를 경청하면서 사랑받는다고 느낄 수 있게 해 주셨기에 진로 문제도 의논하는 아들로 변하게 되었고, 비로소 아버지의 가르침이 전달될 수 있게 된 것입니다.

그저 아이를 낳는다고 부모가 되는 것이 아닙니다. 아이가 자기에게 주어진 삶을 잘 살아 낼 수 있도록 길러야 합니다. 부모는 '낳는 일'과 '기르는 일'을 하는 사람을 말합니다. 그렇다면 자녀를 키워 내기 위해 부모는 어떤 역할을 해야 할까요? 교육학자들이 공통적으로 제시하는 것은 '사랑하기'와 '가르치기'입니다. 대부분의 부모들은 자녀를 사랑합니다. 그러나 사랑하는 것만으로는 부족하고, 자녀가 사랑받는다고 느낄 수 있게 한발 더 나아가야 합니다. 또한 가정은 교육의 장소이며 부모는 최초의 교사, 마지막 교사, 평생 담임교사입니다. 스스로 공부할 수 있도록 가르쳐야 하며, 사람의 도리와 인생의 중요한 가치도 가르쳐야 합니다. 낳는 일보다 기르는 일이 훨씬 어렵습니다. 사랑하기와 가르치기는 다 같이 중요하고 어렵지만, 사랑하기가 바탕이 되어야 비로소 가르치기가 가능합니다.

부모가 자녀를 어떻게 사랑하고 가르치느냐에 따라 네 가지 유형의 부모로 나누어 이름을 붙여 보았습니다. '독재형' 부모는 엄격하게 가르치기만 하고 사랑하지 않는 부모, '하인형' 부모는 사랑하기만 하고 제대로 가르치지 못하는 부모, '포기형' 부모는 사랑하지도 가르치지도 못하는 부모, '민주형' 부모는 자녀를 충분히 사랑하면서 잘 가르치는 부모입니다.

〈정보마당〉에서 제시한 좋은 부모 체크리스트는 진단용이 아니라 부부가 함께 해 보고 이야기하기 위한 것입니다. 20개의 항목 중에서 1~10번은 사랑하기, 11~15번은 사람의 도리 가르치기, 16~20번은 공부 가르치기로 구성하였습니다.

좋은 부모 체크리스트

(언제나 그렇다: 5점, 그런 편이다: 4점, 반반이다: 3점, 아닌 편이다: 2점, 전혀 아니다: 1점)

문항	내용	점수
1	자녀가 이야기할 때 중간에 끊지 않고 끝까지 귀 기울여 듣는다.	
2	자녀의 친구, 선생님, 학교생활, 관심 사항에 대해 길게 대화할 수 있다.	
3	자녀의 마음을 움직이는 방법을 알고 있다.	
4	자녀의 고민거리를 알고 자녀의 감정에 공감하는 말을 해 준다.	
5	자녀의 단점보다는 장점을 찾아서 칭찬을 자주 해 준다.	
6	자녀의 재능과 소질을 알고 적극적으로 지원하고 있다.	
7	자녀가 무리한 요구를 해도 가능하면 다 들어주려고 노력한다.	
8	학원 등 여러 가지 문제를 결정할 때 자녀의 선택을 존중한다.	

9	자녀가 충분히 놀 수 있게 해 주고, 친구들과 어울릴 기회를 제공한다.	
10	추억을 만들기 위해 자녀와 함께 즐거운 시간을 갖거나 가족 여행을 한다.	
11	자녀가 잘못하면 분명히 지적하고 엄격하게 고치도록 요구한다.	
12	잘못된 행동에 대해 이유를 물어보고, 혼자 있을 때 야단친다.	
13	삶의 중요한 가치에 대해 반복적으로 이야기하고 모범을 보인다.	
14	내 기분에 따라 상과 벌이 달라지지 않고 일관성을 유지한다.	
15	자녀 앞에서 부부 싸움을 하거나 자녀에게 배우자의 험담을 하지 않는다.	
16	자녀의 학원 공부보다 학교 공부를 중요하게 여기고 강조한다.	
17	자녀가 집에서 매일, 일정한 시간에 스스로 공부하도록 지도한다.	
18	예습, 복습, 수업 듣기를 어떻게 해야 하는지 구체적으로 알려 준다.	
19	시험 결과보다는 시험을 준비하는 과정을 중요하게 여기고 지도한다.	
20	교과서에 관심을 가지고 관련된 내용을 체험할 수 있게 도와준다.	
합계		

※ 다음의 기준으로 나는 어떤 부모인지 생각해 봅시다.

- 1~10번의 점수의 합: 사랑하기

- 11~20번의 점수의 합: 가르치기

- 사랑하기 30점 이하, 가르치기 40점 이상: 권위주의형 부모

- 사랑하기 40점 이상, 가르치기 30점 이하: 허용적인 부모

- 사랑하기와 가르치기 모두 30점 이하: 무관심한 부모

- 사랑하기와 가르치기 모두 40점 이상: 권위가 있는 부모

※ 자녀가 체크하게 한 후, 항목별로 대화하면서 부모 자녀 간의 인식 차이도 확인해 봅시다.

1. 권위주의형 부모(독재형 부모)

① 부모의 가치관에 무조건 복종하기를 원하며, 따르지 않는 경우 제재를 가한다.

② 부모가 정한 규칙에 대한 설명을 하지 않고 자녀의 의견을 묻지 않는다.

③ 부모 자녀 관계를 종적인 관계로 보기 때문에 자녀를 통제하고 감시한다.

④ 자녀를 칭찬하거나 사랑의 표현은 하지 않고 잘못한 것만 즉시 지적한다.

⑤ 자녀는 죄책감, 좌절감으로 인해 지나치게 복종하거나 반항적이 된다.

2. 허용적인 부모(하인형 부모)

① 자녀를 인격체로 대해야 한다고 믿고 자녀에게 전적인 자유를 준다.

② 자녀가 요구하는 것은 거의 수용한다.

③ 가정에서 지켜야 할 분명한 규율이나 규칙을 제시하지 않는다.

④ 부모는 어떤 결정도 내리지 않고 자녀를 도와주는 조력자 역할만 한다.

⑤ 자녀는 버릇이 없고 미숙하며 인간관계 능력과 사회적 책임감이 낮다.

3. 무관심한 부모(포기형 부모)

① 자녀 교육이나 자녀의 성장에 관심이 없다.

② 자녀 양육과 교육을 어떻게 해야 할지 모르고 부모로서 무기력하다.

③ 칭찬도 훈육도 하지 않고 자녀를 비난하기만 한다.

④ 자녀의 이야기를 듣지 않을 뿐 아니라 부모의 감정이나 생각도 말하지 않는다.

⑤ 자녀는 부모를 불신하고 좌절감, 적대감을 갖게 된다.

4. 권위가 있는 부모(민주형 부모)

① 사랑과 통제가 잘 조화된 가장 바람직한 양육태도이다.

② 자녀의 자율성 발달에 관심을 가지고 자녀의 의견과 선택을 존중한다.

③ 자녀의 감정, 생각을 이해하기 위해 자녀의 이야기를 경청한다.

④ 일정 범위 내에서 자율이 허용되고 필요한 경우에는 단호하게 제한을 설정
한다.

⑤ 자녀가 지켜야 할 규칙에 대해 합리적으로 설명하여 자녀가 이해하도록 돕
는다.

⑥ 자녀는 사회적 책임이 강하고, 독립적이며, 유능하고, 자신 있게 삶을 개척
한다.

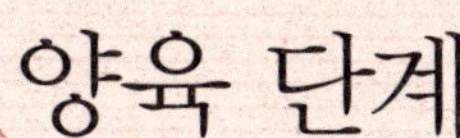 양육 단계

출생 후 세 살까지는 몸과 마음, 뇌 발달의 기초가 형성되는 시기입니다.
이처럼 종합적인 기초공사가 이루어지는 때에는 따뜻한 애정과 함께 인지자극을
주어야 합니다. 아이가 부모의 사랑 안에서 오감으로 세상을 탐색해 가도록 도와야
몸 튼튼, 마음 튼튼, 공부 튼튼의 기초가 제대로 자리 잡습니다.

양육 단계는 아이가 태어나서 3세까지 부모님의 충분한 사랑 속에서 무럭무럭 자라나 몸과 마음이 튼튼해지고, 뇌 발달의 기초공사가 이루어지는 시기입니다. 체·인·지가 서로 연관되어 통합적으로 발달해 가는 때입니다. 에릭슨에 의하면 아기들은 태어나서 1년 동안 세상과 부모에 대한 신뢰를 형성하면 희망을 갖게 되고, 3세까지 자율성을 획득하면 의지를 갖게 된다고 합니다.

이 단계에서 부모의 발달과업은 가르치기는 내려놓고, 충분한 사랑을 통해 애착 형성이 잘되도록 양육하는 것입니다. 한 인간으로서 여러 가지 역할이 있지만 양육 단계에서는 엄마와 아빠의 역할에 집중해서 정성과 에너지를 충분히 쏟아야 합니다. 이 시기에 부모가 노력할 수 있는 일이 많이 있지만, 가장 기본이 되는 몇 가지 방법에 대해 이야기하고자 합니다.

3부에서는 모유를 먹이고, 애착 형성이 잘되도록 노력하고, 동생이 태어났을 때 위기를 잘 넘기고, 뇌가 잘 발달하도록 오감을 자극하는 책읽기를 해 주신 부모님들의 이야기가 소개됩니다.

01

모유의 힘

2000년 12월 기다리던 아들을 낳았다. 아들을 꼭 낳아서 대를 이어야 했기 때문에 나에게 아들은 귀한 선물이었다. 일단 아들을 낳아서 아기를 그만 낳고 싶기도 했고 남들 다 있는 아들, 나도 낳고 싶었다. 4년 전 큰딸을 낳았을 때 시어머니의 강한 압력으로 모유 수유를 시작했지만 성공하지 못했다. 나의 유두가 함몰이었기 때문에 너무나 힘들었다. 그땐 자동 유축기가 귀했던 시절이어서 손으로 짜서 먹이려니까 손목이 너무 아파서 친정엄마의 권유로 약을 먹고 젖을 말렸다. 미제 우유를 먹으면 더 잘 자라고 건강하다는 말에 비싼 우유를 먹이며 미안함을 달랬던 것 같다. 그럼에도 젖도 못 얻어먹은 내 손녀가 불쌍하다는 시어머니의 말 한마디는 나를 죄인으로 만들었다.

마침 남편이 미국에서 공부하고 있을 때 아들을 낳았다. 모유를 강요하는 시어머니와 말리는 친정어머니가 멀리 계셨지만 내 힘으로 꼭 모유를 먹이고 싶었다. 그래서 이를 악물고 유두에서 피가 나도 참았으며, 젖이 심하게 뭉치면 팔조차 내리지 못해도 모유를 먹이려고 애썼다. 미국에서는 돼지 족발을 구하기 힘들었는데 중국인 시장에서 사다가 밤새 끓여서 정말 열심히 먹었다. 남편은 돼지 족발이 나의 몸에 나쁠 수도 있다며 말렸지만, 이번에는 마음 아파서 말리는 친정엄마도 안 계셨기에 모유 수유 성공을 위해 정말 열심히 노력했다. 드디어 한 달 반이 지나자 정말 주체할 수 없을 정도로 젖이 나왔고, 남편은 나를 이상한 여자라는 눈으로 쳐다보았지만 나는 승리감까지 맛보며 어디에서든 창피한 줄도 모르고 수유를 자랑스럽게 했다. 다행히 아들은 시원하게 먹었고 그때는 내가 아기와 한 몸이라는 느낌이 들면서 엄마 된 것이 자랑스럽기까지 했다.

같은 아파트에 살면서 친하게 지내는 친구가 나보다 6개월 늦게 아들을 낳았다. 그 친구도 나처럼 함몰 유두라서 너무나 모유를 먹이고 싶어 했지만 아기가 빨지 못했는데, 젖병 꼭지마저 거부해 더 문제였다. 고무 젖꼭지가 아기 마음에 안 들었는지 배고파해도 먹일 것이 없다며 친구가 울면서 전화를 했다, 내가 너무 부럽다고……. 그래서 나는 아이를 빨리 데리고 오라고 말했다. 그때는 그렇게 오래 먹일 수 있으리라고 생각도 안 했지만, 내 젖을 너무 좋아하는 친구의 아기와 나의 아기를 두 시간 간격으로 번갈아가며 10개월을 먹였다. 지금 생각하면 모성의 신비가 참 대단하다. 이 작은 젖에서 아기 둘을 먹이기에 충분한 젖이 나오다니……. 그 친구는 나에게 너무 고마워했고, 나 역시 참 좋았다. 남편은 처음에는 나의 모습을 낯설어했지만, 점차 두 아기에게 젖을 물리는 내 모습을 그대로 받아 주었다. 내가 한국으로 돌아올 때쯤 친구의 아기는 생우유를 먹기 시작했다.

요즘도 가끔 만나면 친구는 아들한테 "너에게 젖 먹여 준 진짜 엄마야." 하며 농담을 한다. 아이도 날 보면 잘 따르고, 엄마라고 부르지는 않아도 "알아!" 하며 웃으며 도망을 간다.

왜인지는 모르겠지만 친구의 아들이 그냥 남의 아이라고 느껴지지 않는 것을 보면 모유 수유를 위해 안고 있었던 그 시간들을 무시할 수 없는 것 같다. 나도 누군가를 기쁘게 해 주었다는 뿌듯함이 크다. 그리고 그 과정을 인내한 것이 까다로웠던 셋째도 모유를 먹여 잘 키울 수 있었던 저력이 된 것 같다. 아무튼 때로는 초라해진 나의 가슴을 보며 창피할 때도 있지만, 여자의 가슴은 남자를 행복하게 해 주기보다는 아이들을 건강하게 키워 내기 위한 하늘의 선물이라고 생각하며, 난 웃음을 지으며 행복에 잠긴다.

부끄럽다는 생각 전혀 없이 앞섶을 풀어헤치고 두 아기에게 젖을 물려서 키워 낸 엄마의 이야기를 들으며 그 자리에 모여 있던 우리는 모두 말로 표현할 수 없는 신비함에 촉촉하게 젖어 들었습니다. 두 아기가, 그것도 양이 많았을 남자 아기가 두 시간 간격으로 배불리 먹을 수 있게 젖이 나왔다는 것에 우리 모두 놀라워했습니다. 처음 그 엄마를 만났을 때 예쁜 얼굴에 S라인 스타일이 참 멋지다고 생각했는데, 알고 보니 모유 수유가 비결이었나 봅니다.

CNN 서울 지국장 손지애 씨가 G20 대변인이었을 때 TV에 출연하여 여러 가지 이야기를 하는 모습을 본 적이 있습니다. 그중에서 정작 G20에 관한 내용은 기억이 안 나지만 세 아이를 모유로 키우기 위해 고군분투한 이야기는 생생하게 기억에 남아 있습니다. 외국 출장을 가서도 틈만 나면 젖을 짜서 냉동 보관하였고, 한국에 돌아와서 집으로 바로 올 수 없을 때는 남편이 공항에 나가 모유를 받아다 아이에게 먹이곤 했다는 이야기를 들으며 깊은 감동으로 가슴이 먹먹했었습니다. 엄마로서 확실하게 해 줄 수 있는 것은 모유 수유뿐이라고 생각했다는 이야기를 들으면서 부끄러웠습니다. 출산 후 한 달 만에 출근한다는 핑계로 우유로 키운 저의 두 아들의 얼굴이 떠올라 마음이 짠했습니다. 모유 수유가 아기의 몸과 마음, 그리고 뇌의 발달에 얼마나 좋은지 그때 알았더라면 어떻게 해서든 모유를 먹였을 텐데 하는 아쉬움과 미안함이 크게 밀려왔습니다. 비록 영양 면에서 훨씬 우수한 모유는 먹이지 못했지만, 그래도 우유를 먹일 때는 아기의 눈을 바라보면서 정서적으로 교류하려고 노력했던 기억이 납니다. 몸이 튼튼하고 뇌가 잘 발달하도록 모유로 기초를 잡아 주지는 못했지만, 마음이 튼튼한 아기가 될 수 있도록 노력한 것은 참 다행이라고 생각합니다.

프로이트는 생후 18개월까지의 시기를 구강기라고 불렀습니다. 아기는 젖꼭지를 빨면서 입의 욕구를 만족하고 긴장을 해소하면서 성장한다고 합니다. 아기가 할 수 있는 최초의 능력은 입으로 사물을 탐색하는 것입니다. 그러므로 엄마의 따뜻한 젖꼭지를 빠는 것은 영양 섭취뿐 아니라 충분한 구강 쾌감을 통해 엄마와 감정적으로 교류하면서 평온함을 느끼는 데에 큰 의미가 있습니다. 모유 수유가 엄마에 대한 일체감 강화, 타인과 세상에 대한 신뢰감과 낙천적 성격의 바탕 형성에 더 유리하리라는 것은 쉽게 짐작할 수 있습니다.

모유의 좋은 점

모유는 분유처럼 공장에서 조제할 수 없는 자연의 산물이며 아기를 낳은 엄마가 자신의 몸에서만 만들어 아기에게 주는 선물이다. 특히 초유는 엄마만이 줄 수 있는 가장 특별한 첫 선물이다. 분유가 근골격 성장에 효과적이라면 모유는 뇌와 중추신경계 발달에 적합하다.

우유는 소화가 잘 안 되는 카세인 타입이지만 모유는 소화가 잘되는 훼이 타입이다. 모유의 락토페린은 장내 대장균에 저항력이 커서 대장균의 과다번식을 막아 준다. 면역 물질인 라이소자임, 글로불린과 중추신경 발달에 필요한 타우린이 많이 함유되어 있다.

모유의 지방은 뇌 성장 발달에 필요한 긴고리지방산을 포함하고 있다. 모유 안의 효소가 지방을 미리 소화시켜서 아기가 에너지로 쓸 수 있게 해 준다. 모유의 철분은 아기의 장에서 49% 흡수되고 분유는 4~10% 정도만 흡수된다.

모유 속에는 소화, 흡수를 돕는 100여 가지 효소가 있어 체내에 빠르게 흡수된다. 모유에는 임파구, 대식세포, 살아 있는 세포 등의 면역 물질이 있어 질병에 강하게 해 준다. 이물 단백질에 적게 노출되므로 알레르기 반응이 일어나지 않고 내성을 키운다.

모유의 신장 부하는 84mOsm/day, 분유는 186mOsm/day로서 모유는 신장을 편하게 한다. 젖을 빨려면 분유보다 60배의 힘이 들기 때문에 안면 근육 운동으로 턱과 치아가 발달하며, 뇌의 혈류량이 많아져 뇌 발달이 촉진된다. 또한 인간 대 인간의 접촉이 이루어지기 때문에 심리적으로 안정되고 엄마와 아기 사이에 애착 형성이 잘된다. 출처: 『베이비 바이블』(지후맘 / 라이프김영사)

02

평생의 안전 기지, 애착

지금은 아이를 돌보고 살림을 하는 것이 나의 직업이라고 생각해요. 예전에 전업주부는 좀 능력이 없다는 편견을 갖고 있었는데, 지금은 ○○엄마라는 명칭이 참 맘에 들어요. 어려서부터 부모님께서 맞벌이를 하셔서 혼자 집에 있는 시간이 많았는데, 불안하고 외롭고…… 그런 감정을 느꼈어요. 엄마가 육아와 학교 일을 병행하시다 보니 많이 힘들고 지치셨고, 그런 스트레스가 우리들에게 영향을 미치기도 한 것 같았고요. 그래서 내 아이는 감정이나 정서를 다치게 해선 안 되겠다는 생각을 하게 된 것 같아요. 저는 집에서 아이를 돌보는 것, 음식을 하거나 집 안을 가꾸고 정리하는 것, 이런 소소한 일들이 참으로 의미 있다고 생각해요. 물론 밖에서 자신의 일을 하고 에너지를 얻는 엄마들은 그렇게 사는 것도 좋다고 생각하고요. 제가 아이를 키우면서 시간이 갈수록 분명하게 느껴지는 것은 엄마가 마음이 편하고 스트레스가 없어야 아이에게 좋은 영향을 끼친다는 것이에요. 엄마의 감정과 정서가 아이에게 고스란히 가게 된다는 것을 많이 느끼거든요.

전업주부로서 아이를 키우는 게 너무 재미있고, 보람 있는 일은 정말 이루 말할 수 없이 많아요. 매 순간순간 아이를 보면서 같이 웃고, 같이 울고, 아이의 변화를 내가 가장 먼저 발견할 수 있다는 것은 큰 기쁨이에요. 아이가 떼를 쓰고 말을 듣지 않아서 훈육을 할 때 아이가 올바르게 변화하는 것을 지켜보면 뿌듯하고, 내가 준비한 음식을 맛있게 먹어 줄 때도 행복해요. 이런 나의 모습을 지켜보는 재미도 쏠쏠하고요. 물론 제가 아이에게 언제나 잘해 주는 엄마는 아니에요. 책 세 권만 읽어 줘도 지치고, 집안일을 할 때 귀찮게 하면 가끔 소리도 지르는 그런 평범한 엄마이지만, 아이와 함께하는 감동의 순간들은 황홀하다고 표현해도 손색이 없을 것 같아요.

딸이 16개월쯤 되었을 무렵 다니던 직장을 그만두는 시점과 새로운 직장을 나가는 시점이 맞지 않아 몇 달 공백이 생겼다. 마침 아내가 직장 생활을 시작하게 되어, 몇 달 동안이라도 아빠인 내가 딸을 양육하기로 했다. 어떻게 양육해야 하는지 아내가 알려 준 것을 숙지하고 나서 아이 돌보기는 시작되었으며, 6개월 동안 내 손으로 딸을 키우게 되었다. 처음에는 하루 종일 딸과 같이 있어야 한다는 것이 막막해서 아침에 일어나면 밥을 먹이고 유모차에 태워 외출을 했다. 집에 돌아와서는 점심을 먹이고, 낮잠을 재웠다. 딸이 낮잠 자는 시간에 컴퓨터를 하거나 잠깐 쉬고 나서, 딸이 낮잠에서 깨면 간식을 주고 또 유모차에 태워 외출하곤 했다. 집에 돌아오면 아내가 퇴근하였고, 이 것이 처음 한동안의 하루 일과였다.

시간이 지나면서 어떻게 놀아 줘야 할지 조금씩 알게 되었고, 나중에는 딸과 함께 있다는 게 점점 기분이 좋아졌다. 아이와 어떻게 놀아야 하는지 직접 놀아 주면서 알게 된 것도 있고, 인터넷으로 육아 관련 정보들을 찾아 보면서 알게 된 것도 있었다. 스킨십을 많이 할수록 애착 형성이 잘된다는 이야기를 듣고 나서는 많이 안아 주고 몸으로 하는 놀이를 많이 해 주었다. 그러다 보니 내 아이가 어떤 놀이를 좋아하고 어떤 놀이를 싫어하는지 알 수 있었고, 좋아하는 놀이를 위주로 딸과 놀 수 있게 되었다. 딸과 내가 즐 겁게 했던 놀이는 신체놀이였는데, 배에 바람을 붕붕 불어 주는 배방귀나 등방귀, 뺨방귀, 손방귀 등을 아이가 아주 좋아했다. 그 외에도 아빠의 손 을 잡고 다리에서 시작하여 어깨까지 타고 올라가는 등산놀이, 배와 등에 올라타는 말놀이, 두 손이나 발목에 태워 돌리는 비행기놀이를 해 주었다. 자주 말을 시키고, 웃어 주고, 온몸으로 놀아 주다 보니 딸과의 놀이가 재미 있어졌으며, 점점 사랑하는 마음이 커진 것 같다. 말을 막 시작할 무렵이어 서 제대로 된 대화는 힘들었지만, 날이 갈수록 아빠와의 놀이가 딸에게는 즐거운 생활이 된 것 같다. 요즘도 우리 딸은 책읽기는 엄마와, 놀이는 당연 히 아빠와 하는 것으로 알고 있다.

그리고 아이를 목욕시키는 것이 나와 딸 모두에게 정서적으로 도움이 된 것 같다. 아이를 목욕시키는 것이 육체적으로 힘든 일이라서 여자보다는 남 자가 수월하게 할 수 있다. 처음에는 귀찮기도 했지만 아이가 점점 커 가는 것을 보는 재미도 느낄 수 있고, 퇴근한 아내가 쉴 수 있는 시간을 만들어 줄 수 있었다. 지금도 저녁에 목욕할 때가 되거나 물놀이를 하고 싶으면 "아빠, 목욕하자."라며 나에게 도움을 청한다.

아이가 어릴 때 아빠는 항상 아이의 놀이터이자 친구이고 슈퍼맨인 것 같다. 6개월 동안 딸을 키우면서 놀이 친구가 되어 주려고 노력했고, 슈퍼맨처럼 아이가 무엇인가 원하면 달려가서 해결해 주려고 노력했다. 아이가 말을 하기 시작하면서 아이와 많은 대화를 해 주면 정서 발달에 도움이 될 것 같아 나름대로 노력했다. 앞으로도 나의 바람은 다정한 아빠, 부자 아빠가 되는 것이다. 물론 돈이 많은 부자도 되고 싶지만 마음이 부자인 아빠가 되려고 한다. 6개월의 육아를 통해 내 나름대로 알게 된 것을 다른 아버지들에게 소개한다면,

1. 아이를 부를 때 애칭을 지어서 불러 주세요, 아이가 참 좋아합니다.

2. 어떤 일이 있을 때 아이의 생각이 어떤지 아이의 의견을 먼저 물어보세요. 같이 의논하면 아이가 좋아할 뿐 아니라 해결이 잘 됩니다.

3. 아이가 상상 속에서 표현한 말을 내 방식대로 고쳐 주지 마세요.

4. 아이에게 가능하면 웃는 모습을 보여 주고, 아이도 많이 웃을 수 있게 해 주세요.

5. 최대한 많이 참으세요. 참을 認 자 10개도 모자랍니다.

아이의 변화를 가장 먼저 발견하는 기쁨, 아이와 함께 하는 감동의 순간들이 황홀하다는 엄마의 글을 읽으면서 따뜻한 감동이 가슴 전체로 퍼져 나갑니다. 또한 과감하게 6개월간 딸의 양육을 전담했던 젊은 아빠의 이야기도 큰 울림으로 다가옵니다. 처음에 막막한 심정이었던 아빠가 딸과의 놀이에서 사랑을

느낄 수 있게 되었으니 얼마나 큰일을 이룬 것입니까? 다른 아빠들은 쉽게 할 수 없는, 남들이 부러워하는 사회적 성공보다 더 가치 있는 성공을 해내셨네요. 음식 준비, 청소, 빨래뿐 아니라 가정경제를 규모 있게 잘해 나가는 사람을 보면 '참 살림을 잘한다'고 합니다. 그러나 살림에 대해 한걸음 더 나아가 생각해야 하지 않을까요? 좋은 음식을 먹이고, 깨끗한 환경에서 살게 하고, 절약하여 미래를 대비하는 것은 결국은 가족을 살리기 위함입니다. 그렇다면 사랑으로 가족의 마음을 잘 보듬는 것이 가장 살림을 잘하는 것이고, 앞의 엄마와 아빠는 최고의 살림꾼이십니다.

젊은 부모들이 육아와 직장 문제를 의논해 올 때, 저는 항상 최소한 3년은 부모가 직접 키워야 한다고 강조합니다. 그럴 수 없는 경우 할머니나 다른 사람의 도움을 받는다 해도 반드시 부모가 주체가 되어 부모, 특히 엄마와의 사랑고리를 단단하게 연결해야 한다고 강조합니다. 일에서의 성취보다 자녀와의 애착 형성을 우선해야 하는 것은, 마치 에베레스트 산을 등정하다가 어려운 일을 당하면 베이스캠프로 돌아와 휴식을 취한 후 다시 도전하는 것처럼, 긴 인생길에서 어려운 일이 있을 때마다 쉴 수 있는 마음속 베이스캠프가 마련되는 시기가 바로 양육 단계이기 때문입니다. 이렇게 3년간 사랑 안에서 잘 자라면 평생 건강한 삶을 살아갈 수 있습니다. 한 사람의 인생에서 초기 3년이 아주 중요하다는 것은 존 볼비의 애착이론과 에릭슨의 사회심리발달이론에서 알 수 있으며, 많은 학자들이 연구를 통해 이를 검증하였습니다.

그러나 양육 단계에서 형성된 안정애착이 중요하기는 하지만 일생을 좌우한다고 단언할 수는 없습니다. 불안정애착을 보였던 아기들이 훌륭하게 성장한 경우도 많기 때문입니다. 애착 형성의 결정적인 시기를 놓쳤다 하더라도 노력 여하에 따라 얼마든지 안정애착을 회복할 수 있습니다. 아기에게 불안정애착을 심어 준 사람이 엄마였다면, 안정애착으로 바꿔 줄 수 있는 사람도 엄마입니다. 과거는 바꿀 수 없지만 과거에 대한 관점은 바꿀 수 있으므로, 과거에 발목이 잡혀 지금 사랑할 수 있는 시간을 흘려보내지 말고 의지적으로 사랑의 행동을 하면 됩니다. 인생에서 가장 중요한 시기는 '지금'이며, 현 순간 내 아이가 사랑받고 있다고 느낄 수 있게 하면 됩니다.

애착 형성의 중요성

1. 아기의 애착 시스템

인간은 다른 동물과 달리 세상에 태어난 후 부모가 장기간 돌봐 주지 않으면 생존할 수 없다. 그러므로 아기는 누군가의 보살핌을 받을 수 있도록 애착 시스템을 가지고 태어난다. 아기와 엄마(주 양육자) 사이에 형성되는 정서적 유대감을 애착이라고 한다. 아기는 엄마의 보호본능을 자극하기 위해 애착행동을 하는데, 대표적인 것이 울음, 사회적 미소, 옹알이 등이다. 이러한 애착행동 때문에 아기를 바라보는 어른들은 자연스럽게 행복감을 느끼면서 돌보아 주고 싶어진다. 보통 6~8개월이 되면 자신을 돌봐 주는 사람들에게 뚜렷한 애착행동을 보이고, 처음 보는 사람들에게는 낯을 가린다.

애착 형성이 잘되면 아기는 엄마에게서 느꼈던 좋은 감정을 일반화시켜 세상과 사람들에 대해 신뢰감을 갖게 된다. 이렇게 형성된 기본적 신뢰감을 안전 기지로 삼아 세상을 자유롭게 탐색하면서 정서적, 사회적, 지적으로 발달해 나간다.

2. 메리 에인스워스의 '낯선 상황' 실험

엄마, 2살 된 아이, 실험자가 함께 놀이방에 들어간다. 놀이방에서 놀다가 엄마는 실험자에게 아이를 맡기고 3분간 방을 떠났다가 돌아온다. 엄마와 아이가 재회한 후, 아이만 남겨 두고 엄마와 실험자가 함께 방을 떠난다. 3분 후에 엄마가 돌아와서 아이와 만난다. 분리와 재회에 대한 아이의 반응에 따라 4가지 유형, 즉 안정애착, 불안정-회피애착, 불안정-저항애착, 불안정-혼란애착으로 구별한다. 에인스워스는 아기의 애착 상태가 생후 12개월 동안 엄마와의 관계에 따라 달라짐을 밝혀냈다. 물론 기질적인 차이가 있기는 하나, 여러 연구에 의하면 안정애착을 보이는 아기들의 엄마는 아기에게 민감하게 반응하며, 불안정-회피애착을 보이는 아기의 엄마는 아기에게 반응을 보이지 않았으며, 불안정-저항애착을 보이는 아기의 엄마는 반응이 일관되지 않았다.

3. 미네소타 대학교의 앨런 쓰루페 교수의 연구

애착 형성이 인간관계에 어떤 영향을 미치는지 알아보기 위해 15개월 된 아기의 애착 유형을 알아보고 나서 3.5세가 되었을 때 유아원에서 어떤 행동을 하는지 관찰하였다. 그 결과 안정애착 아이들은 자신의 욕구와 감정을 잘 표현하고, 다른 아이들의 욕구와 감정에도 민감하게 반응했을 뿐 아니라, 여럿이 하는 놀이에 적극적으로 참여하고 또래 사이에서 인기가 높았다. 반면에 불안정애착 아이들은 또래와 감정을 제대로 나눌 줄 모르고, 놀이에 참여하기는 하나 문제를 일으키는 빈도가 높았다. 아예 혼자 놀려고 하는 경우도 있어 또래들에게 그다지 환영받지 못하고 있음을 확인할 수 있었다. 또한 초등학교 5학년을 대상으로 한 실험의 결과를 보면 안정애착 아이가 리더가 될 확률이 훨씬 높게 나왔다.

4. 베일러 의과대학의 브루스 페리 교수의 연구

　부모에게 신체적으로 방치되거나 정서적인 학대를 받아 혼란애착이 형성된 아이들의 뇌를 자기공명장치로 촬영하여 전두엽이 발달되지 않은 모습을 확인했다. 불안정애착은 뇌 발달을 방해할 뿐만 아니라 코티졸 호르몬에 의해 기억을 담당하는 해마의 신경세포가 쉽게 망가지는 것도 알게 되었다.

5. 르네 스피츠 박사의 연구

　프랑스 국립병원 의사였던 스피츠 박사는 감옥에서 태어나거나 길거리에 버려진 아기들을 돌보면서 깨끗한 환경과 충분한 음식을 제공했다. 그런데 아기들은 전염병에 걸리거나 사망하는 일이 적지 않았으며, 정상적인 발달이 이루어지지 않았다. 이런 현상을 이해할 수 없었던 스피츠 박사는 휴양차 방문했던 멕시코의 고아원에서 놀라운 사실을 발견하였다. 그 고아원은 비위생적이고 음식도 부족한 열악한 환경임에도 불구하고 그곳의 아기들은 상당히 건강하게 잘 자라고 있었다. 멕시코의 고아원에서는 매일 이웃 마을에 사는 여자들이 방문해서 아기들을 안아 주고, 이야기를 들려 주고, 노래를 불러 주었던 것이다. 아기들이 건강하게 신체적, 정서적 발달을 할 수 있었던 것은 살과 살이 맞닿는 접촉이 있었기 때문이었다. 스피츠 박사는 프랑스로 돌아가 보모의 수를 2배로 늘려 피부 접촉을 많이 하게 하였고, 아기들은 건강하게 자랐다. 마라스무스병은 모성이 박탈된 경우에 열량과 단백질 부족으로 걸리는 영양결핍증인데 따뜻한 피부접촉으로 치유된다.

참고: 『아기 성장 보고서』(EBS제작팀 / 예담)
『존 볼비와 애착이론』(Jeremy Holmes 저 / 이경숙 역 / 학지사)

03

동생이 태어났어요

네 살 석이와 한 살 연이를 키우고 있는 엄마인데, 동생이 태어난 후에 석이가 너무 많이 변해서 걱정이에요. 동생이 태어나기 전에는 엄마 배 안에 동생이 있다며 배를 쓰다듬어 주고 귀를 대서 듣기도 하면서 기다렸어요. 그런데 산후조리원에서 연이를 안고 집에 돌아온 날부터 석이가 조금씩 달라졌어요. 하루에도 몇 번씩 "엄마는 내가 좋아, 아기가 좋아?" 하고 묻곤 해요. 석이랑 아기랑 똑같이 좋다고 대답하면 석이는 기분이 안 좋은 것같이 보여요. 별일이 아닌데도 자꾸 안아 달라면서 떼를 쓰고 짜증을 부려요. 야단치면 엄마를 때릴 것처럼 화를 내거나 "엄마, 미워!"를 입에 달고 살아요. 그러면서도 엄마가 안 보이면 불안해하고, 어린이집에 안 간다고 떼를 써서 힘들어요. 석이를 어린이집에 보내야 연이를 좀 편히 돌볼 수 있거든요. 아기 옆에 눕기도 하고, 말도 이상하게 하고, 팬티에 오줌을 싸거나 변을 묻히기도 해요. 석이와 연이, 둘만 방에 두고 집안일을 하려면 혹시 해코지를 하지 않나 불안해서 자꾸 감시하게 되고요. 동생한테 "아, 이쁘다!"를 해 주라고 하면 손으로 아기 얼굴을 쓰다듬어 주기는 하는데 왠지 '저러다 꼬집는 거 아닌가?' 하고 염려가 돼요. 그러니까 아기 옆에 못 가게 하고, 자꾸 야단치게 되지요. 동생이 태어나기 전에는 밝고 귀여운 석이였는데, 이러다 성격이 이상해질까 봐 걱정이에요.

　　석이와 연이를 충분히 사랑해서 잘 키우려는 마음이 느껴집니다. 그러나 석이가 어린이집도 안 가고 엄마에게 계속 안아 달라고 떼를 쓰니, 갑자기 두 명의 아기를 돌봐야 하는 상황에서 얼마나 힘드시겠어요? 동생을 본 아이들은 "내가 좋아, 아기가 좋아?", "엄마가 두 명이면 좋겠다.", "엄마, 나 여기서 살아도 돼?"와 같은 말로 복잡한 감정을 부모에게 알립니다. 석이가 왜 그런 말과 행동을 하는지 이해할 수 있다면 어떻게 돌봐야 하는지 저절로 알게 됩니다.

　부모의 사랑을 독차지하고 있던 석이는 동생이 집에 나타난 순간 사랑을 반씩 나누는 것이 아니라 몽땅 빼앗긴 것과 같은 충격을 느꼈을 것입니다. 엄마와 애착 형성이 잘되어 있다 하더라도 동생이 태어나면 지진이 일어난 것처럼 애착의 기초가 흔들릴 수 있습니다. 엄마와 아빠의 관심은 아기에게 쏠려 있고, 동생에게 관심을 보일라치면 아기 근처에도 못 가게 합니다. 할머니와 할아버지도 모두 내 차지였는데 집에 오실 때마다 자신은 제쳐 놓고 아기를 우선하십니다. 석이는 세 살 터울이지만, 나이 차가 많이 나는 경우 왕좌에서 폐위되는 것과 같은 상실감은 더 클 수도 있습니다. 동생이 태어났을 때 큰아이는 젖병으로 우유 먹기, 오줌 싸기, 아기처럼 울기 등 여러 가지 퇴행 행동을 보이는데, 이는 잃었던 사랑을 되찾기 위한 고육책입니다. 그럴 때 부모는 큰아이의 심정을 알아주고 사랑을 확인할 수 있게 인내심을 가지고 도와주어야 합니다. 서열 순서에서 아기보다 자신이 우선이라는 것만 확인되면 부모님과 함께 동생을 예뻐할 수 있는 마음의 여유가 생겨납니다. 우리 풍습에 따르면 아기의 백일이나 돌잔치에 갈 때 동생을 보느라 수고했다며 큰아이에게 먼저 선물을 줍니다. 또, 어떤 어머니는 셋째를 출산할 때 둘째가 갖고 싶어 하던 로봇을 미리 준비해서 아기와의 첫 대면에서 동생이 오빠에게 준비한 선물이라며 주었답니다. 흔들리는 애착의 측면에서 볼 때 의미 있고 지혜로운 일입니다.

부모의 사랑을 놓고 형제들이 치열한 경쟁을 벌이는 것은 인생을 살아가는 연습을 원초적으로 하는 것입니다. 부모의 사랑을 차지하고 인정받는 전략을 연습하고 있는 것입니다. 아이들의 싸움에 부모가 민감하게 반응하여 절대 싸우지 못하게 한다면 전략을 연습할 기회를 빼앗는 것입니다. 그런 측면에서 본다면, 외동아이는 혼자서 사랑은 충분히 받겠지만 경쟁 관계에서 인간관계를 연습할 수 있는 기회는 부족할 수밖에 없습니다. 요즘 외동아이를 둔 부모들은 애착 형성뿐 아니라 이런 부분에도 신경을 써야 합니다. 엄마하고만 애착이 너무 밀착 형성되어 있을 때 분리불안으로 어려움을 겪는 경우가 많기 때문입니다.

출생 순서에 따라 달라지는 아이들

같은 부모한테서 태어난 형제들이라 하더라도 출생 순서에 따라 서로 다른 환경에서 자라게 된다. 아들러는 출생 서열이 개인에게 미치는 영향이 아주 크며, 실제 서열과 심리적 서열 간에는 차이가 있다고 했다.

첫째 아이는 부모의 사랑과 관심을 독차지하면서 특권을 가지게 된다. 주로 어른들과 상호작용을 하므로 사회적 기술을 배우게 되고, 부모의 기대를 만족시키려고 노력한다. 그런데 동생이 태어나면, 어른들은 모두 아기에게만 관심을 보이고 가까이 가지도 못하게 한다. 큰아이는 폐위된 왕의 심정으로 과거의 위치를 되찾기 위해 아기를 공격하거나, 퇴행하는 모습을 보이면서 저항한다.

둘째 아이는 이미 왕이 있는 상태에서 태어난 것이므로 처음부터 부모의 사랑을 첫째와 나누어야 한다. 형에게서 자극과 도전을 받으며 어떻게든 형을 이기려고 애쓰며, 주변의 관심과 사랑을 얻기 위해 눈치 빠르게 행동하고, 어떻게 하면 원하는 것을 얻을 수 있는지 감각적으로 알고 있다. 그러나 셋째가 태어나면 출생 순서가 중간이 되면서 첫째의 권리도 없고 막내의 사랑도 잃어버리는 처지가 되어, 양쪽에서 밀려난 느낌을 가지게 된다.

막내는 동생에게 자기 자리를 빼앗기는 충격을 경험하지 않고 집안의 귀염둥이가 되어, 책임을 져야 하는 일보다 가족 모두의 주목과 사랑을 받을 수 있는 특권이 더 커진다. 이런 최고의 상황에 만족하며 모든 사람을 능가하려는 욕구를 가질 수도 있지만, 그런 욕구가 현실적으로 이루어지지 않으면 과제를 두려워하거나 엄살을 부리며 과제를 회피하기 위해 변명을 하기도 한다. 가족 모두가 자신보다 힘 있는 존재로 느껴져, 자칫 스스로 결정하지 못하고 의존성이 커질 수도 있다.

외동아이는 가족 모두의 주목을 받으면서 자신의 위치를 즐기고 부모의 지지를 한 몸에 받아 발달이 촉진될 수 있지만, 반면에 부모에게는 다른 선택의 여지가 없기 때문에 온갖 정열을 쏟는 교육 공세에 완전히 노출되게 된다. 부모의 심리적인 영향을 혼자 받아야 하기에 부모의 양육태도가 적절하지 않을 때 불리함을 혼자서 겪어야 한다. 아이의 건강과 안전을 지나치게 걱정하고 보살피면 아이는 세상을 두려워하거나 적대적으로 바라볼 수도 있다. 어린 시절에 즐거운 것만을 경험한다면 부모의 사랑을 놓고 다투는 형제간의 원초적인 경쟁을 체험할 수 없으며, 타인의 사랑과 인정을 구하기 위해 자기 위치에 맞는 전략과 기술을 연습할 수 없게 된다.

출처: 『인간이해』(알프레드 아들러 / 라영균옮김 / 일빛)

04

뇌의 기초공사

얼마 전 이사를 하면서 TV를 안방으로 옮겼다. IPTV나 케이블TV는 아예 신청하지 않았다. 거실은 두 살 아들 민이의 책장과 장난감장으로 꾸몄다. 아내의 생각으로 추진하게 되었지만, 실행 후의 만족도는 오히려 내가 더 컸다. TV가 거실에 있을 때는 퇴근해서 자연스럽게 누워서 TV를 보는 것이 일상이었다. 심지어 민이를 재울 때조차 TV가 켜져 있는 경우도 있었다. 하지만 거실에서 TV를 치운 후에는 민이와 놀아 주는 시간이 부쩍 늘었고, 따로 여가 시간이 나도 TV가 아닌 책을 보게 되었다. 이런 부분이 자연스럽게 아들에게 좋은 모습을 보여 주게 되는 것이 아닐까도 싶었다.

그런데 한번은 아들이 감기에 심하게 걸려서 많이 보채길래 안쓰러운 마음에 전혀 보여 주지 않았던 뽀로로 DVD를 이틀 동안 수차례 틀어 줬다.

그랬더니 결과는 참 놀라웠다. 이사 후 한 번도 TV를 틀어 달라고 보챈 적이 없었는데, 단 이틀이 지난 후에는 집이 아니라도 TV가 있는 곳이면 어디에서든 뽀로로를 틀어 달라고 난리다. 우는 아이와 한참을 싸워 안 된다는 것을 알려 주고 다른 놀이감으로 놀아 주기를 일주일 정도 하고 나서야 자제가 좀 되는 것 같다. 한번 잘못 든 습관이 이렇게 무섭다.

또한 스마트폰에서 나오는 유아용 어플리케이션이 신기하기도 하고, 식당 등 공공장소에서 스마트폰을 쥐어 주기만 주면 한동안 조용해지는 것이 편리해서 한동안 스마트폰을 유용하게 활용했었다. 한번 그렇게 습관을 들이자 이젠 민이 앞에서 스마트폰을 맘대로 꺼낼 수가 없다. 일단 눈에 보이면 2시간 이상 충분히 놀아야지 그렇지 않으면 또 그 투정을 받아 주기가 참 힘들다. 사실 퇴근 후 피곤함에 지쳐 쉬고 싶을 때 아이에게 스마트폰을 쥐어 주면 참 좋다. 하지만 스마트폰에 집착하는 아이로 만들지 않기 위해서 스마트폰이 아예 눈에 띄지 않도록 주의하고 다른 장난감 등으로 적극적으로 놀아 주고 있다. 민이에게서 TV와 핸드폰을 최대한 멀리하려고 노력하고 있다.

아이가 TV와 스마트폰만 보고 자라서야 어찌 세상을 넓게, 적극적으로 살아갈 수가 있겠는가? 단순한 부분에서부터 아이의 습관을 올바르게 잡아 주기 위해서는 부모의 헌신적인 노력이 필요함을 느낀다. 물론 전업주부인 아내는 나보다 훨씬 더 많은 노력을 하고 있을 것이다. 아이를 잘 키우기 위한 노력은 이제 시작이다. 매 순간 나의 욕심이나 혹은 나의 편함보다는 아이에게 도움이 되는 선택과 행동을 해야 할 것이고, 좋은 아버지가 되기 위해서 나 자신이 훨씬 더 열심히 살아갈 것이다.

나는 노래하는 것을 좋아해요. 동요나 가곡을 즐겨 하는 편이어서 아이들에게 많이 불러 주었어요. 어떤 사람은 교과서에 실린 노래가 시시하고 재미없다고 할지 모르지만, 나는 교과서에 있는 그 고운 노래가 너무 좋아서 중·고등학교 시절의 음악 교과서를 지금도 간직하고 있어요. 자장가, 우리 가곡, 외국의 민요들, 편곡된 클래식 노래들이 교과서 안에 가득하거든요. 아기를 재울 때는 잠들 때까지 자장가를 불러 주고, 자장가처럼 조용한 동요를 다 불렀는데도 잠을 안 자면 가곡으로 넘어가서 노래를 불러 주었어요. 태교에도 좋고, 아기를 위해서라지만 사실은 나를 위한 일이기도 했어요. 노래는 슬플 때나 기쁠 때나 마음을 편안하게 해 주니까요.

그렇게 자란 선이가 다섯 살 때의 일이 문득 떠오르네요. 가족 나들이를 하고 돌아오는 차 안에서 무료해하는 선이에게 '신청곡을 받아서 불러 주기'를 제안했어요. 선이가 먼저 부르고 내가 부를 차례에서 선이는 '아기 공룡 둘리'를 신청했어요.

요리 보고 조리 봐도 음 음, 알 수 없는 둘리~ 둘리~

빙하 타고 내려와~ 친구를~ 만났지만~

일억 년 전~ 옛날이~ 너무나 그리워~

보고픈 엄마 찾아~ 우리 함께 떠나자 아~ 아~

이쯤에서 선이가 훌쩍훌쩍 울었어요. 왜 우냐니까 엄마 찾는 둘리가 불쌍하다는 거예요. '보고픈 엄마' 소절을 부를 때 나도 목소리가 조금 떨리긴 했어요. 우린 그렇게 같이 노래 부르며 감정이 하나 되어 함께 울먹였어요.

아이들이 어릴 때 저녁마다 책도 읽어 주고 옛날이야기도 해 주었지만, 특히 하루도 거르지 않고 노래를 불러 주었어요. 동요 중에서 '섬집 아기' '별' '이슬', 가곡 중에서는 '보리밭', 외국 곡 중에서 '음악에 붙임' 등을 아이들이 좋아했어요. 그리고 후렴구가 리드미컬한 '아가씨들아' '오, 브레넬리' '라 쿠카라차' 들은 우리 가족 모두 좋아했고요. 다섯 살 선이가 좋아하는 노래가 '봄노래' '별'과 같은 가곡이어서 주변 사람들을 놀라게 하기도 했어요. 나는 흥에 겨워 계절에 맞는 노래들도 열심히 불러 주었어요. 아이들이 커 가면서 노래 부르기는 점점 뜸해졌지만, 지금도 서로의 애정 확인이 필요할 때는 함께 이부자리에 누워 끝없이 노래를 부른답니다.

우리 아기 윤석이가 몸을 가누고 등을 세워 엄마 품에 앉아 있을 무렵, 우리 부부는 아기에게 책을 읽어 주기 시작했습니다. 윤석이가 싫증을 낼 때까지 성스러운 의무처럼 정성스럽게 읽어 주었습니다. 책을 읽어 주다 보면 30분도 되고 1시간도 되었으며, 어떤 날은 3시간씩 읽어 준 적도 있지요. 때론 졸음이 밀려와 책을 든 손에 힘이 빠지고 비몽사몽 잠꼬대처럼 읽어 주면, 옆에서 듣던 윤석이는 영문도 모르고 순수한 눈망울을 반짝반짝 빛내며 애타게 다음 이야기를 기다리곤 하였습니다. "그래서?" 하는 윤석이의 말에 여전히 잠꼬대하듯 간신히 한 줄을 더 읽던 아빠의 모습이 지금은 재미있는 이야깃거리가 되었습니다. 그렇게 밤마다 책나라로 여행을 떠났고, 윤석이의 책을 사는 데는 아까운 마음이 없었습니다. 영혼을 살찌우는 그림책을 인터넷으로 검색하느라 밤을 잊은 적도 많았고, 그 책을 기다려 배달된 상자를 열어서 읽어 주는 기쁨도 컸습니다. 책꽂이에 차곡차곡 쌓여 가는 책만큼 더 좋은 책을 읽어 주고 싶은 마음도 쌓여 갔습니다.

윤석이가 여덟 살 때의 어느 비 오는 날이었습니다. 삐뚜름하게 든 우산 사이로 제 몸 젖는 것은 아랑곳하지 않고 손바닥을 유심히 바라보며 집으로 들어옵니다. "엄마!" 하고 부르며 손바닥을 펼쳐 보여 주는데, 윤석이의 고사리 같은 손바닥에는 달팽이 여섯 마리가 닥지닥지 붙어 있었습니다. 젖은 몸을 닦을 새도 없이 책꽂이로 달려가더니 '자연의 신비' 중에서 『달팽이』편을 찾아 꼼꼼히 읽는 것이었습니다. 책장을 넘기면서 손바닥의 달팽이를 관찰하던 윤석이는 참으로 행복해 보였습니다. 유독 자연에 대한 호기심과 관찰력이 뛰어났던 윤석이는 개구리를 잡아 오면 개구리에 관한 책을, 사슴벌레를 키우면 사슴벌레 책을, 사마귀를 보면 사마귀 책을 읽어 가며 집도 꾸며 주고 먹이도 줍니다. 그렇게 윤석이는 책과 함께 성장했습니다.

TV와 핸드폰을 최대한 멀리하고 책과 장난감으로 놀아 주려고 노력하는 민이 아버지, 아기 때부터 자장가뿐 아니라 가곡까지 불러 주고 지금도 아이들과 이부자리에 누워 끝없이 노래 부르는 선이 어머니, 아기가 등을 세워 앉을 수 있을 때부터 성스러운 의무처럼 책을 읽어 준 윤석이 부모님은 정말 지혜로운 분들이십니다. 장난감을 가지고 놀면서 집 안 곳곳을 탐색하는 민이, 고운 노래를 들으며 잠들었던 선이, 비몽사몽 읽어 주는 아빠의 이야기를 반짝이는 눈망울로 기다리던 윤석이는 정말 좋은 환경에서 자라 왔네요. 양육 단계는 체·인·지의 종합 기초공사를 하는 시기이므로 세 살까지 어떻게 양육

했느냐에 따라 몸 튼튼, 마음 튼튼, 공부 튼튼의 바탕이 마련됩니다.

갓 태어난 아기의 뇌 무게는 350g이지만 생후 3년 동안 아기의 뇌는 폭발적으로 성장하는데, 뇌 무게의 급격한 증가는 전두엽, 측두엽, 두정엽, 후두엽에서 물리적 기초공사가 이루어지기 때문이라고 합니다. 전두엽은 인지, 사고, 주의 집중, 정서를 담당하고, 측두엽은 언어능력, 직관력, 통찰력을 관장하며, 두정엽은 수학적 추리, 공간 해석에 관여하고, 후두엽은 주로 시각 처리를 담당한다고 합니다. 이렇게 종합적인 기초공사가 이루어지는 시기에는 따뜻한 정서와 함께 인지자극을 주어야 합니다. 미국의 신경과학자 존 브루어는 뇌 발달 연구를 왜곡하여 상업적으로 이용하는 조기 영재교육을 비판하고 있습니다. 비싼 돈을 들여 조기 영재교육을 시키다 보면 부모나 교사가 무리하게 아이를 이끌게 되어 아이는 스트레스를 받을 뿐 아니라 스스로 세상을 체험하는 기회가 줄어듭니다. 민이, 선이, 윤석이처럼 부모님의 사랑 안에서 오감으로 세상을 탐색하고, 노래와 이야기를 들으면서 몸 튼튼, 마음 튼튼뿐 아니라 공부 튼튼의 기초를 잘 형성해 가도록 도와줍시다.

학습용 비디오를 과도하게 시청할 때의 부작용

2~3세가 되면 아이가 한 편의 비디오를 계속 보겠다고 조르곤 한다. 선행 경험이 없는 아이들로서는 한 편의 내용을 온전히 익히기 위해서 여러 번의 반복이 필요하다. 학습용 교재가 아이를 시청각적으로 풍부하게 자극해 줄 것이라는 판단에 허락하지만, 부모로서는 한숨 돌릴 여유와 편안함을 얻을 수 있

는 편의 때문이기도 하다. 그러나 이는 굉장히 위험한 행동이다. 아이가 비디오만 계속 볼 경우 음소의 변별이 어려워진다. 아이의 뇌는 단어에 의미를 부여하기 위해서 인간과의 실제적인 상호작용이 필요하기 때문이다. 비디오를 시청하는 동안에는 동공이 확대되지 않으며, 화면을 수동적으로 응시하기 때문에 시각 체계가 제대로 자극받지 못해 훗날 읽기에서 어려움을 겪을 수도 있다. 더욱이 TV 화면의 파장은 야외에서 물체를 볼 때보다 아주 좁은 편이기 때문에 수정체와 망막에 피해를 준다. 대체로 TV와 영상물들은 화면의 전환이 빠르기 때문에 뇌의 고차적 사고를 담당하는 전두엽에서 영상을 처리할 시간이 없다. 아이가 이전 화면에서 본 의미나 심상을 형성하려다 보면 다음 화면을 자꾸 놓치게 되니, 결과적으로 TV 화면을 보고 있는 동안에는 의미나 심상 형성 과정을 생략하게 된다. 이런 과정이 반복되면 훗날 정보를 대충 처리하는 방식으로 이어져 학습 곤란의 지름길이 된다.

아기들은 적극적인 호기심으로 다양한 자극을 경험하면서 자기만의 독특한 뇌를 만들어 간다. 영아기에 4엽의 기초공사가 이루어짐을 감안한다면 어떤 특정 기능 하나를 집중적으로 가르치는 것보다 자유로운 탐색이 뇌 발달에 훨씬 더 적절한 것임을 짐작할 수 있다. 요즈음 많은 부모들은 오감으로 주변을 탐색하려는 아이들에게 이것저것 가르치려고 한다. 부모들의 이런 욕심은 아이의 뇌 발달에 역행하는 결과를 유발한다.

첫째, 아이는 스스로 하고 싶은 것을 못 해 자율감이나 성취감을 느끼지 못한다. 둘째, 아이는 하고 싶은 것을 저지당하고 원치 않는 것을 하면서 좌절감을 맛본다. 셋째, 아이는 모르는 사이에 학습이 따분한 것으로 인식되어 수동적 학습패턴을 갖게 된다. 넷째, 아이의 감각 경험이 제한을 받는다.

출처: 『뇌를 알면 아이가 보인다』(이유미 / 해나무)

4 권위 형성 단계

부모 역할의 두 가지 요소는 '사랑하기'와 '가르치기'입니다. 양육 단계에서
사랑하기를 잘하셨다면 이제 가르치기를 해야 합니다. '공부' 가르치기가 아닙니다.
아이가 좋은 습관을 들이도록, 또 이 세상에는 자기 마음대로 해서는
안 되는 일도 있다는 것을 깨닫도록 '훈육'하는 것이 중요합니다.

아이가 자라서 4세부터 8세 전후가 될 때까지의 시기입니다. 자녀는 무엇이든 혼자서 하려고 하고, 의사소통이 가능해지며, 스스로 용변 처리를 하게 되고, 어린이집을 가거나 친구의 존재를 알게 되면서 인간관계가 확장되는 시기입니다. 에릭슨에 의하면 이 시기에 주도성을 성취하면 목적을 가지게 된다고 합니다.

이 단계에서 부모의 발달과업은 그동안의 사랑을 바탕으로 하여 가르치기를 시작하여 권위를 형성하는 것입니다. 용변 훈련은 조급해하지 말고 사랑으로 기다리면서 천천히 도와주면 대부분 잘됩니다. 그보다는 혼자서 식사하고, 식사 후에 이를 닦고, 일찍 잠자리에 들도록 생활 훈련을 하는 것이 중요하고, 이는 몸 튼튼, 마음 튼튼과 직접적인 관련이 있습니다. 이 시기에 들인 입맛과 수면 습관은 평생의 건강에 영향을 미치는 중요한 부분이므로 부모님들이 신경 써야 합니다. 이 세상에는 내 마음대로 해서는 안 되는 것이 있다는 것을 자녀가 알도록, 부모의 가르침을 받아들이도록 훈육을 해야 합니다. 공부 가르치기보다 도덕성의 기초를 가르치는 것이 우선되어야 합니다.

4부에서는 권위 형성을 잘한 부모님들, 옛날이야기를 해 주고 전래동화를 읽어 주면서 도덕성의 기초공사뿐 아니라 음성정보 처리 능력을 향상시켜서 공부의 기초공사에 노력한 부모님들의 이야기가 소개됩니다.

01

골고루 잘 먹어요

우리 아들 세진이 편식 때문에 걱정이 많아요. 햄이나 소시지를 안 해 주면 먹을 반찬이 없다며 치킨이나 피자를 시켜 달라고 졸라요. 장조림이나 불고기를 해 주어도 맛이 없다고 잘 안 먹고요. 김치나 야채를 거의 안 먹기 때문에 학교에서 급식 시간에는 어떻게 하냐고 물어보면 자기가 알아서 먹는다고 해요. 초등학교 3학년인데 건강에 크게 문제가 있는 것 같지는 않지만 약간 비만이라서 좀 걱정이 돼요.

며칠 전 모처럼 일찍 퇴근해서 된장찌개, 두부부침, 시금치나물을 준비했어요. 근데 세진이가 거의 안 먹기에 물어보았더니 학교에서 올 때 햄버거를 사 먹어서 배가 부르다는 거예요. 그러곤 밤이 되면 자꾸 무언가 먹으려고 냉장고를 열었다 닫았다 하면서 과자와 우유라도 먹어요. 제가 없을 때 세진이가 먹을 수 있도록 간식 종류를 넉넉히 사다 놓는 편이거든요. 제가 워킹맘이라서 늘 바쁘다 보니까 아이의 식사를 제대로 챙겨 주지 못해요. 퇴근이 늦거나 쉬는 날에는 주로 외식을 하거나 자장면, 피자, 치킨 등을 자주 시켜 먹고요. 아이가 잘 먹으니까 편하고 싶어서 배달 음식에 대한 유혹이 자꾸 커져요.

초등학교에 입학한 후에는 혼자 집에 있는 시간을 최대한 줄이려고 학원을 여러 군데 보내고 있어요. 간식은 주로 사 먹는데 우리 세진이가 제일 좋아하는 간식은 햄버거예요. 감자튀김과 콜라를 같이 먹으면 너무 맛있대요. 그러다 보니 집에서 거의 밥을 안 먹어요. 아침에는 밥맛이 없다고 안 먹고, 점심은 학교에서 급식을 먹고, 학원 가는 길에 햄버거나 치킨을 먹으니까 저녁도 잘 안 먹어서 사실 걱정이 돼요. 이렇게 가다가 우리 세진이 건강에 아무래도 문제가 생길 것 같은데 식성을 바꾸는 게 너무 어렵네요.

세진이가 좋아하는 음식들은 거의 패스트푸드이므로 지금 특별히 어디 아픈 데는 없다 하더라도 심각한 건강의 위기가 숨어 있기에 세진이 어머니의 걱정은 아주 당연합니다. 지금이라도 세진이의 식성을 바꾸지 않으면 안 됩니다. 패스트푸드의 나쁜 점은 여러 가지입니다. 세진이가 먹은 햄버거, 감자튀김, 콜라는 열량이 너무 많아서(750kcal 정도), 간식으로 먹었지만 열 살 어린이의 한 끼 필요 열량 600kcal를 훌쩍 뛰어넘었습니다. 그리고 패소트푸드는 지방이 너무 많은데 지방의 과다 섭취는 나중에 비만, 고혈압, 뇌졸중, 심근경색을 유발할 수 있습니다. 또한 패스트푸드는 상당히 짜기 때문에 짠맛에 길들여지면 점점 나트륨 섭취가 많아져서 심장 질환, 고지혈증의 위험이 커집니다. 패스트푸드는 열량에 비해 비타민과 무기질, 식이섬유가 부족해서 영양 불균형을 초래하고, 가장 나쁜 점은 일단 패스트푸드에 입맛이 길들여지면 중독된 것처럼 밋밋한 맛의 다른 음식은 먹지 않는다는 것입니다.

그러면 세진이는 왜 이런 식성이 되었을까요?

어머니가 이야기하신 대로 바쁘다는 핑계로 배달 음식에 입맛이 길들게 했기 때문입니다. 세진이 어머니는 지금이라도 세진이의 평생 건강을 위해 뼈를 깎는 노력을 하셔야 합니다. 사실, 세진이는 엄마의 사랑에 대한 허기가 패스트푸드에 대한 집착으로 나타난 측면도 있습니다. 아이들은 단순하게 음식만 먹는 것이 아니라 그 안에 들어 있는 엄마의 사랑을 섭취하는 것입니다. 아무리 바빠도 세진이를 사랑하는 마음을 담아서 몸에 좋은 다양한 재료로 음식을 만들어 먹이기 바랍니다. 엄마는 회사에 계셔도 엄마가 쪄서 보온통에 담아 놓은 고구마와 옥수수에서 엄마의 사랑을 느낄 수 있기 때문입니다. 시간과 노력을 투자해서 사랑하는 마음으로 정성을 쏟으면 세진이의 입맛은 금세 바뀔 수 있습니다.

세진이 어머니처럼 나중에 입맛을 고치려면 힘이 들지만, 8세 이전에는 부모가 어떤 식성도 만들어 줄 수 있습니다. 아이들은 원래 낯선 음식에는 두려움을 가지고 있습니다. 낯선 음식에 대한 공포감은 위험한 음식으로부터 우리 아이들을 보호해 주는 당연한 현상입니다. 그러므로 "우리 아이는 ~은 안 먹어."라고 아이 앞에서 단정적으로 이야기하면 안 됩니다. 또한 아이들은 새로운 음식을 만났을 때 부모의 표정과 반응을 보고 판단하므로 부모가 먼저 다양한 음식을 준비해서 맛있게 먹는 모습을 보여 주는 것이 좋습니다. 행동치료 요법에 '점진적 노출'이라는 것이 있습니다. 두려움을 느끼는 상황에 점진적으로 노출시키면 두려움을 이겨 내서 결국 행동을 바꿀 수 있다는 원리입니다. 같은 야채라도 다양한 요리법으로 서서히 계속 노출시키면 나중에는 거부감 없이 먹일 수 있습니다. 어떤 연구는 최소 8회 이상 노출시키면 먹일 수 있다고 하지만 경우에 따라 다릅니다. 비난하면서 강요하지 말고, 아이가 눈치채지 못하게 다른 음식과 섞어서 먹이다가 조금씩 노출시키면 됩니다. 새로운 음식에 도전했을 때 칭찬하고 격려해 주면 아이는 더욱 용기를 내게 됩니다. 아이가 입맛을 타고났다 하더라도 부모가 어떤 음식을 접하게 해 주었느냐에 따라 아이의 식성은 달라질 수 있습니다. 여덟 살이 지나면 입맛이 굳어져서 바꾸기가 훨씬 어렵기 때문에 초등학교에 들어가기 전에 부모들이 노력해야 할 중요한 일입니다. 8세 이전에 우리 땅에서 난 제철 재료와 조상들이 물려준 조리법에 익숙해지면 평생 건강이 보장됩니다. 그리고 우리가 인식하지 못하는 사이에 GMO 식품(유전자 조작 식품)이 식탁에 오르지 않도록 깨어 있어야 합니다.

GMO 식품(유전자 조작 식품)

GMO는 Genetically Modified Organism의 약어인데 Modified 대신에 Manipulated라고 쓰는 경우가 많다. Modified와 Manipulated는 전혀 다른 의미로, 전자는 좋은 쪽으로 변형되었다는 의미이지만 후자는 좋지 않게 변했다는, 즉 왜곡되었다는 의미이다. 2000년에 바이오안정성의정서에서는 GMO 대신에 LMO(Living Modified Organism)로 바뀌었다. 왜 미국은 굳이 LMO로 바꾸고 싶어 했을까? 유전적인 조작을 의미하는 Genetically라는 단어가 부정적으로 인식되기 때문이다. 우리나라도 바이오안정성의정서에 따라 공식적으로는 LMO를 사용하지만, GMO에 대해 가장 많이 걱정하고 규제도 엄격한 EU는 GMO를 공식적으로 사용한다.

감자를 저장하는 데 가장 골치 아픈 점은 싹이 난다는 것이다. 이 문제를 해결하려면 방사선을 쪼여서 싹 트는 기능을 없애버리면 된다. 과학을 통해 이렇게 원하지 않는 것을 없애버리기도 하지만, 원하는 것을 얻기 위해 다른 유전자를 주입해서 만들어 낸 생물체가 GMO이다. 대표적인 GMO 작물은 제초제를 뿌려도 죽지 않는 종자, 작물 자체에 살충제 성분이 있는 종자, 항생제 내성 유전자가 들어간 식물 등이다.

현재 GMO 기업을 통해 전 세계적으로 재배되고 있는 GMO 작물은 옥수수, 감자, 콩, 면화, 유채 등이다. 가장 많이 재배되고 있는 옥수수는 전통적인 의미의 식량이 아니고 식품의 원료이다. 생산되는 옥수수는 소나 돼지 등 가축의 사료로 사용되거나 고과당 옥수수 시럽, 전분, 기름을 만드는 재료로 사용된다. 그런데 옥수수 기반 사료를 먹이면 곡물을 먹도록 진화되지 않은 소에 병이 생기므로 항생제 주사를 놓을 수밖에 없다. 옥수수로 만든 고과당 시럽의 70%는 콜라 등 음료수에 들어간다. 농식품안전정보서비스의 자료를 보면 미국에서 생산되는 옥수수의 77%가 GMO이며, GMO가 아닌 23%의 옥수수만 가지고도 미국 전체가 먹고도 남는다고 한다. 밀은 GMO 종자가 아니지만 유통과정에서 방부제가 많이 사용된다. 빵과 쿠키는 이러한 밀가루, 옥수수 사료와 항생제 주사를 맞은 소의 우유와 버터, 옥수수 사료로 키운 닭의 계란 등으로 만들어진다.

우리나라에서 식용으로 사용되는 콩은 75만 톤인데 그 가운데 60만 톤이 수

입산이다. 이는 대부분 식품가공업을 하는 기업에서 사용하는데, 식용유를 짜고 각종 장을 만드는 데 사용된다. 결국 식용유, 된장, 간장, 고추장, 두부, 두유 등의 가공식품의 원료는 수입에 의존하고 있는데 GMO 콩을 구별해서 수입할 수 있을지 의문이다.

출처: 『유전자조작 밥상을 치워라』(김은진 / 도솔)

02

새 나라의 어린이

연재가 아기 때는 잠을 잘 잤는데, 점점 늦게 자기 시작하더니 지금은 밤 1시나 되어야 겨우 잠이 들어요. 10시쯤 되면 연재를 재우기 위해 별짓을 다 해요. 이불을 깔고 같이 놀아 주기도 하고 책을 읽어 주기도 하는데, 그러면 연재는 눈이 더 초롱초롱해져요. 같이 누워서 책을 읽어 주다가 엄마인 내가 먼저 잠들 때도 있어요. 그러면 아이는 나를 깨워서 CD를 틀어 달라고 해요. 안 되는 줄 알면서도 너무 졸려서 보여 줄 때도 있어요. 아이를 재우려고 온갖 노력을 할 때 가장 큰 장애는 아빠의 늦은 퇴근이에요. 어떤 때는 연재가 아빠를 기다리느라 안 자는 것 같기도 해요. 아빠가 늦은 저녁식사를 하면 연재는 저녁을 먹었음에도 식탁에 앉아 같이 먹으려고 하니까 연재 아빠가 이것저것 집어 먹이곤 해요. 아빠가 치킨이나 빵을 사 가지고 오는 날은 연재가 너무 좋아해요. 밤 11시에 우리 모두 야식을 먹을 때는 좋은데, 문제는 연재가 잠을 안 잔다는 거예요. 아빠는 곯아떨어지고, 나는 연재를 재우려고 매일 전쟁을 치러요. 부부 생활에도 지장이 많고요. 연재가 늦게 자니까 아침에 깨울 때 너무 힘들어요. 아무리 깨워도 일어나지 않으니까 아침도 제대로 못 먹고 거의 비몽사몽으로 유치원을 가고 있어요. 유치원에서 주의가 산만하다고 하는데 혹시 잠을 늦게 자는 것과 무슨 상관이 있는지 걱정되고요. 얼마 전에 시어머니가 오셨을 때 드라마를 보시기 위해 거실에서 주무신다고 하시니까 연재가 할머니 옆에서 자겠다고 했어요. 그런데 밤 1시쯤 무슨 소리가 나서 일어나 보니 연재가 혼자서 케이블 방송을 보고 있는 거예요. 컴컴한 방에 앉아서 환한 TV 화면에 빠져 있는 연재를 보며 정말 문제가 심각하다는 것을 알게 되었어요.

한밤중에 혼자 TV를 보고 있는 연재를 보면서 얼마나 놀라고 걱정되셨겠어요. 연재가 이처럼 늦게 자고 늦게 일어나는 습관이 계속된다면 연재의 시력뿐 아니라 전체적인 건강에 심각한 문제가 생길 것입니다. 성인은 하루 중 생체 에너지가 언제 활성화되느냐에 따라 '참새형'과 '올빼미형'으로 구별합니다. 타고난 기질이나 직업 관련 문제로 생체 리듬이 다르게 세팅될 수 있습니다. 그러나 아이들의 경우에 올빼미 유아란 있어서는 안 됩니다. 왜냐하면 아이들은 자라고 있는 중이므로 생체리듬을 조절할 수 없기 때문입니다. 성인도 외국 여행을 하는 경우 시차 때문에 어려움을 겪는데, 하물며 어린아이들의 생체리듬이 밤과 낮에 맞지 않게 돌아간다면 매일 시차에 시달리는 것과 같습니다. 일본의 베넷세 교육연구개발센터에서 서울, 도쿄, 상하이 등에 살고 있는 유아 6,000명의 수면 형태를 조사한 적이 있습니다. 서울은 9시 전에 잠드는 아이가 36.3%밖에 안 되는데, 도쿄의 75.8%, 상하이의 79.5%에 비하면 우리나라 아이들이 너무 늦게 잔다는 것을 알 수 있습니다. 이 조사 결과를 보고 우리나라 전체 어린이의 건강이 걱정되었습니다. 아이들은 잠을 자는 동안 세포 속에 쌓인 피로가 풀려 질병에 대한 적응력이 커지고, 성장 호르몬이 분비되어 키도 자라고, 잠자는 동안 뇌가 재정비되어 머리도 좋아지기 때문입니다.

그러면 연재는 왜 이렇게 잠을 늦게 잘까요? 결국 부모의 생활 패턴과 부주의 때문입니다. 연재뿐 아니라 대부분의 아이들은 부모와 놀고 싶어서 부모를 기다립니다. 그런데 맞벌이와 밤문화의 발달로 부모의 귀가 시간이 자꾸 늦어지다 보면 아이들의 뇌는 늦게 자려고 준비합니다. 또한 TV와 컴퓨터도 아이들을 늦게 잠들게 하는 중요한 원인입니다. 설령 공부에 도움이 되는 학습 CD라 하더라도 밤 늦게 보여 주면 뇌가 활성화되어 잠자지 말라고 계속 신호를 보내는 것과 같습니다. 그리고 연재가 늦게 잠드는 것은 수면 유도 호르몬과도 관련되어 있습니다. 아마도 연재는 낮에 충분하게 햇빛에 노출되지 않았을 것입니다. 햇빛 속에서 뛰어놀아야 밤에 멜라토닌이 충분히 분비되어 잠에 빠지게 도와줍니다. 아이들은 일단 잠이 들면 체온이 내려갔다가 아침에 일어나면 체온이 제자리로 돌아옵니다. 그런데 연재처럼 비몽사몽으로 유치원에 가면 아직 저체온의 상태이므로 몸이 힘듭니다. 자연히 주의 집중이 어렵고 산만해질 수밖에 없고, 힘들고 짜증이 나면 공격적인 행동을 보일 수도 있습니다. 오후에 집에 오면 비로소 생체 에너지가 활성화되어 밤 늦도록 잠들 수 없는 악순환이 계속되는 것입니다.

수면의 중요성

1. 휴식

사람은 음식을 통해 에너지를 섭취해야 하는 동시에 잠을 통해 몸과 마음의 피로를 풀어 주어야 한다. 잠자는 동안에는 뇌가 수면 상태에 맞는 뇌 활동을 하기 때문에 뇌가 휴식을 취할 수 있고, 그것은 다음 날의 활동을 위한 준비 시간이 된다. 잠자는 동안에는 심장도 박동 수와 호흡 수를 줄여서 휴식을 취한다.

2. 두뇌 활동

잠은 인간의 기억력을 보강하고 재편집해 주는 기능이 있다. 두뇌의 해마에서 만들어진 기억이 신피질로 이동해야 장기기억으로 저장되는데, 깊은 잠을 잘 때 정보가 해마에서 신피질로 이동한다. 그리고 숙면을 취하면 뇌의 활동이 활발해져서 사고 능력도 향상된다.

3. 근육의 이완

육체적인 피로는 깊은 수면을 통해 회복되는데 숙면을 하지 못하면 늘 피곤하고 온몸이 쑤시는 상태가 된다. 캐나다 토론토 대학의 몰도프스키 박사가 의대생을 대상으로 한 실험이 있다. 며칠간 학생들이 깊은 수면에 접어들면 자꾸 깨워 선택적으로 숙면을 박탈했더니, 모두 만성피로 증후군, 온몸의 근육통, 열감, 피로감을 호소했다고 한다.

4. 면역 물질 분비

깊은 수면 중에는 면역력을 증가시키는 인터루킨이라는 면역 물질이 분비된다고 한다. 이 물질은 우리 몸이 스스로 질병을 예방하고 치료하도록 도와준다.

5. 성장호르몬 분비

성장기 아이들은 깊은 수면 중에 성장호르몬의 분비가 왕성하므로 숙면은 성장호르몬 분비의 필수 조건이다. 보통 10시~2시에 가장 많이 분비되므로 유아들은 9시 30분 이전에 잠드는 것이 좋다. 수면 이외에도 스트레스를 그때그때 풀어 주고 적절한 운동을 하면 성장호르몬이 잘 분비된다. 성장호르몬은 키를 크게 함과 동시에 단백질 합성을 촉진시켜 손상된 조직을 치유해 주는 역할도 한다.

6. 시력 보호

펜실베이니아 대학 메디컬 센터와 필라델피아 어린이 병원의 합동 연구에 의하면 밤에 불을 켜고 자면 근시가 될 확률이 높다고 한다. 약한 불빛이라도 눈 감고 자는 눈꺼풀을 통과하기 때문에 불을 끄고 충분히 잠을 자면 시력이 저하되지 않도록 도움을 줄 수 있다.

참고: 『머리가 좋아지는 수면』(신홍법 / 북뱅크)
『잠자는 기술』(이동연 / 평단)
『수면혁명』(대한수면연구회 / 대교베텔스만)
Daum과 Naver 검색

03

혼자서도 잘해요

네 살이 된 은이는 고분고분 말을 잘 듣던 아이였는데 요즘 이상해지고 있어요. 한 달 전에 할아버지께서 은이에게 금붕어 세 마리, 달팽이 한 마리를 사 주셔서, 은이는 매일 어항을 들여다보며 좋아했어요. 은이가 먹이를 주고 싶어 했지만, 너무 많이 주려고 해서 엄마나 아빠가 먹이를 주기로 약속했어요. 어느 날 은이가 먹이를 쏟아부어서 수면을 덮었기 때문에 금붕어 두 마리와 달팽이가 죽었어요. 너무나 화가 나서 약속을 지키지 않은 것과 금붕어를 사랑하지 못한 것에 대해 야단을 쳤어요. 그런데 며칠 후 은이가 할아버지를 만났을 때 이렇게 거짓말을 하는 거예요.

"할아버지, 엄마가 금붕어를 죽였어요. 먹이를 많이 주어서 금붕어가 죽었어요. 근데 엄마가 나를 혼냈어요. 나는 놀고 있었는데 나한테 화냈어요.

할아버지, 엄마를 혼내 주세요."

훈이는 일곱 살이 되더니 조수석에 타겠다고 고집합니다. 뒷좌석의 카시트에 앉아 얌전히 가던 아이였는데, 아빠가 운전하는 옆자리에 앉아 이것저것을 보면서 만져 보고 싶어 합니다. "너를 보호하기 위해서" "앞자리가 위험하니까" "경찰 아저씨한테 혼나니까" "아이는 앞에 앉으면 안 되니까" 등 여러 가지 말로 어르고 타일러도 막무가내입니다. 가족이 함께 차로 이동할 때마다 훈이는 고집을 피우기 때문에 결국 혼을 내서 강제로 뒷자리에 앉게 하면 큰 소리로 울고 맙니다. 한참 울다가 운전석과 조수석의 목보호대를 양손으로 잡고 서서 가려고 합니다. 위험하니까 앉으라고 하면 아빠를 보호해야 한다며 고집을 피웁니다. 훈이가 도대체 누구를 닮았는지, 왜 갑자기 못되게 구는지, 어떻게 대처해야 하는지 알 수가 없습니다.

만약 여러분의 자녀가 시아버지께 이런 거짓말을 했다면 여러분은 어떻게 했을까요? 할아버지께 거짓말로 일러바치는 은이를 보며 은이 엄마는 기가 막혔을 것입니다. 이런 상황에서 대부분의 부모들은 어린 것이 어떻게 새빨간 거짓말로 뒤집어씌우나 싶어서 화도 나고, 거짓말쟁이로 자랄 것 같아 걱정이 됩니다. 화가 많이 난 상태에서 은이의 거짓말을 고쳐 주려다 보면, 아무래도 큰 소리로 혼내게 되고 체벌을 가할 수도 있습니다. 은이가 잘못을 인정하지 않고 가르침을 받아들이지 않거나 반항하면 더 심하게 야단치게 됩니다. 예전에 고분고분하던 아이가 반항적인 아이로 변하고, 부모와 갈등을 빚는 미운 네 살이 시작됩니다. 은이는 왜 그런 거짓말을 했을까요?

자율성 단계의 아이들은 무엇이든지 자기가 하려고 합니다. 밥을 먹을 때 거의 다 흘리면서도 혼자 먹겠다고 하고, 계단을 올라갈 때 넘어질 듯하면서도 엄마의 손길을 뿌리칩니다. 금붕어의 먹이도 자기가 직접 주고 싶어 합니다. 아이의 내면에서 자율성의 프로그램이 작동되었기 때문입니다. 이 시기의 아이들은 자발적인 연습과 숙달을 통해 스스로를 돕는 기술(self-help skill)이라고 할 수 있는 협응기술을 발달시켜 가는 중입니다. 또한 이 시기에 소꿉놀이, 병원놀이, 학교놀이와 같은 가상 놀이를 통해 인지적 능력과 사회성, 상상력과 창의성을 발달시켜 갑니다. 은이는 거짓말쟁이가 아니라 자율성이라는 발달과업을 완수하는 과정에서 약간의 무리수를 두었을 뿐입니다. 자신의 뜻이 받아들여지지 않은 것에 대한 억울함을 상상력을 동원해서 표현한 것입니다. 그렇다면 부모는 어떻게 해야 할까요? 처음부터 은이가 혼자서 금붕어의 먹이를 줄 수 있도록 도와주는 것이 좋습니다. 손으로 먹이를 조금만 집어서 금붕어에게 주는 방법을 알려 주고 연습시켜 줍니다. 나중에 먹이를 몽땅 쏟아부어 금붕어와 달팽이가 죽었을 때라도 은이의 마음에 공감하여, 엄마가 다음과 같이 말해 주는 것이 좋습니다.

"은이야, 금붕어에게 먹이를 직접 주고 싶었구나. 먹이가 많이 쏟아져서 은이도 깜짝 놀랐겠네. 더구나 금붕어랑 달팽이가 죽어서 우리 은이가 얼마나 미안하고 슬펐을까? 금붕어랑 달팽이가 하늘나라에 잘 가도록, 우리, 같이 묻어 주자."

어떤 일을 혼자서 해냈을 때 가슴 뿌듯하게 성취감을 느끼면서 자율성이 형성되고, 이렇게 발달된 자율성이 앞으로 무슨 일이든 스스로 할 수 있는 기초와 뿌리가 됩니다.

훈이는 왜 자동차의 앞 좌석에 앉으려고 떼를 쓸까요?

주도성 단계의 아이들은 어떤 상황에서든 주도권을 잡으려고 하며, 엄마 몰래 일을 꾸미곤 합니다. 동생이나 친구를 끌어들여 높은 곳에 올려놓은 간식을 꺼내 먹다가 떨어뜨려 깨뜨리기도 합니다. 일을 저질러 놓고는 동생이나 친구의 잘못으로 돌립니다. 이 시기의 아이들은 갈등 상황에서 단호하게 자신을 주장하고, 자신이 중심이 되어 상황을 통제하고 변화시키려는 시도를 합니다. 훈이도 뒷자리에서 보호받는 사람이 아니라 아빠처럼 차를 통제하는 사람이 되고 싶은 것입니다. 직접 운전은 하지 못하더라도 아빠 옆에서 어떻게 차를 작동시키는지 자세히 보면서 어떻게든 만져 보고 싶은 욕구가 큰 것입니다. 그렇다면 부모는 어떻게 해야 할까요? 아이가 원하는 대로 들어주어서는 안 되지만 아이의 주도성 욕구는 알아주고 채워 줄 방법을 연구해야 합니다.

"훈이는 왜 앞자리에 앉고 싶은데? 음…… 아빠가 운전하는 것을 잘 보고 싶고, 아빠처럼 멋진 사람이 되고 싶어서 그러는구나. 그런데 어린아이가 앞자리에 앉으면, 경찰 아저씨가 엄마와 아빠에게 훈이를 보호하라고 하거든. 그러니까 뒤에 앉아서 아빠를 돕는 방법을 찾아보자."

그날 훈이는 왕자가 되고 아빠는 기사가 되어, 아빠는 운전기사처럼 왕자님인 훈이에게 운전이나 도로 상황에 관하여 미리미리 설명하였습니다. 훈이는 뒷좌석의 가운데 자리에 앉아 운전석과 조수석 사이로 앞자리를 보면서 아빠와 대화를 나누었습니다. 주도성의 욕구를 부모가 알아주고 채워 주었기에 훈이는 진짜 왕자님처럼 꼿꼿하게 앉아서 이 모든 상황이 자신의 뜻대로 이루어졌다고 생각하며 행복할 수 있을 것입니다. 이 시기에 형성된 주도성은 학교에 입학했을 때 스스로 공부 계획을 잡아서 실천하거나, 평생 동안 어려운 일이 있을 때 도전하여 이겨 내는 방법을 찾을 수 있는 원동력이 됩니다.

은이와 훈이처럼 아이의 내면에서 자율성과 주도성 프로그램이 작동될 때는 혼자서 밥을 먹고 이를 닦을 수 있게 훈련할 수 있는 아주 좋은 기회입니다. 스스로 성취감을 느끼면서 먹는 밥이 건강한 몸을 만들어 줍니다. 아이가 혼자서 밥을 먹으면서 흘리는 것이 더 많더라도 부모가 대신 먹여 주지 않도록 합시다. 혼자서 먹을 수 있도록 도와주어 성취감을 맛보게 하는 것이 훨씬 더 중요합니다. 또한 이 시기의 젖니 관리는 평생의 치아 건강에 기초가 되므로, 아이가 스스로 이를 닦을 수 있게 도와주는 것이 이 시기에 부모가 해야 할 중요한 과업입니다.

치아 건강에 좋은 습관 만들기

"세 살 버릇 여든까지 간다."는 속담은 치아 건강에도 예외가 아니다. 어렸을 때 몸에 밴 양치질 습관이 평생 치아 건강을 좌우한다. 무엇이든 받아들이고 익힐 수 있는 어린 나이에, 바로 옆에서 가장 큰 영향력을 줄 수 있는 부모가 올바른 양치질 습관을 심어 준다면 커서도 건강한 치아를 유지할 수 있다.

치아 건강에 도움이 되는 좋은 양치질 습관은 어떻게 들일 수 있을까?

1. 무엇이든 먹고 나면 입안을 깨끗이 닦아 낸다

사실 이 습관은 이가 나기 전부터 시작되어야 하는 습관이다. 젖이나 우유를 먹고 나면 젖은 거즈로 입안을 닦아 내는 것부터 시작되어야 하지만, 그 시기를 놓쳤다 하더라도 아쉬워하지 말고 지금부터 시작하면 된다. 하루 세 번 식사를 하고 나면 칫솔질을 하고, 중간에 간식이나 주스를 먹을 때마다 물양치질을 하게 한다.

2. 양치질 시간이 즐거운 시간이 되게 한다

양치질 시간이 괴롭고 싫은 감정과 연결되면 양치질 자체를 거부하게 된다. 그러므로 처음 양치질을 시작할 때 아이가 좋아하고 흥미 있어 하는 방식으로 접근하는 것이 좋다.

- 색깔과 모양이 다른 칫솔을 여러 개 준비하여 아이가 선택하게 한다.
- 부모가 같이 양치질하면서 즐거워하는 모습을 보여 준다.
- 형제가 있으면 시합하는 놀이처럼 즐기게 한다.
- 3분짜리 모래시계를 활용해서 모래가 떨어지는 것을 보면서 양치질을 한다.
- 평소에 양치질과 관련된 책을 읽어 주고, 놀이도 함께 한다.

3. 제대로 된 양치질 방법을 배워서 알려 준다

아이들이 양치질을 싫어하는 가장 큰 이유는 아파서인데, 부모님들이 너무 세게 닦아 주면서 엉뚱한 잇몸 부위까지 아프게 찌르는 경우가 많기 때문이다. 세게만 닦는 것이 양치질을 잘하는 것이 아니므로, 치과에서 양치질법을 배워 아이가 혼자 닦을 수 없는 부분은 부모님이 칫솔질을 해 주면서 가르쳐 준다.

4. 치아 건강에 이로운 음식을 먹게 한다

어린 나이에 단맛에 길들여지면 입맛을 바꾸기 어렵다. 치아 건강에 해로운 음식들(사탕, 과자, 초콜릿, 캐러멜, 탄산음료, 인스턴트 식품)보다 다양한 과일과 야채에 맛들이게 한다.

5. 음식을 먹는 습관에 주의를 기울인다

음식을 꼭꼭 씹어야 이가 튼튼해지므로 어릴 때부터 너무 무른 음식만 먹이지 않도록 한다. 음식을 입안에 오래 물고 있으면 젖병을 물고 자는 것처럼 충치가 전체적으로 빠르게 진행되므로 주의한다.

6. 치과에서 정기검진을 한다

"너 이 안 닦으면 치과 가서 이 뽑는다." "너 말 안 들으면 치과 가서 주사 맞는다." 등의 말을 들으면 아이는 치과를 공포의 대상으로 인식한다. 치과에 들어오는 순간부터 겁을 내면서 울고불고하는 아이들이 많다. 충치가 생겨서 아플 때 치과에 오면 아이들은 치과를 겁내게 된다. 정기검진만 하고 치과를 나오는 첫 경험을 통해 치과가 무서운 곳이 아니라 이가 튼튼하도록 도와주는 곳이라는 인식을 심어 주는 것이 중요하다.

소아치과 전문의 박수정

04

도덕성의 기초공사

네 살 때까지는 고분고분하던 민서가 다섯 살이 되면서 고집이 세지고 나쁜 행동을 할 때가 있어요. 얼마 전에 민서를 데리고 친구네 집을 방문했을 때, 처음에는 동갑인 진성이와 둘이서 잘 놀았어요. 한참 후 진성이의 울음소리가 들려서 달려갔더니 민서가 진성이의 장난감을 빼앗으려고 밀쳐서 넘어뜨린 것 같았어요. 친구 장난감을 빼앗으면 안 된다고 야단을 치면서 사과하라고 했더니 민서는 울면서 사과하지 않는 거예요. 아이 둘이 다 울면서 고집을 피우니까 분위기가 싸~ 해져서 모처럼 놀러 갔는데 그냥 집으로 돌아왔어요.

민서는 초콜릿과 마이쮸 같은 캐러멜을 좋아해서 충치가 생겼어요. 치과에서 치료를 하고 나서부터는 단것은 일절 안 주고 있어요. 마트에 가면 사탕이나 초콜릿을 사 달라고 떼를 쓰지만 무시하고 안 사 주었는데, 어느 날 민서가 캐러멜을 먹고 있는 거예요. 깜짝 놀라서 주머니를 뒤졌더니 캐러멜과 껌이 들어 있었어요. 좀 전에 마트에 갔을 때 슬쩍 주머니에 넣고 나온 것이었어요. 너무 기가 막히고 화가 났어요. 왜냐하면 며칠 전 친구네 집에서도 작고 귀여운 자동차를 몰래 가져왔거든요. 그날은 좋은 말로 타일렀지만 이런 일이 또 생기니까 습관이 될까 봐 앞날이 걱정돼요.

요즘은 민서가 나쁜 행동을 하지 않나 자꾸 신경이 쓰여요. 앞집 할머니를 만났을 때 인사도 대충 한다고 야단치게 되고, 존댓말은 잘하는지 과자 봉지는 휴지통에 잘 버리는지 살펴보게 되고요. 어제 오후에도 우유를 먹다가 식탁에 쏟았는데 의자까지 흘러내렸어요. 가죽 의자에 얼룩이 생길까 봐 화가 나서 민서를 야단치고 말았어요. 이런 일이 반복되니까 엄마인 나도 힘들고 민서도 자꾸 반항이 늘어나서 어떻게 해야 좋을지 모르겠어요.

남의 물건을 몰래 집어 오기도 하고, 친구의 장난감을 빼앗는 등 나쁜 행동을 하는 민서를 보며 민서 엄마는 얼마나 놀라셨을까요? '민서가 갑자기 아주 나쁜 아이가 된 것은 아닌가?' '어디서부터 무엇이 잘못되었나?' '이제 어떻게 해야 하나?' 등 별별 생각이 다 들면서 민서 앞날이 나쁘게 상상되어 걱정이 점점 커지셨을 것입니다.

그러나 민서는 정상적인 발달 과정을 밟아 가고 있으니까 걱정하지 않으셔도 됩니다. 부모 역할의 중요한 두 가지가 '사랑하기'와 '가르치기'라고 1부에서 말씀드렸습니다. 양육 단계에서 '사랑하기'를 잘하셨다면 이제 '가르치기'를 해야 할 때가 된 것입니다. 세 살까지 주로 엄마와 상호작용을 했다면,

이제는 점점 관계가 확장되고 사회적 관계를 맺어야 하기 때문에 갈등을 겪게 됩니다. 그러나 아직 자기중심적이고 소유의 개념이 명확하지 않기 때문에 친구의 장난감을 빼앗으려고 하고, 몰래 남의 것을 가져오기도 하고, 친구들과 싸우는 것입니다.

아이들 사이에 싸움이 나면 민서 어머니처럼 대부분의 부모는 내 아이를 먼저 혼내고 사과하라고 하거나, 친구가 놀러 오면 강제로 장난감을 양보하게 합니다. 그러나 이렇게 가르치면 도덕성 발달에 지장이 생길 수 있습니다. 아이의 마음속에 억울함과 자기 마음을 몰라주는 엄마에 대한 서운함이 가득하면 엄마가 가르치는 것을 받아들일 수 없기 때문입니다.

민서와 진성이가 장난감으로 다투면 우선 어떻게 싸우게 되었는지 두 아이의 이야기를 충분히 들어 주고 아이의 심정을 공감해 줍니다. 그리고 장난감의 주인에게 우선권이 있다는 것, 빌려 달라고 이야기하고 기다려야 한다는 것, 친구가 기다리면 친구의 마음을 배려해야 한다는 것 등을 설명해 줍니다. 친구가 놀러 왔을 때 손님이니까 무조건 장난감을 주라고 하는 것은 소유에 대하여 바르게 가르치는 것이 아닙니다. 친구에게 빌려 주는 것은 아이의 선택임을 인정해 주고, 아이가 좋은 선택을 하도록 격려하는 것이 좋습니다. 남의 아이와 내 아이가 똑같은 잘못을 했으면 똑같은 도덕적 잣대가 주어져야 옳고 그름을 가르칠 수 있습니다.

민서가 마트에서 물건을 몰래 가져왔을 때, 남의 물건을 돈 내지 않고 가져오면 절대 안 된다는 것을 가르쳐야 합니다. 아이와 함께 마트에 가서 사과하고, 돈을 낸 다음 가져오는 것을 보게 해야 합니다. 친구의 자동차를 가져왔을 때에도 같이 가서 돌려주고 사과하게 해야 합니다. 미국의 사회심리학자 고든 올포트는 4~5세가 되면 사람이나 사물에 대해 소유 개념이 발달

한다고 했습니다. 그러므로 반복적으로 설명하면 아이는 자기 소유와 다른
사람의 소유를 구별하게 되며, 이 세상에 해서는 안 되는 일이 있다는 것을
인식하게 됩니다. 그리고 교통신호를 지키는 것, 쓰레기는 휴지통에 버리는
것, 남에게 피해를 주는 행동을 하지 않는 것 등 공중질서를 지키는 것은
부모가 먼저 보여 주면서 가르쳐야 합니다. 그러나 민서가 우유를 쏟은 것
은 실수이며 의도성이 있는 것이 아니기에 도덕성과 관련하여 야단치지 말
고, 음식을 버리게 되면 아깝다는 것을 알려 주고 함께 치우면 됩니다.

로렌스 콜버그라는 학자는 도덕성이 나이에 따라 발달한다고 했습니다.
유아기의 아이들은 부모와 선생님처럼 자신보다 힘이 있는 사람으로부터
벌이나 책망을 피하기 위해 복종하는 수준입니다. 그러므로 단순한 규칙,
질서, 약속 등에 대해 설명하여 도덕성을 가르치고, 잘못했을 경우에는 벌
을 주거나 제재하여 단호하게 훈육하는 것이 필요합니다. 그러나 도덕성을
가르칠 때 부모들이 잊지 말아야 할 것이 있습니다. 그것은 어떤 경우에도
'사랑하기'와 '가르치기'를 함께 해야 한다는 것입니다. 사랑하기를 바탕으로
해서 아이의 심정을 알아주고 공감한 후에 단호한 태도를 취해야 합니다.
사랑하기를 버리고 공격적으로 가르치면 아이는 도덕성을 배우지 못할뿐더
러 적개심을 가지게 되기 때문입니다.

〈정보마당〉에 제시된 훈육 태도 체크리스트를 통해 부모 각자의 훈육 태
도를 비교하면서 이야기해 보고, 바람직한 훈육 태도인 단호한 훈육에 대해
알아봅시다.

훈육 태도 체크리스트

1. 당신의 친구가 집으로 찾아왔는데, 자녀가 불친절하게 대했다. 그들은 당신
의 자녀와 다정하게 인사하려고 했지만 아이가 쌀쌀맞게 대하고 나가 버릴
때 당신은 주로 어떻게 합니까?

① 내버려 둔다.

② 내가 아이에게 원하는 것이 무엇인지 곧바로 이야기한다.

③ 아이의 이기적이고 불친절한 태도를 비난한다.

2. 중요한 볼일이 있어 여러 곳을 둘러보고 있는 중이다. 아이가 점차 짜증을
내면서 집에 가자고 보챌 때 당신은 주로 어떻게 합니까?

① 아이에게 떼를 쓰지 말라고 야단을 친다.

② 아이에게 조금만 더 참아 달라고 호소한다.

③ 아이의 어려움을 이해하지만, 일을 마쳐야겠다고 말한다.

3. 취침 시간이 지났는데도 아이가 계속 TV를 보고 있다. 세 번이나 자러 가라
고 말했지만 TV 앞에서 꿈쩍도 하지 않을 때 당신은 주로 어떻게 합니까?

① 그냥 내버려 둔다.

② 말을 듣지 않는 것을 야단치면서 방에 들어가라고 명령한다.

③ 아이의 기분은 알지만 정해진 취침 시간은 반드시 지켜야 한다고 말
한다.

4. 아이와의 갈등을 피하기 위해 보통 때면 거절하는 아이의 요구를 순순히 들어주었다. 잠시 후에 아이가 허락할 수 없는 다른 요구를 한다면 당신은 주로 어떻게 합니까?

① 조용히 거절한다.

② 화를 내며 꾸짖는다.

③ "한 번만이야"라고 말하며 아이의 요구를 들어준다.

5. 당신은 아이가 폭력 만화영화를 보는 것을 반대한다. 그러나 아이는 폭력 만화영화가 자기에게는 괜찮다며 강하게 주장할 때 당신은 주로 어떻게 합니까?

① 아이의 의견을 무시한다.

② 어떻게 해야 할지 당황하게 된다.

③ 아이의 견해를 존중해 주지만, 나의 반대는 확고히 한다.

6. 아이가 우리 집의 규칙이 다른 집보다 엄격하다고 불평하지만, 당신은 이런 불평이 부적절하다고 생각한다. 당신 나름대로 규정을 가지고 있을 때 당신은 주로 어떻게 합니까?

① 우리 집의 규칙에 관해서 나의 견해를 간단하게 반복한다.

② 아이에게 어리석게 굴지 말라고 야단친다.

③ 기분이 나쁘지만 나의 규칙을 조금 수정한다.

7. 아이가 당신의 지갑에서 몰래 5,000원을 꺼내서 써 버린 것을 발견했을 때 당신은 주로 어떻게 합니까?

① 내가 어떻게 가르쳤기에 그런 짓을 했는가 한탄한다.

② 학교 가는 것 이외에는 일정 기간 동안 외출을 금지시킨다.

③ 화를 내고, 그 돈을 어떻게 갚아야 할지에 관해서 계획을 세운다.

8. 아이가 필요한 것을 말로 요구하지 않고, 계속 울면서 떼를 쓰고 있다. 당신
은 말로 요구하라고 여러 번 가르쳤는데 또 징징거리고 있을 때 당신은 주로
어떻게 합니까?

① 아이의 울음을 무시한다.

② 화가 나서 아이의 엉덩이를 때려 준다.

③ 내가 지쳐서 아이의 요구를 들어준다.

9. 이제 막 당신만의 시간을 가지려고 하는데 아이가 책을 들고 와서 읽어 달
라고 한다. 며칠 전에도 이런 요구를 한 적이 있다. 지금 자녀의 요구를 들어
줄 기분이 아닐 때 당신은 주로 어떻게 합니까?

① 어쨌든 읽어 준다.

② 현재는 거부하면서 다음에 언제 읽어 주겠다고 약속한다.

③ 왜 읽어 줄 수 없는지 몇 가지 이유를 댄다.

10. 아이에게 자기 방을 깨끗이 청소하라고 여러 번 말했는데, 아이는 나중에
하겠다며 자꾸 미루기만 할 때 당신은 주로 어떻게 합니까?

① 참지 못하고 아이를 야단친다.

② 내버려 두거나 청소를 해 준다.

③ 아이가 청소를 할 때까지 계속 요구한다.

P: 수동적 훈육, A: 단호한 훈육, H: 공격적 훈육

문항	P	A	H
1	1	2	3
2	2	3	1
3	1	3	2
4	3	1	2
5	2	3	1
6	3	1	2
7	1	3	2
8	3	1	2
9	1	2	3
10	2	3	1
계			
유형			

단호한 훈육

멜빈과 윌렌은 자녀 훈육 방법을 크게 세 가지로 분류했는데 수동적 훈육, 단호한 훈육, 공격적 훈육이 그것이다. 수동적 훈육 방법은 부모가 자녀의 주장대로 이끌려 가거나, 자녀의 투정이 귀찮아서 또는 자녀의 환심을 사기 위해 무리한 요구도 들어주는 식으로 훈육하는 것이다. 공격적 훈육 방법은 부모가 자녀의 요구를 무시하고 화를 내거나 위협을 사용해 자녀가 무조건 복종하도록 유도하는 방법이다. 단호한 훈육 방법은 부모가 확고한 자녀 훈육 방침을

정해 놓고 그것을 시행하면서, 강압적인 방법이 아닌 상호 이해를 토대로 자녀를 훈육하는 것이다. 단호한 훈육에 대하여 좀 더 구체적으로 알아보자.

① 훈육을 하기 전에 어떻게 훈육하고 어떤 규칙을 정할지 부부가 대화한다.

② 부모가 자녀에게 기대하고 요구하는 것이 합리적인지 미리 생각해 본다.

③ 우리 집의 규칙은 무엇이고, 왜 규칙을 지켜야 하는지 자녀에게 설명한다.

④ 훈육에는 일관성이 중요하다. 오늘 금지한 일이 내일 허용되어서는 안 된다.

⑤ 부정적인 말(하지 마라)보다는 긍정적 말(이렇게 해라)로 훈육한다.

⑥ 사회생활에 필요한 기술을 가르친다.

 인사하기, 주인의 양해를 구하기, 다른 사람을 존중하기 등등

⑦ 남을 도와주는 경험을 하게 해 준다. 다른 사람을 돕는 것은 아이들이 자신을 긍정적으로 느끼게 해 주는 중요한 활동이다.

⑧ 아이들은 자신이 스스로 깨달았을 때 그것들을 더욱 잘 기억하기 때문에, 아이 유형에 맞게 지도하여 스스로 할 수 있도록 도와준다.

⑨ 좌절을 극복하도록 도와준다. 뜻대로 안될 때 느끼는 감정이 나쁜 것이 아니라는 것, 그러나 소리 내어 울거나 물건을 부수는 행동은 좋은 방법이 아니라는 것을 알려 주고, 이러한 감정을 말로 표현할 수 있도록 도와준다.

⑩ 사랑하는 마음을 기본으로 하여 훈육한다. 어떤 경우에도 사랑을 잃지 않는다.

참고: ≪KACE-부모에게 약이 되는 이야기≫4호(〈자녀 훈육의 올바른 지혜〉)

05

옛날이야기와 동화책

친정아버님은 2009년 3월에 췌장암 말기로 진단받으신 지 4개월 만에 돌아가셨습니다. 죽음이란 것이 예고 없이 온다고는 하지만, 제 가족에게는 생기지 않을 것만 같은 일이었기에 우리 모두는 어찌해야 할 줄 모르며 덤덤한 척 그저 하루하루 예기된 죽음 앞에서 점점 달라지는 아버지의 건강과 심리 상태를 지켜볼 수밖에 없었습니다. 저희가 기러기가족으로 유학을 떠나 있을 당시 아버지가 보내신 팩스나 카드에서는 항상 우리를 위해 기도한다고 글을 마치셨지만, 저는 아버지의 신앙심이 그리 깊다고는 생각지 않았습니다. 그런 아버지께서 암 선고를 받으신 후 필사적으로 성경을 파고들기 시작하셨습니다. 아마도 왜 당신에게 이런 일이 일어났는지 하나님께 따지고 싶은 맘에 그러셨던 것 같습니다. 아버지는 유명한 목사님의 설교와 성경을 많이 공부하셨고, 결국 자신의 죽음 앞에서 순한 양처럼 하나님께 감사함으로 나아가셨습니다. 아버지가 남겨 주신 물질적인 유산도 있지만 정신적인 유산도 있습니다. 누군가 그중에서 하나만 가지라면 어느 것을 가지겠냐고 묻는다면 저는 금방 대답하기 어려울 것 같습니다. 저는 몇 해 전부터 주위의 몇몇 분들과 함께 좋은 부모가 되기 위해 제게 부족한 부분을 채우려고 부모교육을 받고 있습니다. 어느 날 강사 선생님께서 부모가 아이에게 직접 책을 읽어 주는 일의 중요성을 알려 주시면서 부모, 할머니, 할아버지가 책을 읽어 주고 녹음을 해 오라고 과제를 내주셨습니다. 마침 저는 제 아이가 노래하는 것을 CD로 제작하는 중이었는데 너무나도 좋은 아이디어가 떠올랐습니다. 암 투병으로 힘든 와중에도 사랑하는 손녀, 손자에게는 특별하셨던 할아버지셨기에 저는 아버지께 거짓말을 하기로 했습니다. 아이 학교 숙제로 할아버지, 할머니, 외할아버지, 외할머니, 아빠, 엄마, 삼촌, 숙모까지 친척들이 아이에게 스토리를 하나씩 읽어 주는 것이 있는데 좀 도와달라며 시부모님과 친정 부모님께 부탁을 드린 것입니다. 모두 제 아이의 학교 숙제라니 감사하게도 즐겁게 임해 주셨고, 모두 제 아이의 노래 CD를 제작하던 스튜디오로 모여 녹음을 하게 되었습니다. 제가 들고 간 몇 권의 책에서 각자 아이에게 읽어 주고픈 이야기를 고르시게 하고, 스튜디오 안으로 들어가 녹음실에서 스토리를 아이에게 읽어 준 다음, 아이에게 덕담 한마디씩을 넣는 자연스런 분위기가 연출되었습니다. 스튜디오 분들도 제 아버지의 상황을 알고 있었기에 모두 마음은 무거웠지만 자연스러운 상황이 연출되도록 도와주었습니다.

우리 가족은 감히 아버지께 죽음에 대해 한마디도 얘기할 수 없었습니다. 가족 누구도 아버지께 사랑한다는 말조차도 입 밖으로 꺼내면 안 될 것 같은 나날들이었습니다. 그런데 녹음을 하면서 아버지의 죽음에 대한 너무나 아쉬운 말들, 남겨진 우리를 위한 위로의 말들, 해서도 바라서도 안 될 것 같은 말들, 사랑한다는 얘기, 감사했다는 얘기를 하게 되었습니다. 너무나 기적 같은 일들이 이루어졌습니다. 아마 아버지도 알고 계셨을 겁니다. 그것이 아이에게 남긴 귀한 덕담이자 두고 가는 모든 가족에게 남기는 마지막 유산이란 것을……

참으로 감사하게 스튜디오 분들은 우리 가족 CD에 배경음악까지 깔아서 멋진 선물을 해 주셨고, 지금은 가족 모두가 각자 컴퓨터에 저장을 해 두었습니다. 제 스마트폰에서는 언제든지 아버지가 읽어 주시는 이야기를 들을 수 있습니다. 딸아이와 함께 가장 많이 재생하여 듣는 곳은 아버지가 사랑한다는 말씀을 하시는 곳입니다. 핸드폰에서 들려오는 아버님 목소리 "사랑한다."가 저에게는 최고의 유산입니다! 그래요, 저는 그렇게 생각합니다.

어떻게 하면 좋은 부모가 될 수 있을까? 서로 배우고 의논하기 위해 매주 금요일이면 모여서 공부하는 어머니들이 있습니다. 그중의 한 분이 '최고의 유산'이라는 제목으로 쓰신 내용입니다. 친정아버님이 돌아가셨을 때, 그 어머니의 핸드폰에서 아버님의 목소리가 들려왔을 때, 그리고 모두 앞에서 이 글을 읽어 주었을 때, 우리는 그때마다 같이 울었습니다. 가슴이 환한 행복으로 가득 차오르면서 서서히 퍼져 나가는 감동의 눈물이었지요.

자녀가 책을 잘 읽지 않을 때 부모가 어떻게 도와주어야 하는지 이야기할 때였습니다. 읽으라고 강요하기보다 부모가 책을 읽어 주고, 매일 읽어 주기 힘들면 녹음을 해서 들려주고, 녹음을 할 때 아이가 좋아하는 할머니와 할아버지의 목소리로 녹음된 이야기를 듣는 것도 효과적이라는 말을 하면서 실천하시도록 과제를 내드렸는데 이렇게 최고의 유산이 되었군요.

한글을 남보다 빨리 읽으면 부모님들이 자랑스러워하고, 첫 경쟁에서 앞서는 기쁨을 느낍니다. 그 반면에, 학교 갈 때가 다 돼 가는데 글을 못 깨치면 불안해서 여러 가지 공부를 시킵니다. 마음이 조급하다 보니 야단치고 자꾸 강요하게 됩니다. 공부의 첫 경험이 혼나는 경험과 연결되면 공부는 싫은 것이 되고 맙니다. 이 시기에는 오감으로 주변을 자유롭게 탐색하고 그림책을 보면서 여러 이야기를 듣는 것이 공부 튼튼의 기초가 됩니다.

우리에게는 할머니가 해 주는 옛날이야기의 전통이 있었는데, 어찌된 일인지 아름다운 그 문화가 점점 없어지고 있습니다. 자녀에게 해 준 옛날이야기의 제목을 적어 보게 하면 어머니들이 참으로 난감해 하십니다. 책은 많이 읽어 주어도 옛날이야기는 아는 것이 별로 없다는 것을 알게 됩니다. 이 시기의 아이들은 문어체(글말)로 되어 있는 동화책보다 구어체(입말)의 옛날이야기를 듣는 것이 훨씬 도움이 됩니다. 독서 능력의 4가지 영역에서 음성정보를 처리하는 능력이 먼저 발달하고, 그것을 토대로 문자정보 처리 능력이 발달해 가기 때문입니다. 말하기와 듣기가 선행되고 읽기와 쓰기는 나중에 발달하는데, 학교에 입학한 후에 선생님 설명을 들으면서 공부하려면 음성정보 처리가 잘되어야 집중할 수 있습니다.

권위 형성 단계에서는 옛날이야기를 해 주고 책을 읽어 주는 것만으로도 공부 튼튼의 기초가 됩니다. 세계적으로 교육 효과가 확인된 발도로프 학교는 슈타이너의 교육철학에 근거한 대안학교입니다. 슈타이너는 초등학교 이전에 강요되는 지식교육의 위험성을 강조합니다. 아이들이 앞니가 빠지기 전에 무리한 지식교육을 시키는 것은 신체를 튼튼하게 발육시켜야 할 생체 에너지를 빼내는 것과 같다고 했습니다. 슈타이너의 인간관에 귀를 기울여 초등학교 이전에는 우리의 아이들이 공부 때문에 스트레스를 받지 않도록 지혜로운 부모가 되시기 바랍니다.

슈타이너 교육의 인간관

슈타이너 학교에서는 아이들이 태어나서 어른이 될 때까지의 21년을 3개의 7년기로 나누어 각 단계마다 본질적인 교육 과제를 제시하고 있다.

첫 번째 7년기: 출생 ~ 7살(신체의 건강한 발육과 오감에 의한 환경 모방)

두 번째 7년기: 7살 ~ 14살(예술 체험에 의해 세계를 미적으로 느끼기)

세 번째 7년기: 14살 ~ 21살(사고 과정에 의해 세계와 인간에 대해 알아 가기)

인간은 신체, 생명체, 감정체, 자아라는 4개의 구성체를 가지고 있는데 수태하는 순간부터 각각의 구성체는 이미 존재하지만 정해진 시기가 되어 외부 세계에 태어나도 좋을 때까지 막 속에서 기다리고 있다. 그러므로 어린이의 생명체, 감정체, 자아의 생성과 발육에 대해 주의해야 하는 것이 교육의 기본인식이다.

갓난아기의 신체가 모체에서 태어나 외부 세계에 접촉되더라도 생명체는 아직 막 안에 보호되고 있으며, 두 번째 7년기가 시작되는 7살이 되어야 외부 세계와 접촉한다. 7살까지는 신체 발육, 그것이야말로 이 시기의 과제이다. 호흡의 리듬과 잠자고 일어나는 것을 아이의 몸으로 익히게 해야 하며, 눈에는 빛이 귀에는 소리가 건전한 본연의 모습으로 들어가도록 손으로 만지고 입으로 맛보고 코로 냄새를 맡는 모든 것이 교육의 요소가 된다. 태아를 미리 출산시켜서 눈에 태양빛을 쪼이거나 입안에 음식을 넣는 어리석은 짓을 하는 사람은 없다. 마찬가지로 이 시기의 아이에게 사고를 자극하거나 기억을 요구하는 것은 막으로 덮여 있는 생명체에 대한 간섭이 된다. 7세 이전에 기억력을 동원해서 무엇인가 학습에 대한 것을 주입시키려고 하는 것은 생명체의 부자연스러운 조산을 초래하는 것이다.

이 시기의 아이는 그때그때 몸을 통해 모방하면서 익혀 나가기 때문에 느긋한 마음으로 기다리는 것이 유일한 교육방법이다. 언어, 생활 습관, 도덕성도 어른의 행동을 모방하면서 배우기 때문에 부모가 먼저 모범을 보이는 것이 중요하다. 아이가 두 번째 7년기에 들어서는 것을 알리는 것은 '이갈이 현상' 이다. 지금까지 막에 싸여서 오로지 내부에서 생명현상을 주관해 온 생명체가 아이의 신체를 다 성장시키면 가장 단단한 치아를 완성시킨 것으로 보호막 내에서의 임무를 완수하고, 막을 벗어나 외부 세계로 나오는 것이다.

두 번째 7년기에서의 공부는 감정을 통해서 해야 한다. 여러 가지 희로애락의 감정을 미묘하고 세세하게 분화시켜서 체험해야 하기 때문에 예술교육이 중심이 되어야 한다. 논리적이고 추상개념이 필요한 공부에서도 예술 체험으로써 우선 감성으로 접촉해 나가야 한다.

사춘기와 함께 감정체가 내부에서 성숙이 완료되면 세 번째 7년기로 들어선다. 감정체가 밖으로 나오면 사고력이나 판단력이 활동한다. 이제는 아무리 고도의 학문을 전개시켜도 잘 소화해 낸다. 최후의 구성체인 자아가 21살이 되어 자립할 때까지 성숙하도록 도와주는 것이 이 시기의 교육이다.

출처: 『슈타이너 학교의 참교육 이야기』(고야스 미치코 / 밝은누리)

설명 단계

초등학교 시절에는 바깥에서 충분히 뛰어놀게 해야 합니다.
또, 더불어 살아가는 법, 대화의 기술, 돈의 가치와 사용법, 삶에서 중요한 가치들을
배우도록 도와야 합니다. 스스로 공부하는 습관을 들이고, 정보처리 능력을 키우고,
여러 체험을 통해 자기 적성과 재능을 발견하도록 이끄는 것도 중요합니다.

자녀가 초등학교에 들어가면 교육에 대한 부모의 관점에 따라 아이들의 생활이 엄청나게 달라집니다. 에릭슨에 의하면 초등학생들은 그동안 성취한 자율성과 주도성을 바탕으로 해서 삶을 살아가는 데 필요한 새롭고 복잡한 기술을 습득한다고 합니다. 부지런히 여러 가지를 배우면서 근면성을 성취할 수도 있지만, 높은 기대수준을 채우지 못하면 열등감을 가질 수도 있다고 했습니다.

자녀가 초등학교에 입학하면 부모님의 불안이 시작되어 여러 가지 사교육을 시키느라 교육비도 많이 들고, 아이들은 지쳐 가는 경우가 많습니다. 그 많은 노력을 들여서 열등감만 맛보고 체·인·지가 부실해진다면 너무나 안타까운 일입니다. 중학교에 비해 아직 시간적인 여유가 있을 때 밖에서 충분히 뛰어놀아 몸이 튼튼한 아이, 더불어 살아갈 줄 아는 아이, 자기의 선택에 책임을 지는 아이, 용돈을 잘 관리하는 아이, 삶의 중요한 가치를 배워 마음이 튼튼한 아이로 자라야 합니다. 예습과 복습 등 자기주도학습을 할 줄 알며 평생 공부 튼튼의 기초가 되는 문자정보 처리 능력이 발달되어야 합니다. 또한 여러 가지 체험 활동을 통해 자녀가 어떤 일에 적성과 흥미가 있는지 탐색하도록 해 주는 것도 중요합니다.

5부에서는 설명 단계에서 가장 중요한 발달과업인 자녀와의 의사소통 능력을 바탕으로 하여 체·인·지의 균형을 위해 노력한 부모들의 이야기가 소개됩니다.

01

바깥놀이

지금 대학교 1학년 아들은 어린 시절 실컷 놀면서 자랐다. 아이들은 밖에서 많이 놀아야 몸과 마음이 건강하고 행복할 수 있다고 생각했기에 아주 어릴 때부터 매일 바깥에서 놀게 했다. 아이가 유치원에 들어갔을 때 같은 아파트에 사는 아이 엄마들 중에서 마음이 맞는 몇 사람이 의기투합했다. 우리는 유치원이 끝나면 매일 놀이터에 모여서 아이들이 함께 놀 수 있도록 해 주었다. 아이들은 놀이터 모래에서 뒹굴고, 우리 엄마들은 보온병에 준비해 간 커피를 나누어 마시며 벤치에 앉아 이야기꽃을 피웠다. 아이들을 지켜보기 위해 시작했지만 나중에는 우리 엄마들이 더 즐거웠던 것 같다.

초등학교 입학 후에도 아이들이 자주 만나서 놀았지만 학년이 올라가면서 학원에 다니는 시간들이 달라져 시간 맞춰 놀기가 점점 힘들어졌다. 같

이 놀 친구가 없으면 우리 아들은 축구공 하나 가지고 학교 운동장에 거의
매일 나갔다. 축구공을 가지고 혼자 놀고 있으면 지나가던 선배, 후배, 동네
어른들이 하나둘씩 모여 유치원생부터 어른까지 함께 축구를 할 수 있다고
했다. 축구공 하나가 참으로 놀라운 힘을 가진 것 같았다. 형들한테 뺏긴
채 우두커니 구경만 할 때도 있었지만 어떻게 하면 함께 축구를 할 수 있는
지 스스로 깨달아 가는 것 같았다. 어릴 때는 매우 소심하고 낯선 환경에
적응하는 데 시간이 많이 걸리는 아이였는데, 여러 사람들과 어울려 놀아서
인지 사람 보는 눈도 생기고 많은 친구들과 원만하게 지내고 있다. 함께 축
구할 사람들이 모이기까지 혼자 공을 갖고 놀던 아들은 트래핑을 하며 시
간을 보냈는데, 중학교 올라가서 첫 번째 체육 수행평가가 '축구공으로 트래
핑하기'였다. 친구들을 기다리며 심심풀이로 했던 트래핑 덕에 아들은 '공이
발에서 떨어지지 않는 축구 천재'로 불리며 중학교에서 일약 스타가 되기도
하였다.

　추운 겨울에도 집에만 있기보다는 학교 운동장이나 놀이터에서 친구들
과 뛰어놀게 했다. 눈이 많이 내리고 몹시 추웠던 어느 겨울날, 친구들과 논
다고 밖에 나갔던 아들이 집에 뛰어 들어와서는 페트병에 물을 가득 받아
서 들락날락하더니, 잠시 후에는 커다란 비닐봉지, 종이 박스 등을 한 아름
들고 나갔다. 잠시 후 집 뒤편에서 아이들의 환호성이 들리기에 내다봤더니,
놀이터 옆 공터 비탈길에 물을 뿌려 빙판 내리막길을 만들어 놓고 비닐과
박스 위에 올라타 눈썰매 타듯 비탈길을 미끄러져 내려가는 놀이를 하고
있었다. 친구와 둘이서 시작했는데 지나가던 아이들이 계속 모여들어 아파
트 공터는 신나는 눈썰매장으로 변해 있었다. 그날 우리 아들은 종이 박스
외에도 쌀 포대, 플라스틱 눈썰매, 담요 등 온갖 도구들을 가지고 해가 질

때까지 신나게 눈썰매를 즐겼다. 아파트에서 살면서도 스스로 놀잇감을 만들어 내고 행복해하면서 신나게 놀던 아들의 모습을 떠올리면 지금도 저절로 미소를 짓게 된다.

아파트가 밀집되어 있는 곳, 그것도 서울의 강남에서 자란 아이가 매일 학교 운동장에서 어른 아이 할 것 없이 함께 축구공을 차고, 스스로 빙판 미끄럼 길을 만들어 쌩쌩~ 달렸다니 가슴이 뻥 뚫리는 것처럼 시원하고 흐뭇합니다. 대학생이 되었다는 이 아이는 인생길에서 여러 가지 어려움을 겪기는 하겠지만 삶을 잘 개척하면서 행복을 만들어 갈 것이라고 자신 있게 말씀드립니다. 왜냐하면 마음껏 놀면서 행복했던 아이는 놀이를 통해 행복해지는 방법을 배웠고, 초등학교 시절에는 학습이 행복한 감성과 연결될 때 최고의 효과를 거둘 수 있도록 인간의 발달 과정이 세팅되어 있기 때문입니다.

이 아이의 어머니는 아들에게 행복한 어린 시절이라는 최고의 선물을 해 주셨네요. 유치원 시절부터 친구들과 함께 늘 바깥 놀이터에서 마음껏 뛰어놀게 해 주셨으니까요. 요즘 같은 세상에 이런 어머니들이 계시다는 것이 희망으로 느껴집니다. 하루 종일 한 번도 못 놀고 학교와 학원을 순례하는 아이들, 기껏해야 집 안에 틀어박혀 TV, 컴퓨터, 게임기에 매달려 있는 아이들, 혼자서 책만 들여다보고 있는 아이들을 생각하면 불쌍하고 가슴이 답답합니다. 부모님 자신은 어린 시절 실컷 놀고, 내 자녀의 바깥놀이는 왜 빼앗고 있을까요? 일단 대학 입시를 겨냥한 경쟁과 불안에 함몰되기 시작하면 결코 아이를 놀릴 수 없게 됩니다. 그래서 점수라는 작은 효과를 얻을지는 모르지만 놀이를 통해 배울 수 있는 사회성, 창의성, 긍정적 자아상, 행복감은 얻을 수 없고, 가장 큰 손실은 몸이 튼튼하게 자랄 수 있는 기회를 놓치는 것입니다. 비싼 돈을 들여 성장제 주사를 맞히거나 보약을 먹이고 학원비 들여 가며 실내 수영장을 보내는 것보다는 찬란한 햇빛 속에서, 그리고 자연 속에서 여럿이 뛰어놀 때 훨씬 튼튼한 몸으로 자랄 수 있습니다.

돈 들이지 않아도 자녀가 건강하게 자라는 방법이 궁금하세요?

컴퓨터 게임에 빠지지 않을까 불안하시나요?

사춘기에 방황하고 반항하게 될까 봐 겁나세요?

자녀가 평생 좋은 사람들과 어울려 살아가기를 바라시나요?

그렇다면 초등학교 시절에 바깥에서 충분히 놀게 해 주십시오. 튼튼한 몸과 마음은 평생의 삶을 담는 그릇입니다. 그릇이 새거나 깨지면 천하일미의 음식도 담을 수 없습니다.

놀이가 어린이 발달에 미치는 영향

1. 놀이는 몸을 골고루 자라게 한다

어린 시절은 많은 활동을 하며 자라야 하는 시기이다. 밀고 당기고 치고 도망하고 심지어 다투면서 아이들의 몸은 각 부분이 골고루 발달한다. "난 어릴 때 병원이란 데가 있는지도 모르고 자랐다."고 이야기하는 어른들이 많다. 물론 형편이나 조건이 여의찮아 그랬겠지만 충분한 바깥놀이로 건강하게 단련되었기 때문일 것이다. 근육과 뼈 등 몸의 각 부분이 자기 자리를 잡아 가는 어린이 시기에 이를 강화하기 위해 활발히 움직이고 단련해야 하는데, 놀이는 이런 제반 여건을 가장 효율적이고 자연스럽게 해결해 준다.

2. 놀이는 사회성을 길러 준다

아이들은 함께 놀면서 상대방을 받아 주고, 양보하고, 차례를 지키고, 서로의 입장을 생각해 보고, 약속을 지키는 등의 사회생활을 경험한다. 또한 함께 성공적으로 놀기 위해서는 다른 사람들의 생각을 이해하고 자신의 생각을 전달하는 방법을 저절로 배우게 되는데, 이는 사회생활의 기초를 습득하는 것이다. 놀이 규칙은 놀이를 성립하게 하는 중요한 요소로서 이를 통해 사회의 도덕적 기준을 자연스레 배우게 된다. 아이들은 놀이를 통해 친구들과 협동도 하고 경쟁하며 싸워 보기도 하면서 사회적 인간으로 성장한다.

3. 놀이는 긍정적 자아상을 심어 주고 심리적 안정을 가져다준다

아이들의 욕구나 소망은 실제 현실과 차이가 있는데, 실제 생활에서 충족되지 못한 욕구와 소망이 놀이에서 충족되는 경우가 많다. 동생이 태어났을 때 느끼는 불만이 인형놀이를 하면서 해소되고, 심하게 야단을 맞고도 친구들과 놀다가 들어오면 언제 야단맞았냐는 듯 행동하는 것은 놀이를 통하여 심리적 안정을 찾았기 때문이다. 또한 놀이는 어린이가 스스로 놀이를 계획하여 진행하고 마무리짓는 전체 과정을 총괄함으로써 문제 해결 능력을 기르는 동시에 긍정적 자아상을 느끼는 기회가 된다.

4. 놀이는 창의성을 자극하고 키워 준다

아이들은 노는 동안에 스스로 많은 것을 터득한다. 비눗방울 놀이를 하다가 무지개를 발견하고, 그림자놀이를 하면서 빛의 성질을 이해한다. 이렇게 주위 사물을 나름대로 해석하는 과정에서 창의성이 자극된다. 또한 놀이는 정해진 틀 속에서 나름대로 변화의 묘를 발휘할 수 있기에 상황에 따라 더 재미있는 놀이를 개발하는 과정에서 창의성이 발전한다. 놀이는 학교나 가정에서 경험할 수 없는 일들을 경험하고 학습할 기회를 제공하기 때문에 호기심을 가지고 사물을 관찰하고 다양한 생각을 하게 하며 사고의 주인으로 자라날 수 있게 한다.

5. 놀이는 그 사회의 문화를 계승하고 발전시킨다

우리나라 개는 '멍멍' 하고 짖고 미국 개는 '바우바우' 하고 짖는다. 우리 아이들은 공기놀이와 실뜨기에 익숙하여 젓가락 사용을 잘하는데, 서양 아이들은 블록놀이나 도미노에 익숙하여 포크를 잘 사용한다. 세계 어느 나라에도 놀이가 있고, 그 놀이는 그 민족의 문화를 가장 함축적으로 대변한다. 따뜻한 기온과 사계절이 명확한 자연 조건 속에서 우리 민족은 다양한 놀이를 발달시켰고, 그 놀이 속에서 자연과 친숙해지는 사회문화를 발전시켜 왔다. 오늘날과 같이 국적 불명의 문화가 판을 치는 것도 어쩌면 우리 놀이의 단절로 인해 국적 불명의 아이들로 자라나기 때문이 아닐까?

출처: 『전래놀이 101가지』(이상호 지음 / 박향미 그림 / 사계절)

02

더불어 살아가는 세상

이야기 마당
하나

첫아이가 초등학교에 입학했다!

아이보다 더 떨려하며 간 첫 학부모 총회에서 녹색어머니회 가입은 큰 숙제였다. 아침 여덟 시부터 한 시간 동안 아이들 등굣길 교통지도는 정신없이 바쁘게 아침을 보내야 하는 엄마들에겐 쉬운 일이 아니다. 게다가 나에겐 유치원을 보내야 하는 둘째가 있어서 도무지 엄두가 나지 않았는데, 집으로 걸려온 선생님 전화에 차마 'NO'라고 얘기할 수 없었다. 아이를 학교에 보내기 전부터 숱하게 들어 왔던 말, '혹시 내 아이에게 불이익이 가지 않을까?' 하는 불안감 때문에 시작하게 되었다. 그렇게 일정 부분 내 아이를 위하려는 이기적인 생각에서 나의 녹색어머니회 봉사는 시작되었다.

남편은 아침 일찍 출근해야 했기에 둘째 아이를 맡길 데가 없었다. 아침 일찍 올 수 있는 도우미 아주머니를 구해 맡기기도 하고, 이웃에 부탁을 할 때도 있었고, 때로는 TV를 켜 놓고 여섯 살 아이를 남겨 둔 채 녹색어머니 교통봉사를 나가기도 했다. 그러면서 내 아이 건사도 제대로 못 하면서 무슨 봉사 활동인가 싶어 고민도 많이 했었다. 이런 내 마음도 모르고 큰아이는 녹색어머니회 발대식에서 제복을 입고, 거수경례를 하며, 호루라기를 부는 엄마에게 꽃을 달아 주며 자랑스러워했다.

그렇게 파란만장한 1년의 녹색어머니회 봉사가 끝나고 2학년이 되어 다시 선택해야 하는 시기가 왔다. 그때 나는 나 자신과 학부모로서의 나를 돌아보게 되었다. 적어도 나는 내 아이를 자기만 생각하는 아이로 키우고 싶지 않았다. 주위를 바라볼 줄 알고, 남을 배려하며, 사랑할 줄 아는 아이로 키우고 싶었다. 그렇다면 가장 좋은 교육은 엄마의 실천이다. 내 아이만을 위해서가 아니라, 모든 아이들의 안전한 아침 등교를 위해 비가 와도, 눈이 와도, 아무리 더운 여름에도, 귀가 아리도록 추운 겨울에도, 한자리에 서서 교통정리를 하는 엄마의 모습을 보여 주기로 결심했다. 그 결심은 쭉 이어져 어느덧 6년의 시간이 흘렀다.

처음 시작했을 땐 하나부터 열까지 엄마 손이 필요한 아이들과 전쟁 같던 아침을 보냈는데, 지금은 알아서 등교 준비를 끝내고 봉사 나가는 나에게 "엄마, 호루라기!" 하며 챙겨 준다. 지금도 나는 아이를 통해서 많은 것을 배우고 있다.

봉사라는 건 나를 위해서도, 아이를 위해서도 아닌, 우리 모두를 위해서라는 걸……

지금 내가 이 자리에서 하고 있는 작은 일도 큰 봉사 활동을 위한 밑거름이라는 것을……

　　6년간의 녹색어머니 활동을 끝내려 했으나 둘째 아이의 2년 남은 초등학교 시간까지도 마저 채워야 할 것 같다.

　　지난달 24일 오전 11시쯤 경기도 성남의 지적장애 어린이·청소년 보호시설인 우리공동체에 예비 중학생 14명과 아줌마 12명이 찾아왔다. 성남 불정초등학교 출신 아이들과 어머니들로 구성된 봉사단체 '아름다움을 찾는 사람들'(아찾사)이다. 아찾사는 한 달에 한 번씩 우리공동체에 와서 먹을거리를 함께 나누며 아이들과 놀아 줬다. 이날 이들이 식빵과 샐러드를 보여 주며 "오늘은 샌드위치 파티!"라고 하자 장애 아이들 18명이 "와~" 소리를 질렀다. 10평 정도 마루에 40여 명이 옹기종기 앉아 샌드위치를 만들었다. 아찾사 변상우(13)군이 지체장애를 앓고 있는 권모(12) 군이 만든 샌드위치를 받아먹고, 자신이 만든 걸 나눴다. 변 군이 "맛있어?"라고 묻자 권 군이 말 없이 활짝 웃으며 변 군 손을 꼭 잡았다. 우리공동체를 운영하는 최영희(45) 씨는 "자기 아이가 장애 아이들과 어울리지 않았으면 하는 게 보통 부모들 심리인데, 아찾사 어머니들은 음식도 해 오고 아이들도 거리낌 없이 함께 노니까 장애 아이들이 정말 좋아한다."고 했다.

　　아찾사는 2004년 불정초등학교 1학년 4반에서 시작됐다. 박진우(13) 군의 어머니 김소미(48) 씨가 씨앗을 뿌렸다. 김 씨는 "같은 반 어머니들이 학원·과외 정보를 나누자고 자주 연락해 왔다."며 "모여서 수다나 떠는 것보다 함께 좋은 일을 하는 게 어떠냐고 제안했다."고 했다. 김 씨는 4반 학부모 30여 명에게 편지를 보냈다. "모든 부모는 아름다운 세상에서 아이들을 키우고 싶겠지만 아름다운 세상은 이미 만들어진 게 아니며 우리가 함께 만들어 가는 게 좋겠다."는 내용이었다. 어머니 19명에게서 "한번 만나 보고 싶다."는 연락이 왔다. 김 씨 집에서 만난 어머니 20명은 첫 모임에서 "아이들과 함께 시설이나 복지관을 찾아다니며 어려운 이웃을 살피자."고 했다. 조건이 붙었다. 성금이나 활동비는 아이들이 참여하는 공연을 통해 마련하자는 것이었다. 부모 주머니에서 나오는 돈 대신 아이들이 직접 땀 흘려 모은 돈으로 봉사를 해야 더 보람이 있다는 이유에서였다.

2004년 첫 여름방학 내내 어머니와 아이들이 뭉쳐 공연 연습을 했다. 어머니들이 영어·율동 같은 특기를 살려 아이들을 직접 가르쳤다. 그해 7월 성남시 정자3동 주민센터에서 같은 반 아이들과 학부모, 주민 200여 명 앞에서 첫 공연을 열었고 80여만 원이 모였다. 어머니와 아이들은 복지시설 세 곳에 성금을 전달하고 봉사를 했다.

다음 해 4월 20일 '장애인의 날'에는 서울시 강동구 주몽재활원에 찾아가 장애인에게 삼겹살을 구워 먹여 줬다. 추우찬(13) 군 어머니 문영인(42) 씨는 "아이들이 장애인 입에 들어갔던 숟가락으로 밥을 먹고 장애인 침 흘리는 걸 닦아 주는 모습을 보고 충격을 받았다."고 했다. 문 씨는 "봉사를 하러 간 엄마들도 께름칙해서 못 하는데 아이들의 거리낌 없는 행동을 보고 스스로 반성하게 됐다."고 했다.

봉사가 끝난 뒤 어머니들은 이 활동을 계속하자고 다짐했다. 아이들 반이 갈라져도 모임은 계속됐다. 공연과 함께 바자회도 열었다. 이렇게 모은 돈으로 외국인 근로자 무료 진료센터, 장애아동 시설, 저소득층 공부방 등 매년 3~4곳을 찾았다. 작년 9월부터는 매주 두 집씩 조를 짜서 성남시 다문화가족지원센터에서 3~5세 아이들에게 책을 읽어 주는 봉사도 한다.

처음 봉사를 할 때 주위 사람들의 시선이 곱지 않았다. "자기 자식에게 세상 경험시켜 보려고 유별나게 행동한다." "분당 엄마들 치맛바람 무섭다." "선생님 모시고 해외여행도 간다더라." 등 헛소문까지 돌았다. 하지만 봉사가 6년을 넘어서자 비난은 칭찬으로 바뀌었다. 학부모들이 "저희가 도울 일 없겠냐?"고 나서거나 다른 봉사단체를 찾아가는 일도 생겼다.

봉사를 통해 아이들이 부쩍 자랐다. 조수경(13) 양은 "나눔은 돈으로만 하는 걸로 생각했는데 그게 아니라 받는 사람만 아니라 주는 사람도 같이 기분 좋은 일이라는 걸 느꼈다."고 했다. 박진우 군은 "처음 장애인을 만났을 때는 무섭고 두려웠는데 지금은 친구나 형, 동생 같다."며 "학원은 빠져도 봉사는 안 빠진다."고 했다. 현재 아찾사 회원은 어머니 16명과 아이들 26명이다. 어머니들은 "봉사를 하면 정말 행복하고 아름다운 세상이 열린다."며 "아이들이 중학생, 고등학생이 돼도 함께 봉사 활동을 계속하겠다."고 했다.

비가 오나 눈이 오나 6년을 한결같이 아이들의 등굣길을 안전하게 지킨 어머니는 커다란 눈망울 속에 사랑과 더 나은 삶을 위한 노력이 가득 담긴 분입니다. 부모교육을 받고는 배운 대로 잘 안 된다며 안타까워하시지만, 이미 삶으로 두 딸에게 더불어 사는 모습을 보여 주신 어머니이십니다.

그리고 '아름다움을 찾는 사람들', 모임의 이름도 참 아름답지요? '아찾사' 모임을 이끌고 있는 어머니는 경쟁에서 이기기 위해 친구를 적으로 대하는 요즘 세상에서 사랑으로 이웃을 대하는 법을 보여 주신 분이십니다. 자녀 대신 봉사하고 봉사 점수를 모아다 주는 어머니들도 있다고 하는데, 그런 세상을 거슬러 여럿이 손잡고 아름다운 세상을 만들어 가고 계십니다. 봉사를 위한 기금도 아이들 스스로 모으고, 그 돈으로 직접 음식을 만들어 장애인과 나누며 자란 아이들은 세상을 좋은 기운으로 채울 것입니다. '아찾샤'의 대표 어머니께서는 이 모든 일의 시작을 다른 어머니들을 사랑하고 마음이 하나 되는 것에 두었다고 합니다. 겉으로 아무리 큰 성과가 드러난다 하더라도 그 과정 속에 사랑과 하나 되려는 마음이 없으면 아무 소용이 없다고 했습니다.

사람은 아무리 잘나도 혼자서 이 세상을 살아갈 수는 없습니다. 의식주뿐 아니라 모든 것이 누군가의 도움이 있어야 가능합니다. 내가 지금 편안하게 살고 있다는 것은 바로 도움을 많이 받았다는 증거입니다. 그러므로 앞에 소개한 두 분의 어머니처럼 부모가 먼저 더불어 살아가는 모습을 보여 주고, 자녀에게도 가르쳐야 합니다. 유아들은 자기에게 이익이 될 때에만 남을 돕지만, 초등학교 시기에는 타인의 욕구를 인식하거나 공감할 수 있고 칭찬과 인정을 받을 때 친사회적 행동이 증가한다고 합니다. 그리고 주변에서 이타적 모델을 보고, 직접 체험할 때 이타적 행위의 기쁨과 가치를 알게 된다고 합니다. 두 분 어머니처럼 부모가 먼저 이웃을 사랑하는 모습을 보여 줄 때 우리 아이들이 보고 배우겠지요? 더불어 살아가는 마음, 이것은 '마음 튼튼'의 아주 중요한 부분입니다.

이타성의 발달

　이타성이란 타인의 행복에 대한 관심을 갖고 배려하는 내재적인 심리적 특성이다. 이타성은 아동기뿐 아니라 성인이 된 후의 사회적 관계에서 개인이 집단의 성원으로부터 얼마나 수용되고 존경받는가를 결정하는 중요한 특성이다. 이타적 특성은 개인적 행복뿐 아니라 집단이나 사회 전체의 안정과 행복의 정도를 결정하는 중요한 요인이 된다. 이타성이 행동으로 나타날 때 친사회적 행동이라고 하며, 이는 타인과의 관계에 있어서 사회적으로 바람직한 행동으로서 나누기, 돕기, 위로하기, 보살피기, 협조하기 등은 대표적인 친사회적 행동이다.

　2세 이전의 아기들도 다른 아기들이 아파하면 함께 울고, 위로하며, 나누어 갖는 등 여러 형태의 친사회적 행동 특성을 보여 준다. 이처럼 일찍부터 친사회적 행동이 나타나는 것은 친사회적 행동이 인간 본성의 일부임을 보여 주는 것이다. 아동의 연령이 증가함에 따라 친사회적 행동도 증가하는 경향이 있다. 이타적 행동은 4~6세경부터 증가하여 9~10세경에 가장 높은 수준을 보인다. 친사회적 행동이 연령과 함께 증가하는 것은 아동이 성장함에 따라 협조의 가치와 필요성, 방법을 이해하는 인지적 능력이 발달하기 때문인 것으로 보인다.

　친사회적 행동은 도덕적으로 옳다고 여기는 추론 능력, 타인의 위치와 관점에서 현상을 이해하는 조망수용 능력, 공감 능력, 자기자신을 이타적이라고 느끼는 자기도식과 정적 관련이 있다. 이타적 행동이 나타날 때마다 칭찬과 격려로 강화해 주면 이타성이 크게 증가한다. 또한 아동의 친사회적 행동은 모델의 행동을 모방함으로써 촉진된다. TV나 책 속의 주인공의 이타적 행동보다는

부모와 교사, 또래가 실제로 일상생활에서 보여 주는 이타적 행동만이 모방학

습 효과가 있다는 연구 결과는 이타성 발달에 있어서 주변에 있는 실제 모델

의 중요성을 보여 주는 것이다.

출처: 『발달심리학』(송명자 / 학지사)

03
선택과 책임

우리 집은 아침마다 전쟁입니다. 남편을 흔들어 깨워서 회사에 출근시키고 나면 초등학교 5학년 아들 혁이를 깨울 차례입니다. 이불을 치우고, 창문을 열고, 일어나라고 코를 잡아당깁니다. 그래도 혁이는 엎드려서 또 잡니다. 부엌과 아들 방을 몇 번씩 오락가락하다가 결국 한바탕 난리를 쳐야 일어납니다. 그러고도 침대에 앉아 5년, 화장실 가서 10년, 밥 먹는 데 20년, 꾸물꾸물 학교 가는 데 모두 합해서 50년은 걸립니다. 그동안 지각할까 봐 내 속은 타들어 갑니다. 매일 아침 혁이를 학교 보내고 나면 진이 빠져 집안일을 할 기운도 없습니다. 아들이 너무 늦어지면 지각하지 않게 차로 태워다 주기도 합니다. 아무래도 혁이는 그걸 믿고 더 게으름을 피우는 것 같습니다. 무언가 잘못되어 가고 있는 것 같은데, 어떻게 해야 편안한 아침이 될 수 있을까요?

　　저는 초등학교 5학년, 4학년, 연년생 딸을 키우고 있는 엄마인데 딸들이 옷을 벗어서 아무 데나 던져 놓아서 걱정이에요. 사춘기가 시작되려는지 옷차림에 관심이 많아요. 어떤 때는 패션쇼를 하는 것처럼 하루에도 몇 번씩 옷을 갈아입기도 해요. 언니가 그러니까 동생도 따라서 이옷 저옷을 입었다 벗었다 하고요. 빨아야 할 옷은 제발 좀 빨래통에 갖다 놓으라고 그렇게 말해도 소용이 없어요. 방에 들어가 보면 옷들이 마구 섞여 있어서 어떤 옷이 빨랫감인지 알 수가 없어요. 대충 걷어다 세탁기를 돌리면 자기가 입을 옷인데 왜 빨았냐고 오히려 나한테 화를 내요. 기가 막혀서……. 큰딸 영아는 체육복도 미리 꺼내 놓지 않았다가 한밤중에 빨아 달라고 조를 때가 많아요. 다시는 안 빨아 준다고 하고선 빨아 주게 돼요. 어떤 때는 영아가 나를 하인으로 생각하는 것 같은 기분이 들 때도 있어요. 며칠 전 리코더 시험 보는 날도 리코더를 깜빡했다고 갖다 달라고 전화해서 갖다 주었는데 왜 이렇게 늦게 왔냐고 화를 내더라고요. 적반하장도 유분수지…… 내가 딸들을 가르치는 건지, 딸들하고 싸우는 건지 잘 모르겠어요. 나부터 무언가 바꿔야 할 것 같은데 어떻게 해야 하나요?

　　혁이가 학교에 가는 데 50년이 걸린다는 말에 그 자리에 있던 어머니들이 모두 웃었답니다. 엄마 마음속 시계는 광속으로 가고 있는데 아이들 시계는 거북이처럼 기어가니 얼마나 조바심이 컸으면 50년이라고 했을까요? 물론 그 말이 재미있기도 했지만, 다른 어머니들도 아침에 아이들 깨우는 문제가 남의 일 같지가 않았기 때문이지요.

영아 어머니는 딸들이 옷을 내놓지 않아도 가져다 빨아 주시고, 학교 준비물을 가져가지 않았을 때도 얼른 가져다 주셨네요. 그러니 때로는 하인 같은 느낌이 들기도 하셨겠어요. 딸들과 매일 싸운다는 말에 같이 부모교육을 받던 어머니들이 공감하며 웃었습니다. 그래도 엄마부터 변해야 함을 느끼고 계셔서 다행입니다.

두 분 어머니의 공통적인 문제는 자녀에게 선택과 책임을 가르치지 못하고 계신 점입니다. 초등학교 5학년이 되었는데도 아침에 스스로 일어나지 못한다면 걱정입니다. 자녀가 늦게 일어난 것은 어떤 이유로든 자신의 선택이고, 그런 선택을 했다면 지각을 해서 야단을 맞거나 불이익을 당하는 자연적인 결과를 경험해야 합니다. 그런데 어머니가 계속 깨워 주고 지각하지 않도록 차로 태워다 주면 지각은 엄마의 책임이 되고 맙니다. 그래서 아이들은 자기가 늦게 일어나고도 엄마 때문이라며 오히려 엄마를 원망하는 것입니다. 딸들이 빨랫감을 내어 놓지 않으면 더러운 체육복을 그냥 입어야 합니다. 리코더를 놓고 갔으면 엄마에게 정중하게 부탁해야 하고, 가져다주면 고마워해야 마땅합니다. 자기가 준비물을 챙겨 가지 않은 것은 아이들의 선택이고, 그로 인해서 생기는 여러 가지 문제는 자기가 알아서 책임질 수 있게 해야 합니다. 친구에게 빌리든지, 시험을 못 보든지 선택의 자연적인 결과를 경험해야 다음에는 좋은 선택을 하려고 노력할 것입니다. 매일 아침 깨워 주고, 한밤중에 체육복을 빨아 주고, 전화만 하면 얼른 준비물을 가져다주는 것은 자연적 결과를 통해 배울 수 있는 기회를 빼앗는 것입니다. 그리고 그런 자녀를 비난하고 화를 내면서 잔소리를 하면 아이들은 자신을 방어하기에 급급해서 부모의 가르침을 받아들이기 어렵습니다. 짜증을 내면서 자녀와 싸우는 말로는 가르칠 수 없습니다. 선택의 결과를 미리 예상해 보도록 설명하고, 자신의 선택에 따라 결과가 달라지는 것을 경험하는 과정에서 부모가 공감해 주면 자녀는 선택과 책임을 배울 수 있습니다.

자연적, 논리적 결과

드라이커스(Dreikurs)는 상벌의 양육방법 대신 보다 효과적인 방법으로 자연적·논리적 결과의 방법을 권장하고 있다. 이는 부모 대신 아동 자신이 행동을 결정하고 이에 대한 책임을 지며, 부모의 요구에 강요당하지 않고 자연적·사회적 질서로부터 스스로 배운다는 이점을 가지고 있다. 자연적 결과는 아동이 자연적인 법칙을 무시하고 행동을 하게 되면 시간의 경과를 통해 부정적인 결과를 경험하게 되며, 이를 통해 스스로 배워 나가는 것을 의미한다. 이러한 방법은 시간의 흐름에 따라 자기 스스로 깨닫고 느끼는 방법이기 때문에 부모-자녀 간의 힘겨루기를 미연에 방지할 수 있다. 그러나 대부분의 부모는 자녀가 자연적 결과를 경험하도록 내버려 두지 않고, 자녀가 경험해야 할 자연적 결과를 사전에 방지해 줌으로써 자녀로 하여금 스스로의 행동을 책임질 기회를 박탈하고 의존심을 갖게 한다.

자녀에게 자연적 결과를 적용하는 것이 불가능하거나 이를 적용하기가 위험한 경우에는 논리적 결과를 사용한다. 논리적 결과는 행동과 관련된 결과를 부모와 자녀가 합의하여 결정하는 것이다. 그러나 많은 부모들은 자녀가 이러한 사회적 질서를 위반함으로써 겪게 되는 결과를 체험하기 전에 반드시 지켜야 하는 규칙으로 사전에 강요하는 경우가 많다. 그 결과 자녀는 부모가 제시하는 규칙을 힘의 논리로, 상하의 논리로 받아들여 부모-자녀 간에 갈등을 초래하게 된다. 그러므로 부모는 사회적 규칙을 지키지 않음으로 인해 초래되는 논리적 결과를 체험하도록 도와주어야 한다는 것이다. 논리적 결과는 상벌의 방법과 여러 가지 점에서 차이가 있다.

벌과 논리적 결과의 차이점

벌	논리적 결과
권위의 강조	사회적 질서의 강조
잘못된 행동과 논리적으로 무관	잘못된 행동과 논리적으로 관련
도덕적 판단 내포	도덕적 판단 배제
과거 행동에 관심	현재나 미래 행동에 관심
분노의 표현	분노의 최소화
외재적 동기에 의존	내재적 동기에 의존
종종 굴복감이나 모욕감을 수반	굴복이나 모욕감이 없음
대안이나 선택의 여지가 없음	일정한 한계 내에서 선택의 여지가 있음
종종 충동적	사려 깊고 신중함
자신을 하찮게 느낌	자신을 소중하게 느낌
복종 요구	선택권 부여

출처: 『부모교육』(정옥분, 정순화 / 학지사)

말하기와 대화하기

어느 날 지영이가 학교에서 돌아오자마자 화가 나서 이야기한다.

지영: 엄마, 내 짝꿍이 때려.

엄마: 언제 때리는데?

지영: 그냥 아무 때나 때려. 공부 시간에도 때리고, 지난번 시험 때는 기침 한다고 머리도 때리잖아.

엄마: 아니, 매일 때리는 데 그냥 맞고 있었단 말이야? 선생님한테 이야기 하면 되잖아.

지영: 엄마 난 3학년이 너무 싫어. 애들도 이상하고 선생님도 이상해.

엄마: 네가 너무 예민해서 그래. 까칠하게 굴지 말고 그냥 넘어가.

지영: 치, 엄마는 왜 화를 내고 그래?

엄마: 내가 언제 화냈니? 그렇게 자꾸 삐치니까 친구들이 너 싫어하는 거야.

지영: 몰라. 엄마하고 말 안 할거야. 간식도 안 먹을 거야.

엄마: 또 성질낸다. 아휴~ 도대체 누구를 닮아서 그렇게 속이 좁냐?

지영: (방으로 들어가서 쾅! 문을 닫는다.)

엄마: 버릇없이 엄마 앞에서 쾅쾅거려도 되는 거야? 너 문 잠그기만 해 봐. 혼날 줄 알아.

급한 볼일을 처리하고 돌아오니 집 안이 엉망이다. 컵라면을 먹었는지 식탁 위에 국물이 떨어져 있고 김치 그릇도 뚜껑이 열려 있다. 소파에는 과자 부스러기가 쏟아져 있고 TV가 뜨뜻한 걸 보니 숙제도 안 하고 TV만 본 것 같다. 저녁 식사 시간이 다 되어 마음이 급하다.

엄마: 너, 정신이 있는 거야? 라면 먹지 말랬는데 왜 또 먹었어? 그리고 반찬통은 뚜껑도 안 덮고 그냥 놔두면 어떡해? 너, 숙제 하나도 안 했지?

성호: 숙제, 했는데요…….

엄마: TV 보느라고 순 엉터리로 했지? 너, 이따 검사해서 혼날 줄 알아. 소파에서 과자 먹지 말라고 했는데 왜 말을 안 들어. 과자 사 주나 봐라. 빨리 안 치워?

성호: ······.

엄마: 굼벵이처럼 느려 터져서 언제 다 치우냐? 아빠 오시기 전에 빨리 치
      워.

성호: ······.

　　　　　부엌에서 저녁을 준비하고 있는데 방 안에서 형과 동
생이 싸우는 소리가 들린다. 형제끼리 툭하면 싸워서 잘
잘못을 가려 주는 것이 힘들다. 방에 들어가 보니 TV 채
널 때문에 싸우고 있는데 형은 7번을, 동생은 6번을 보겠다고 우기면서 욕
과 폭력이 나오기 일보 직전이다.

엄마: 또 싸운다. 엄마가 싸우지 말라고 했지?

진수: 쪼그만 게 자꾸 우기니까 그러잖아요.

연수: 형이 뭐든지 자기 맘대로 하잖아요. 못됐어.

엄마: 형한테 못됐어가 뭐야. 그리고 형이 동생 하나 못 달래냐? 좀 양보
      하면 되잖아.

진수: 엄마는 왜 만날 연수 편만 들어요? 그러니까 저게 엄마 믿고 까불
      잖아.

엄마: 엄마가 언제 연수 편만 들었어? 네가 형답게 해 봐라. 형이 모범을
      보여야지.

연수: 어제도 형이 자기 보고 싶은 것만 봤어요.

엄마: 넌 가만있어. 가위바위보 해. 이긴 사람 마음대로 보는 거야.

진수: 싫어요. 왜 엄마 맘대로만 해요?

엄마: 싫으면 관둬. 너희들, 오늘 TV 보지 마. 방에 들어가서 공부해.

학교에서 돌아오자마자 늘어놓는 불평을 매일 들어야 하는 지영이 어머니, 저녁 준비가 급한데 잔뜩 어질러 놓았으니 화가 날 수밖에 없는 성호 어머니, 거의 매일 싸우는 아이들 틈에서 괴로운 진수 어머니, 엄마 노릇 하기 힘드시죠? 화가 나서 하고 싶은 말을 쏟아 놓고 나면 상황은 일단락되지만 뒷맛이 안 좋고 답답하실 겁니다. 부모가 자녀를 가르치는 것이 아니라 자식과 싸우는 상황이 전개되면 무언가 잘못되고 있다는 생각이 드실 겁니다. 초등학교 시기인 설명 단계에서는 '사랑하기'와 '가르치기'가 대화를 통해서 이루어집니다. 대화가 잘되면 자녀는 사랑받는다고 느끼게 되고, 그러면 부모의 설명을 잘 듣게 되어 가르칠 수 있습니다. 그런 반면에, 대화가 안 되면 사랑도 가르침도 전달할 수 없습니다. 이 시기에 대화의 중요성은 백번 강조해도 지나치지 않습니다.

지영이는 왜 매일 불평을 할까요? 지영이는 무언가 마음에 괴로운 것이 있어서 엄마에게 하소연하고 싶은 것입니다. 그런데 어머니가 하신 말을 보면 대부분 지영이를 비난하면서 해결책을 일방적으로 제시하는 말들입니다. 어머니가 그런 말을 하시면 지영이는 가슴이 답답해져서 사랑을 느낄 수 없습니다. 자녀가 엄마에게 하소연할 때, 바로 그때가 사랑할 때입니다. 가르치려고 하지 말고 자녀의 감정에 공감하면서 충분히 들어 주면 됩니다.

성호처럼 잘못된 행동을 했을 때는 가르쳐야 할 때입니다. 엄마의 화를 풀어낼 때가 아니라 잘못된 행동의 결과를 알려 주고 바른 행동이 무엇인지 알려 줄 때입니다. 그런데 성호 어머니가 하신 말을 보면 "너, 너" 하면서 성호를 비난하고 협박하는 공격적인 말투입니다. 잠시 감정 조절을 하지 못해서 가르치기와 사랑하기 둘 다 놓치면 너무 안타까운 일입니다. 아이들은 자기가 뭔가 잘못한 것 같기는 한데 자신의 행동이 구체적으로 어떤 결과를 가져오는지 모르기 때문에 알려 주어야 합니다. '너'를 공격하지 말고 '나'를 주어로 해서 엄마의 생각이나 감정, 엄마에게 미치는 영향, 지금의 상황에 대해 이야기해 주면 됩니다.

진수와 연수, 그리고 엄마가 원하는 바가 서로 다르면 갈등이 일어날 수밖에 없습니다. 진수 어머니는 엄마가 해결책을 제시해서 자녀가 무조건 따르게 하셨습니다. 때로는 자녀가 고집을 피워 엄마가 자녀가 원하는 대로 따라가기도 합니다. 부모의 뜻대로만 하거나 자녀의 뜻대로만 하면, 지는 쪽은 불만을 갖게 되어 관계가 점점 나빠집니다. 부모 자녀의 관계가 나빠지면 마치 살얼음판을 걷는 것처럼 작은 문제로도 충돌하여 집안이 싸움판이 될 수 있습니다. 부모와 자녀 양쪽에서 해결책을 내어 서로 의논하고 만족할 수 있는 해결책을 함께 찾으면 됩니다.

말과 대화는 다릅니다. 일방적으로 쏟아 놓은 말은 잔소리가 되고, 자녀의 이야기를 충분히 듣고 나서 엄마도 하고 싶은 이야기를 하면 대화가 됩니다. 화가 나서 고성이 오가는 것은 싸움이고, 감정을 조절하면서 이야기하면 대화입니다. 대화를 잘하기 위한 기술이 있고, 대화법을 배우면 자녀와 대화를 잘 할 수 있습니다. 〈정보마당〉에서는 부모·자녀의 대화법을 공부하고 나서 지영이 어머니, 성호 어머니, 진수 어머니가 어떻게 변화되었는지, 대화의 내용이 소개됩니다.

자녀의 이야기를 들을 때

지영: 엄마, 내 짝꿍이 때려.

엄마: 그래? 이리 와 봐. (꼭 안아 주고 나서) 언제 때리는데?

지영: 그냥 아무 때나 때려. 공부 시간에도 때리고, 지난번 시험 때는 기침한다고 머리도 때리잖아.

엄마: 세상에, 우리 지영이, 정말 속상했겠네.

지영: 엄마, 난 3학년이 너무 싫어. 애들도 이상하고 선생님도 이상해.

엄마: 그래?

지영: 남자애들이 때려서 여자애들이 울면 여자애들만 야단쳐. 남자애들이 잘못했는데도…….

엄마: 저런…….

지영: 엄마, 엄마도 죽고 싶은 적 있어?

엄마: (깜짝 놀라서) 응?

지영: 엄마, 스트레스를 너무 받아서 힘들어 죽겠어. 그리고 영은이는 정말 나쁘다. 자기가 잘못해 놓고 괜히 나한테 짜증 내. 우리 반 애들, 다 영은이 싫어해. 엄마, 나는 영은이랑 내 짝꿍이 제일 싫어. 그 애들은 너무 나빠. 지들만 알고 남 생각은 하나도 안 해. 공부 시간에 자꾸 건드리고 이상한 말 하고 그래. 욕도 하고.

엄마: 어머나, 우리 지영이, 진짜 힘들었겠다.

지영: 응! (한참을 운다.) 엄마, 졸려. 나 잘게.

다음 날, 지영이는 어제의 일은 다 잊은 듯 생글생글하는 모습이다.

엄마: 우리 지영이, 이제 기분은 좀 괜찮니?

지영: 그럼~, 엄마가 어제 나 속상한 거 다 풀어 줬잖아. 우리 엄마 짱이야!

부모의 의사를 전달할 때

엄마: 성호야, 라면 먹었네. 식탁 위에 국물 자국도 있고…….

성호: 라면 먹으면 엄마가 싫어하는 거는 아는데, 라면이 너무 먹고 싶어서요.

엄마: 그랬어? 김치 뚜껑을 열어 놓으면 김치가 마르고 집 안에서 김치 냄새가
　　　나거든.

성호: 아, 죄송해요. (얼른 뚜껑을 덮어서 냉장고에 넣는다.)

엄마: 소파에 과자 부스러기가 있구나. 소파 사이에 끼면 청소하기 힘들고 개미
　　　가 꼬이면 엄마가 너무 힘들어.

성호: 아참, 또 실수했네. 다음에는 조심할게요.

엄마: 조금 있으면 아빠가 오실 텐데 저녁이 늦어질까 봐 엄마가 걱정이다.

성호: 제가 뭐 도와드릴까요?

엄마: 도와준다니까 고맙다. 내가 밥할 동안 청소기 한 번 돌려 줄래?

문제를 해결할 때

엄마: 너희 둘이 소리 지르면서 싸우네. 왜 그래?

진수: 내가 7번 보자는데 연수가 6번 보자고 자꾸 우기잖아요.

엄마: 음, 그렇구나.

연수: 아니요. 만날 형 마음대로 보니까 오늘은 나 보고 싶은 것 볼래요.

엄마: 그래. 서로 보고 싶은 것이 다른데 TV는 한 대밖에 없어서 그렇구나. 너희가 서로 비난하지 말고 의논해서 해결책을 찾았으면 좋겠다.

진수: 내가 형이고 연수는 동생이잖아요. 형 말을 따라야 하니까 7번을 봐야 돼요.

엄마: 그래. 연수야, 너 동의하니?

연수: 아니요. 형도 양보하는 연습 해야 되니까 6번을 봐야 돼요.

엄마: 그러네. 진수야, 너 동의하니?

진수: 싫어요.

엄마: 그럼, 어떤 방법이 있을까?

진수: 아, 좋은 방법이 생각났어요. TV를 한 대 더 사는 거예요.

엄마: 그것도 방법이네. 그런데 엄마가 동의할 수 없어. 한 집에 TV가 두 대 있으면 전기세도 많이 나오고, 각자 TV 보는 시간이 너무 많아져서 나는 반대야. 어떻게 하지? (둘이서 한참 생각하는 동안 기다린다.)

진수: 연수야, 오늘은 6번 보고 그 대신 토요일에는 내가 보고 싶은 대로 보기다. 너, 좋으니?

연수: (한참 생각하더니) 좋아!

05

경제 교육

요즘 뉴스에서는 카드를 마구 사용해 신용 불량자가 된다며 연일 시끄럽습니다. 제가 지금 그런 처지에 놓여 있습니다. 스무 살부터 자취를 하던 저는 작은 식당을 하시는 부모님께 늘 용돈을 받아 쓰며 아르바이트 한번 하지 않았습니다.

그런데 제가 학교를 휴학하고 직장을 다니면서 이제는 내 힘으로 돈을 버니 집에 손 그만 벌리자고 마음먹었습니다. 그러고는 부모님께 해 드리고 싶은 대로 선물도 사 드리고 용돈도 드렸습니다. 그러다 보니 버는 돈보다 나가는 게 많아졌고, 저축한 것도 없는데 집세를 올려 달라고 하는 통에 카드로 현금 서비스며 대출 등을 받았습니다. 갚을 날짜가 되면 카드를 하나 더 만들어 돌려 막고, 그러다 보니 어느덧 카드가 열 개로 늘어났습니다. 걷잡을 수 없을 만큼 카드 빚이 커져 버렸을 때 동생이 대학에 진학해 제가 있는 곳으로 왔습니다. 나는 못 먹고 못 입어도 하나뿐인 동생에게는 제대로 해 주고 싶어 또 분에 넘치는 소비를 하고 말았습니다.

　정말이지 죽을 것 같은 심정으로 하루하루를 지내던 어느 날, 엄마가 전화를 해 울먹이며 말씀하셨습니다. "힘들어서 어떻게 살았노. 엄마한테 말을 하지. 미안하다. 엄마가 돈이 없어서 니를 그렇게 힘들게 했다." 카드 사에서 집으로 전화를 했는데, 엄마가 받으신 것이었습니다. 너무나도 부끄럽고 죄스러웠습니다. 며칠 뒤, 술을 잔뜩 마시고는 아빠께 전화를 드렸습니다. 염려 끼쳐 드려 너무 죄송하다고, 그렇지만 용서해 달라고……. 그러자 평소 호랑이 같은 아빠가 괜찮으니 집으로 들어오라고 하시더군요. 하지만 부모님을 뵐 면목이 없어 차마 집으로 가지는 못했지요.

　며칠 전, 엄마가 쌀하고 반찬을 택배로 보내셨습니다. 봉지 봉지에 김치와 반찬이 가득했습니다. 하나씩 꺼내 냉장고에 넣고 나니 제일 바닥에 검은 뭉치가 보였습니다. 뭔가 하고 풀어 보니, 그 안에 엄마가 어떻게 만들었을지 훤히 보이는 20만 원이 들어 있었습니다. 김칫국물이라도 밸까 봐 몇 겹으로 싸인 채. 이게 엄마의 사랑일까요? 남의 자식이라면 "쯧쯧" 혀를 차며 나무라지만 당신 자식 허물 앞에서는 끝없는 사랑으로 안아 주시는……. 엄마아빠, 미안해요. 지금은 못난 자식이지만 앞으로는 더 성실하게 살게요.

출처: 《좋은 생각》

기다리고 기다리던 첫아이가 태어났어요. 아기에게 뭐든지 주고 싶고 아까운 것이 하나도 없었어요. 내가 아기에게 처음으로 준 것은 아기 통장이었어요. 아이 낳느라 수고했다며 병원에서 받은 격려금이 처음으로 아기 통장에 들어갔지요. 돌잔치 때 받은 축하금도 한 푼도 쓰지 않고 그대로 통장에 모아 주었어요. 아직 돈이 무엇인지 모르는 아기였지만, 아기 앞으로 늘어 가고 있는 돈을 생각하면 마음이 뿌듯했어요. 언젠가 저축의 의미를 알려 줄 때 할 애기가 많을 것 같아서 기뻤어요.

해마다 돌아오는 설날에 받는 세뱃돈을 착실하게 기본 통장에 모아 주었어요. 가끔 친척들을 만날 때 어른들이 주시는 용돈도 그대로 통장에 모았고요. 그렇게 기본 통장에 모인 액수가 커지면 1년짜리 통장에 옮겨 넣었어요.

아이가 세 살 정도부터는 통장을 보여 주면서 자기 것이라는 것을 알려 주었어요. 한글과 숫자를 알게 될 무렵, 자기가 원하면 언제든 통장을 볼 수 있게 했어요. 그러면서 은행이 하는 일, 이자가 붙어서 이익이 되는 것을 자연스럽게 알게 해 주었지요. 1년짜리 정기예금에 넣어 놓은 돈에 붙은 이자와 다시 모은 돈을 합쳐 다시 적금에 넣기를 여러 번 반복하다 보니 꽤 많은 뭉칫돈이 되었고, 그러면 장기로 묶어 놓았지요. "티끌 모아 태산"이 무엇을 의미하는지 몸으로 깨닫는 시간들이었어요.

초등학교 4학년부터 한 달에 한 번 용돈을 주고 스스로 관리하도록 하고 있어요. 남들과 나눌 수 있는 봉헌금도 자기 용돈에서 내도록 하고, 용돈에서 저축도 자기가 알아서 하게 했어요. 그런 모든 사항을 용돈 기입장에 기록하게 했고요. 초등학교 6학년이 된 지금도 엄마가 알려 준 방법을 그대로 유지하며 용돈 관리를 잘하고 있어요.

우리 아이는 나이에 비해 꽤 부자가 되었지만 그 돈은 비상시를 위한 돈이라는 것을 우리 아이는 잘 알고 있고, 우리 아이의 대학 입학금이 될지도 모르지요. 우리 아이는 자기 돈을 언제나 공정하게 관리해 준다는 엄마에 대한 믿음이 크고 확신에 차 있어요. 아이의 세뱃돈을 엄마들이 마음대로 써 버리는 것은 바람직하지 않다고 생각해요.

제가 이렇게 일찍 경제 교육을 한 것은 돈을 모으고 쓰는 행위가 얼마나 중요한지 알려 주기 위함이었어요. 수입에 맞추어 지출이 이루어져야 하고, 앞날을 위해 저축을 잘해야 한다는 것을 말이죠. 우리 엄마가 나에게 해 준 것처럼…….

요즈음 카드 빚 때문에 자살을 하거나 여러 가지 범죄를 저지르는 사건이 많이 발생합니다. 그런 기사를 볼 때마다 안타까운 마음이 참으로 큽니다. 신용카드로 물건을 사는 것은 사실 외상 거래를 하는 것인데, 욕구를 절제하고 합리적으로 소비하는 방법을 배우지 못하면 누구나 신용카드로 돌려 막다가 빚의 구렁에 빠질 수 있습니다. 앞에서 무절제한 카드 사용의 문제점을 깨달은 못난 자식이 앞으로는 성실하게 살겠다는 이야기가 나왔습니다. 검은 비닐에 싸인 20만 원에서 엄마의 희생과 사랑을 깨닫고 신용카드의 위험을 알게 되었으니 천만다행입니다. 그러나 자식의 카드 빚을 반복해서 갚아 주면서 자녀를 신용 불량자로 만들지 않으려 애쓰다가 부모까지 어려운 지경에 몰리게 된 경우를 많이 봅니다. 자녀가 다 성장한 다음에는 부모가 웬만큼 독한 마음을 먹지 않고서는 카드 빚을 갚아 주지 않고 스스로 책임지도록 가르치기 어렵습니다. 그러므로 자녀가 어렸을 때 용돈을 통해 돈의 가치와 사용에 대해 가르쳐야 합니다.

두 번째 이야기에서 자녀가 어릴 때부터 소득, 저축, 나눔에 대해 경제 교육을 하신 어머니를 소개했습니다. 부모교육 시간에 차분하게 자신이 하고 있는 용돈 지도와 저축에 대해 소개해 준 어머니였습니다. 친정어머니에게 배운 그대로 자녀에게 해 주었다는 말에 그 자리에 있던 모든 어머니가 부러워하였습니다. 하지만 부모에게 배우지 못한 것을 오히려 나의 노력으로 자녀에게 가르칠 수 있다면 더 고귀하고 가치 있는 일입니다. 한 사람이 돈을 어떻게 생각하고 사용하느냐에 따라 인생은 크게 달라집니다. 돈은 버는 것보다 쓰는 것이 더 중요하다고 했습니다. 자녀가 초등학교에 입학하면 경제 교육을 시작할 때입니다.

한국은행 경제 교육 홈페이지(www.bokeducation.or.kr)를 방문해서 경제에 관해 공부해 봅시다. 어린이 경제마을, 청소년 경제나라, 대학생/일반인 경제세계가 있습니다. 어린이 경제마을에는 이야기와 동영상으로 배우는 경제학습, 화폐놀이와 경제체험을 할 수 있는 경제게임, 용돈기입장을 내려받아 사용법을 배우고 경제클럽에서 활동할 수 있는 커뮤니티가 있습니다. 부모가 먼저 배우고 지혜로운 경제생활의 본보기를 보여 주면서 경제 교육을 합시다.

경제 교육

자녀들이 평생 동안 만나게 될 경제의 여섯 친구는 소득, 소비, 저축, 투자, 기부, 신용이다. 대부분의 어린이와 청소년들은 용돈을 통해 주로 소비와 저축만을 만난다. 나머지는 어른이 된 다음에 만날 수 있다고 생각하지만 너무 늦다.

1. 소득-돈 벌기

용돈에 대한 교육을 할 때 쓰는 방법과 절약만을 강조하면 소득의 창출 과정을 무시하게 되어 돈의 가치를 알려 주는 데 실패하게 된다. 소득을 알면 돈의 의미와 함께 돈의 가치를 배울 수 있다. 경제 보드게임을 활용하면 경제 개념과 원리를 배울 수 있다.

2. 소비-돈 쓰기

소비 교육에서 이제는 '아껴 써라'에서 '합리적으로 소비해라'로 바꿀 때가 됐다. 합리적 소비란 비교하고 따져 보는, 생각하는 소비이다. 물건을 살 때 꼭 필요한 것인지 한 번 더 생각하고, 품질과 가격을 함께 고려한 다음 구입하려는 물건의 가격을 여러 곳에서 알아보고 비교하며, 브랜드와 광고의 느낌은 실제와 다르다는 것을 알고 소비하는 것이다. 그리고 월간 소비 계획의 범위를 넘지 않도록 소비 내용을 기록하고 평가하는 것을 알려 준다.

3. 저축-돈 모으기

저축은 꿈을 이루기 위해 돈을 모으는 것이라는 사실을 알게 하는 것이 중요하다. 무엇인가 갖고 싶은 욕망을 저축을 통해 실현할 수 있다는 것을 경험하게 해 준다. 그냥 사 주는 것과, 목표를 세우고 저축으로 그 목표를 달성하는 것은 크게 다르다. 통장과 은행을 활용하게 하고, 황금 알을 낳는 거위에서 거위는 원금이며 황금 알은 이자라는 것을 알려 준다.

4. 투자-돈 늘리기

저축은 정해진 이자 이상의 수익은 얻지 못한다. 투자는 이자보다 더 많은 수익을 얻을 가능성이 있지만 원금의 손실이 생길 수 있다. 투자가 정상적인 방법으로 돈을 늘리는 것이라면, 투기는 비정상적이며 비윤리적인 방법을 통해 돈을 늘리려는 행위이다. 자녀들에 대한 주식교육은 돈을 버는 방법이 아니라 경제에 대한 관심을 높이고, 돈의 흐름과 함께 경제의 눈으로 세상을 보는 훈련을 시키는 데 효과적이다.

5. 신용-돈 잘 빌리고 잘 갚기

신용사회란 현금이 없어도 신용만으로 물건을 사고 돈을 빌릴 수 있는 사회이다. 이미 우리 자녀들도 신용 생활을 하고 있으므로 가족이나 친구에게 돈을 빌리고 갚는 것, 휴대폰 사용, 신용카드와 체크카드, 신용 불량자에 대해 알려 준다.

6. 기부-돈 나누기

기부는 세상이 혼자 살아가는 곳이 아니라는 것을 알려 주고, 돈을 올바로 쓰는 방법을 알려 주는 좋은 교재이다. 기부는 세계시민의 일원이 되기 위해서 꼭 필요하다는 것을 알려 주고, 소득의 일정 부분을 어디에 기부하느냐 하는 것은 자녀의 판단과 선택을 존중한다.

출처: 《KACE-부모에게 약이 되는 이야기》 74호(〈엄마는 최고의 경제 선생님〉)

06

삶의 가치와 미덕의 보석

"이제 잘 시간이다."라는 아버지의 말씀을 듣는 순간 내 방 안에 있는 불이 꺼졌다. 밤의 침묵이 나를 감싸 주었다. 잠시 후, 내 귀에 익숙한 소리가 침묵을 깨뜨렸다. 아버지의 부드러운 손이 점자책 페이지를 넘기는 소리였다. 부드럽고도 최면사의 기법을 닮은 듯한 아버지의 책 읽는 음성이 나를 사로잡았다. 또박또박 부드럽게 읽어 주시는 아버지의 이야기는 유치원의 좁은 세계에서 나를 멀고먼 상상의 다른 세계로 데리고 가곤 했다. 그러한 이야기 중에는 '거북이와 토끼' '선한 사마리아인 이야기'도 있었다. 내 상상은 자유로웠다. 상상의 날개를 펼치고 있노라면 나도 모르게 깊은 잠을 자게 된다. 이야기를 다 못 들은 채 잠이 들었다가 아침에 깨면 잠자리에서 다시 그 이야기를 듣겠다는 기대와 동경으로 하루를 시작하게 된다. 내 어린 시절을 회상해 보면 육안이 없이도 볼 수 있는 세계를 보여 주신 맹인 아버지를 가지게 된 것이 얼마나 다행한 일이었는가를 깨닫게 된다. 두 눈을 뜬 내가 보지 못하는 아버지의 안내자가 아니라 맹인인 아버지가 정안자인 내 인생을 안내하신다는 사실을 알게 된 것이다.

이제 나도 성장하여 대학에 진학할 나이가 되어 많이 변했다. 그러나 그 세월 속에 변하지 않은 것이 하나 있다. 그것은 아버지가 잠자리에서 읽어 주신 이야기들이 나에게 미친 영향이다. 아마도 그 영향은 영원할 것이다. 그로 인해 내 상상의 세계는 넓어졌고 창의력은 계발되었으며 비전은 선명해졌다. 또한 잊을 수 없는 교훈을 배웠다. 인간의 가치는 외적 준거에 의해서만 판단되어서는 안 된다는 사실과, 우리는 지극히 평범한 사람으로부터, 그리고 지극히 평범한 환경으로부터 귀중한 인생의 진리를 배울 수도 있고 통찰력을 얻을 수도 있다는 진리를 배우게 된 것이다.

늘 북적거리는 학교에서 힘겨워하던 아들의 모습이 내 삶을 얼마나 우울하게 짓눌렀던지……. 그렇게 힘겨웠던 지난해 어느 날, 인터넷을 통해 산촌유학이란 걸 알게 되었다. 여러 사이트와 블로그를 들락거리다 '시냇물 아줌마, 소나무 아저씨의 산촌유학'을 만나게 되었다. 몇 달을 살그머니 블로그를 들여다보기만 하다가 아들에게 엄마의 뜻을 전하기 시작했다.

그러다가 금당실을 방문해 하룻밤 자고, 다시 가족 나들이로 다녀온 후부터 혼자 가는 산촌유학을 고려해 보기 시작했다. 원찬이는 재미있을 것 같다고, 용기가 생긴다고 스스로 유학을 결정하여 '시골살이 맛보기'를 마치 시골 친척 집에 놀러 다녀온 듯이 일주일간 잘 다녀왔다. '시골살이 맛보기' 첫 날, 학교를 방문했을 때 교장 선생님이 운동장에 있는 아이들의 이름을 부르는 것을 본 우리 아들은 저 다니는 학교에서는 본 적 없는 일이라며 너무 신기하다고 했다. 교장 선생님께서 아이들 인원이 얼마 안 되니 다 안다고, 너도 전학 오면 이름 불러 주마 하시자 아들은 적잖이 감동받은 듯했다.

그렇게 우리 아들은 편안하게 2학기 산촌유학을 시작할 수 있었다. 집에선 외아들이다 보니 늘 혼자 놀고, 혼자 무언가 해야 했던 아이가 5남매의 맏이가 되어 동생들과 어울려 지내며 얼마나 행복해하던지……. 처음 전화 왔을 때 우리 아들 말이 "엄마아빠 없는 것 빼곤 다 행복해."였다. 엄마아빠가 보고 싶으면 동생들 몰래 별 보고 울고(몇 주 지나선 나아졌단다), 인형 꼭 끌어안고 자긴 했지만 잠자리에서 같이 소곤거릴 동생이 있어서 좋고, 하얀 고무신 신고 안개 낀 논길 산책하고, 자전거 타고 달리기하고, 먹이 챙겨 주어야 할 닭들과 강아지가 있고, 텃밭에 무언가 할 수 있는 일이 있다는 것이 너무 행복하다고……. 그렇게 엄마아빠도 경험해 보지 못한 시골 생활에 신이 나서 마음도 편안해지고 토실토실 살 오른 모습으로 간혹 만나는 엄마아빠에게 저의 시골 생활이, 작은 학교에서의 생활이 얼마나 재미있는지 전해 주기 바빴다.

우리 아들은 집에서와는 다른 모습으로 잘 자고 있고, 주변에선 우리 아들이 살쪘다는 소식만으로도 다들 산촌유학이 성공했다고들 기뻐해 주었다. 어떻게든 밥 한 숟가락 더 먹이려고 애를 쓰며 키우던 아들이었다. 아들이 잘 지내 주니 늘 종종거리며 마음만 바빴던 나도 한결 편안하고 여유로워졌다. "아이는 믿는 만큼 자란다!"는 말이 있다. 늘 맘에 새기고 '좀 더 여유롭게 아이를 바라볼 수 있도록 더 노력해야지!' 하며, 2학기가 끝나 가는 지금 아들 맞을 마음의 준비를 하고 있다.

우리 아들의 성공적인 산촌유학 덕분에 우리 부부도 마음에 '고향집'이
하나 생겼다.

출처: 『도시아이들의 행복한 시골살이 산촌유학』(이현숙 지음 / 노브)

첫 번째 이야기는 한국 장애인 최초의 정규 유학생으
로 피츠버그 대학에서 교육철학 박사 학위를 받은 강영
우 박사의 저서 『우리가 오르지 못할 산은 없다』에 나오
는 글입니다. 아들 강진석 군이 하버드 대학에 응시할 때 쓴 에세이로, 하버
드 대학 입학위원회를 감동시켰다고 합니다. 깜깜한 어둠 속에서 아버지가
읽어 준 이야기를 들으며 상상력, 창의력이 계발되고 비전이 선명해졌다는
아들의 글이 참으로 인상적입니다. 그보다 더 감동적인 것은 인간의 가치,
인생의 진리를 배울 수 있었다는 대목입니다. 공부하는 것이 무슨 큰 벼슬
인 양 자고 난 이부자리도 정리하지 않고 엄마를 하인처럼 대하는 일부 우
리 아이들이 생각났습니다. 점수 때문에 친구가 적이 되고, 공부만 잘하면
모든 것이 용서되는 이상한 일은 바로잡아야 합니다. 좋은 점수 하나 건지
는 대신 인생의 진리와 삶의 중요한 가치를 배울 수 없다면, 긴 인생의 여정
을 우리 아이들은 어떻게 이웃과 더불어 살아갈 수 있을까요?

두 번째 이야기에 소개된 '산촌유학' 책을 읽으면서 만약 내가 아이를 다
시 키운다면 산촌으로 유학을 보내고 싶어졌습니다. 그 책 뒷장에 나와 있
는 다음과 같은 글을 보면서 체·인·지를 다시 생각하게 되었습니다.

"산촌유학을 떠나온 아이들은 자연 속에서 마음껏 뛰어놀면서 동식물을
관찰하고 자연현상의 원리를 배우며, 관찰력과 상상력을 배운다. 또 생활

속에서 자기 일을 스스로 해결하고 자율적인 공부 습관을 몸에 익히면서 자기주도 인생법을 터득한다. 함께 어울려 생활하는 아이들과의 관계 속에서 대인관계와 협동심, 나눔 등 어울림의 철학을 몸으로 배우고 실천하는 과정에서 아이들은 정서적으로 안정되고 육체적으로도 건강한 아이가 되어 도시로 돌아오게 된다.”

공부만 잘하면 된다는 부모들이 많은 이 시대에 남의 집 아이라도 몸과 마음이 튼튼한 아이로 자랄 수 있도록 애쓰는 분들이 계시다는 것이 참으로 감사했습니다. 특히 초등학교 시기에는 삶의 중요한 가치를 가르쳐야 하는데 공부 때문에 인생에서 무엇이 중요한지, 사람의 도리가 무엇인지 배우지 못하는 것은 너무나 안타까운 일이니까요.

부모교육 프로그램을 진행하면서 인성 교육에 대한 목마름이 늘 있어 왔습니다. 필요하기는 한데 구체적으로 안내할 방법이나 프로그램이 없어서 답답하던 차에 '버츄카드'를 알게 되었습니다. 사람다움을 가르치려고 할 때 자칫 설교나 훈계조로 이야기하게 되면 아이들은 잔소리로 받아들이곤 합니다. 잔소리하지 않으면서 사람의 도리, 삶의 중요한 가치를 가르치는 데 효과적인 '버츄카드'를 소개합니다.

버츄카드

미덕의 보석 버츄카드란 버츄인터내셔널에서 개발한 인성교육 도구로서 감사, 배려, 겸손, 사랑, 화합 등 전 세계 모든 문화권에서 소중히 여기는 360여 가지 미덕 가운데 52가지 미덕을 선별해 담고 있다. 버츄카드는 각 미덕의 내용, 연마 방법, 개인적인 다짐을 간결한 문장 속에 담고 있어 누구나 쉽고 재미있게 활용할 수 있는 미덕 연마 도구이다. 가족 중 누구든지 혼자서 또는 가족이 함께 버츄카드를 이용해 아래와 같은 방법으로 미덕을 연마할 수 있다.

1. 혼자서 하는 방법(개인 성찰)

① 질문: '오늘은 내게 어떤 미덕이 필요할까?' '지금 이 문제를 해결하는 데 어떤 미덕이 필요할까?' 등과 같은 질문을 떠올린다.

② 음미: 눈을 감고 카드를 한 장 뽑고 나서 조용히 읽어 본다. 나의 질문에 대해 미덕이 어떤 말을 건네는지 경청한다.

③ 실천: 자신이 뽑은 미덕을 통해서 얻은 영감이나 확신을 실천에 옮긴다.

2. 가족이 함께 하는 방법(집단 활동)

① 음미: 각자 자신이 뽑은 카드를 조용히 낭송한다.

② 나눔: 차례대로 자신이 뽑은 카드 내용을 소리 내어 읽고, 현재 자신의 삶과 연관지어 그 미덕이 자신에게 어떤 확신을 심어 주는지, 혹은 어떤 새로운 통찰을 제공해 주는지 함께 이야기 나눈다.

③ 인정: 한 사람이 이야기할 때 모두 경청하고, 이야기가 끝나면 그 속에서 발견한 상대방의 미덕을 인정해 준다. 조언이나 충고는 하지 않는다.

참고: 한국 버츄프로젝트(www.virtues.or.kr)

07

자기주도적 학습 습관

원숭이가 사는 골에는 망개, 머루 다래, 잣 등 먹을 것이 많았습니다. 오소리는 원숭이의 먹이를 빼앗으려고 꾀를 썼습니다. 오소리는 원숭이에게 폭신한 꽃신을 선물했습니다. 원숭이가 꽃신을 신어 보니 처음에는 둔하고 불편했지만 돌밭을 달리거나 작은 개울을 건너뛸 때는 발바닥이 아프지 않고 편리했습니다. 가을이 다 가고 찬 바람이 가랑잎을 굴릴 무렵에 오소리는 원숭이에게 또 꽃신을 선물했습니다. 원숭이는 새 꽃신을 신고 겨울을 지내니 차디찬 눈 위를 걸어도 발이 시리지 않았습니다. 봄이 되자 두 번째 꽃신도 다 떨어졌기 때문에 맨발로 다니려고 했지만 아파서 쓰러지고 말았습니다. 그 사이 꽃신을 신어서 발바닥의 굳은살이 다 없어졌기 때문입니다. 원숭이는 오소리에게 꽃신을 달라고 했지만 오소리는 이제부터는 공짜로 줄 수 없다고 했습니다. 원숭이는 잣 다섯 개를 주고 꽃신을 사 신었습니다. 다음에는 잣 열 개, 그 다음에는 잣 스무 개, 잣 백 개, 꽃신 값은 자꾸 올랐습니다. 원숭이는 겨울 동안 제 손으로 꽃신을 만들어 보려고 했지만 좀체로 되지 않았습니다. 봄이 다시 돌아왔습니다. 또 오소리한테 가서 꽃신을 사 와야 합니다. 그러나 이제 잣이 없습니다. 그래도 신은 신어야 합니다.

원숭이는 오소리에게서 1년에 네 켤레의 꽃신을 받는 대신 오소리네 집을 청소해 주고 오소리가 개울을 건널 때는 업어 주기로 하였습니다. 오늘도 원숭이는 오소리의 굴을 깨끗이 청소해 주었습니다. 또, 원숭이는 오소리를 업고 걸었습니다. 이마에서 땀이 솟고 숨결이 고달파졌습니다. 바삭바삭 바삭, 꽃신을 신은 원숭이의 두 발이 개울가 모래밭을 밟고 갑니다. 원숭이는 개울물에 비친 제 꼴을 내려다보며 명치끝이 아리고 아픈 것을 느꼈습니다.

'내 손으로, 내 손으로…….'

원숭이는 꽃신이 디디는 발자국마다 다짐을 했습니다.

정휘창 선생님의 동화 '원숭이 꽃신'을 읽으면서 학원이나 과외에 의존해서 공부하는 우리의 자녀들이 생각났습니다. 엄마와 선생님이 이끌어야만 공부가 가능하다면 엄마 주도 학습, 선생님 주도 학습입니다. 꽃신에 길들여져 맨발로는 걸을 수 없게 된 원숭이처럼 타인 주도 학습에 길들여지면 혼자서 스스로 공부해 낼 수 없습니다. 자기주도학습 능력이 없는 상태에서 대학에 들어간 후에 학점을 따기 위해 조교에게 과외를 하고, 다시 학원에 다니면서 논문까지도 대행사에 부탁해서 졸업하는 경우를 많이 보았습니다. 지식정보 사회는 지식과 정보의 수명이 짧아 늘 새로운 정보가 쏟아지기 때문에 평생 동안 공부해야 하는 사회입니다. 전문 분야에서 학문을 연구하는 사람이 아니더라도 직업 현장에서 계속 배워야 그 일을 잘해 낼 수 있는 세상입니다. 자녀를 키우는 부모들은 당장의 성적보다는 그 점수를 받기까지의 과정을 세심하게 지켜보고 자기주도학습 능력을 키워 주어야 합니다.

초등학교에 입학하면 매일, 일정 시간에, 일정한 장소에서 공부하는 습관이 정착되도록 훈련시키는 것이 아주 중요합니다. 그러기 위해서는 자녀의 현재 상태를 알아야 하는데, 보통 다음의 4단계로 나누어 볼 수 있습니다.

1단계: 공부할 마음이 없고 공부하는 방법도 모르기 때문에 시켜도 하지 않는 아이들
2단계: 공부할 마음은 있지만 방법을 모르기 때문에 옆에서 가르쳐 주어야 하는 아이들
3단계: 혼자서도 잘할 수 있는데 공부하기 싫어서 꾀를 피우는 아이들
4단계: 누가 시키지 않아도 스스로 공부하는 습관이 되어 있는 아이들

아이들은 1단계에서 시작하여 부모가 잘 훈련시키면 4단계까지 발전해 갑니다. 많은 부모들이 내 자녀는 공부하기 싫어서 안 하는 3단계라고 생각하여 야단만 치는데, 사실은 공부 방법을 모르고 공부하는 훈련도 되어 있지 않은 1단계와 2단계에 머물러 있는 아이들이 많습니다. 설사 4단계에 도달하여 공부 습관이 되어 있다 하더라도 아이들은 수시로 변합니다. 게임이나 놀이에 빠지거나 감정 상태가 바뀜에 따라, 그리고 새로운 것을 배울 때

는 다시 이전 단계로 떨어집니다. 그러므로 부모는 자녀를 잘 관찰하여 자녀의 상태에 맞는 지도 방법을 선택하여 지도하면 효과적입니다. 각 단계의 아이들에게 적절한 지도 방법은 다음과 같습니다.

① 1단계 아이들에게 적절한 지도 방법

1단계 아이들은 공부를 하려는 마음이 없기 때문에 숙제의 중요성을 설명하고 매일 공부할 시간을 의논해서 정합니다. 공부할 양이 많으면 해 보기도 전에 포기하므로, 숙제 한 가지만이라도 제대로 할 수 있도록 시작부터 끝날 때까지 옆에서 지켜보며 지도합니다. 숙제가 무엇인지 함께 확인하고 어떻게 해야 하는지 자세하게 가르쳐 줍니다. 부모가 해 주지 말고 시범을 보인 다음 자녀가 그대로 따라 하게 합니다. 처음에는 숙제를 다 하는 것에 중점을 두어야지, 숙제의 내용이나 질까지 잘하도록 요구하는 것은 무리입니다. 글씨를 잘못 썼다고 모두 지우고 다시 쓰게 하지 말고 부모 마음에 들지 않더라도 자녀의 노력을 인정해 줍니다. 숙제를 다 했는데 시간이 남으면, 예습과 복습을 어떻게 하는지 방법을 알려 주고 매일 정해진 시간만큼 책상 앞에 앉아 있는 훈련을 시킵니다. 자녀가 '시키는 대로 하지 않으면 안되겠구나!'라는 인식을 할 때까지 지속적으로 노력합니다. 부모가 감정을 잘 다스려서 친절하게 그러나 엄격한 태도를 유지해서 공부가 지겹고 괴로운 감정과 연결되지 않도록 주의해야 합니다.

② 2단계 아이들에게 적절한 지도 방법

2단계 아이들은 정해진 시간만큼 앉아 있어야 한다는 것은 알고 있기에, 부모가 시키면 숙제는 하지만 다른 공부는 할 줄 모르는 아이들이므로 숙제를 다 한 것에 만족하지 않고 좀 더 폭넓게 공부하도록 도와줍니다. 숙제의 양보다 질에 신경을 쓰도록 인터넷 검색, 사전과 참고서를 활용하는 방법을 자세하게 안내해 줍니다. 숙제 이외에 예습이나 복습하는 방법도 가르쳐 주고, 처음부터 끝까지 지켜보면서 친절하게 도와줍니다. 아이가 조금씩 발전을 보일 때마다 많은 칭찬과 격려를 해 줍니다. 부모가 알려 준 방법으로 공부했을 때 성취감을 맛보게 되면 부모를 신뢰하게 되어 가르쳐 주는 대로 잘 따릅니다. 자녀가 공부해야 할 과제에 초점을 맞추는 동시에 아이가 성취한 만큼 인정해 주고 지지해 주면 자기주도적 학습 습관이 서서히 잡혀 갑니다.

③ 3단계 아이들에게 적절한 지도 방법

자녀가 숙제, 예습, 복습 등 공부 훈련이 되면 부모가 일일이 시키지 않아도 혼자 할 수 있습니다. 그러나 아이들은 공부보다는 놀이가 더 재미있기 때문에 언제나 열심히 공부하지는 않습니다. 3단계 아이들은 마음만 먹으면 잘할 수 있는데 적당히 넘어가려고 할 때가 있기에 계속 지혜로운 관심이 필요합니다. 공부 방법을 다 알고 있는 아이에게 여전히 지시하고 강요하고 옆에서 지키고 앉아 확인하면 오히려 반발심이 생겨서 더 공부하지 않습니다. 이럴 때는 "어떻게 하면 스스로 공부할 수 있을까?" 그 방법을 자녀와 의논하는 것이 좋습니다. 자녀와 대화를 많이 나누어 신뢰의 관계를 회복해야 합니다. 부모가 자신을 감시하고 괴롭히는 존재가 아니고 스스로 공부하는 데 도움이 되는 존재라는 것을 느끼게 해 주는 것이 좋습니다.

④ 4단계 아이들에게 적절한 지도 방법

　공부하는 습관이 되어 있는 아이들은 누가 시키지 않아도 자기 공부는 알아서 하기 때문에 간섭하지 말고 그냥 지켜보는 것이 좋습니다. 공부를 자녀에게 위임하는 것과 방임하는 것은 다릅니다. 학원을 보낸다 하더라도 무슨 공부를 어떻게 하고 있는지 전혀 모르거나, 공부하는 방법을 알려 주지도 않고 "숙제해라" "공부해라" 말로만 지시하면서 제대로 도와주지 않는 것은 방임입니다. 위임형의 부모는 자녀를 신뢰하여 혼자 공부하도록 내버려 두지만 무슨 공부를 어느 정도 하고 있는지 알고 있으며, 잘 지켜보다가 도움이 필요하다 싶으면 언제든지 도와줍니다. 또는 자녀가 도움을 요청할 때까지 기다릴 줄 압니다.

　〈정보마당〉에 자기주도학습 체크리스트를 제시하였습니다. 자녀가 직접 체크해 보도록 한 후 아래의 기준에 따라 채점하고 항목별로 대화를 나누면, 자녀가 학습 태도를 스스로 점검하는 데 도움이 될 것입니다.

- **채점 기준:** '항상'의 개수×4, '자주'의 개수×3, '가끔'의 개수×2, '전혀'의 개수×1

- **80점 이상:** 자기주도적 학습 습관이 잘 잡혀 있음

- **60~80점:** 스스로 공부하는 습관이 어느 정도 잡혀 있지만, 자기주도적 학습에 좀 더 신경을 써야 함

- **40~60점:** 자기주도적 학습이 되도록 더욱 노력해야 함

- **40점 이하:** 공부 습관과 학습동기에 대해 기본적인 점검과 변화가 필요함

자기주도학습 체크리스트

※ 자녀가 스스로 체크해 보게 한 후 항목별로 이야기해 본다.

	내용	항상	자주	가끔	전혀
1	숙제는 하기 싫어도 끝까지 한다.				
2	숙제와 예습, 복습을 매일 똑같은 시간에 하고 있다.				
3	학교에서 돌아오면 다른 일을 하기 전에 간단히 복습한다.				
4	그날 공부할 내용의 순서를 정하고, 계획을 세워서 공부한다.				
5	다음 날 학교에서 공부할 내용을 한 번 읽어 보면서 예습한다.				
6	학원에서 배우는 내용에 대해서도 예습과 복습을 한다.				
7	공부하는 중에 딴 생각을 하지 않는다.				
8	오랜 시간 공부할 때는 중간에 일정 시간 휴식을 취한다.				
9	시끄러운 곳에서도 공부할 수 있다.				
10	공부할 것이 있으면 먼저 하고 나서 다른 일을 한다.				
11	여기저기에서 공부하지 않고 한 장소(책상)에서 공부한다.				
12	기분이 나쁠 때도 해야 할 공부는 다 한다.				
13	시험 때만 공부하지 않고 평소에 늘 공부한다.				
14	책을 읽을 때 중요한 곳에는 표시를 해 둔다.				
15	공부할 때 중요한 내용을 잘 찾아낸다.				
16	무엇이든지 이해하려고 깊이 파고든다.				
17	책을 읽을 때 대강 한 번 쭉 읽어 보고 난 뒤에 자세히 읽는다.				
18	공부한 내용을 스스로 정리하여 자기만의 방식으로 기록한다.				
19	선생님이 강조하는 곳에는 표시를 해 둔다.				
20	선생님이 설명할 때 눈을 쳐다보고 적극적으로 반응한다.				
21	공부 시간에 모르는 것이 있으면 질문을 하여 확인한다.				
22	한 과목에서 배운 것을 다른 과목과 연결시켜 생각한다.				
23	시험 볼 때 문제를 빠뜨리지 않고 제 시간 안에 다 푼다.				
24	시험 칠 때 긴장을 이겨 내는 방법을 알고 있다.				
25	틀린 문제는 반드시 교과서나 참고서로 확인을 한다.				
개수					
점수					

08

정보처리 능력

인성이가 한글을 읽을 수 있게 되었음에도 혼자서 읽기보다는 엄마와 아빠가 읽어 주는 것을 더 좋아했습니다. 저와 남편은 슬슬 꾀가 나면서 "아유, 피곤해. 네가 읽어." 하는 말을 자주 하게 되었지요. '스스로 읽는 아이'가 아니라 '듣는 아이'가 되어 가고 있는 것은 아닌가 하는 조바심이 생겨났습니다. 그리고 책의 분량이 두꺼워지고 스토리의 전개가 복잡해져서, 읽다 보면 입안이 마르고 목이 아파지면서 나중에는 입꼬리까지 아파 왔습니다. "앞으로는 너 혼자 읽어!"라며 선언을 했지만, 부모의 강요나 억압으로는 '행복한 책읽기'가 되지 않을 것 같아 여러 가지 방법을 생각해 보았습니다. 책을 읽을 때마다 돈을 주는 방식은 책을 읽는 목적이 책보다도 돈이 될 것 같아 사용하지 않았습니다. 인성이에게 이렇게 설명했습니다.

“인성아, 이제부터 인성이가 책나무를 키우는 거야. 인성이가 혼자서 책을 읽을 때마다 스티커를 붙이는 건데, 스티커가 열 개 되면 인성이가 좋아하는 과자로 파티하자.”

인성이는 종이에 나무를 그리고 책을 읽을 때마다 스티커를 붙여 나갔습니다. 스티커가 열 개 되면 가족이 모두 모여서 촛불도 켜고, 축하 노래도 하고, 인성이가 특별히 좋아하는 과자로 파티를 했습니다.

책나무를 키우는 것이 자연스러워질 무렵, 스티커 열 개가 모이면 한 개의 쿠폰을 주었습니다. 쿠폰 열 개가 모이면 인성이가 원하는 일을 할 수 있게 해 주었습니다. 가족이 함께 서점에 가서 원하는 책을 사거나, 맛있는 점심 외식을 하거나, 영화관에 가거나, 가까운 동물원이나 놀이동산을 가곤 하였습니다. 인성이는 책 보는 데 탄력을 받아 스스로 잘 읽어 나갔고, 스티커와 쿠폰을 활용할 때 우리 부부는 인성이와 한 약속을 꼭 지키려고 노력했습니다. 한편으로는 스스로 읽고 나서 성취감을 느끼도록 책 뒤에 표를 만들어 붙여 주었습니다. 도서관의 대출표처럼 읽은 날짜를 도장으로 찍을 수 있게 책의 맨 뒷장에 표를 붙이고, 한권 한권 읽어 나갈 때마다 도장을 찍어 재미와 보람을 느끼게 해 주었습니다. 또한 책의 편식을 줄이기 위해 집에 있는 책을 모두 목록표로 만들어 커다란 스케치북에 붙였고, 책을 읽고 나면 목록표에 스티커를 붙이도록 했지요. 그렇게 한눈에 보니 열 개의 스티커가 붙은 책도 있고, 한두 개만 붙어 있거나 하나도 없는 책도 있었습니다. “인성아, 이 책이 쓸쓸해서 인성이를 기다리고 있네. 이 책이 바깥세상으로 나가 인성이를 만나서 이야기를 들려주고 싶대.”라고 말해 책을 골고루 읽을 수 있게 도왔습니다.

인성이의 책읽기가 순조로워지자 양적으로 풍부한 책환경을 만들어 주

고 싶어 도서관 나들이가 시작되었습니다. 먼 길과 계단을 통과해서 어린이
실에 앉으면, 한 권이라도 더 읽히고 싶어 했던 열정이 제 안에 있었네요. 요
리조리 궁리해서 한 권이라도 더 집어넣은 가방이 무겁기도 무거웠을 텐데,
지금은 참으로 행복한 무게감이었다 느껴집니다. 그렇게 읽은 책은 지금도
인성이 방 책꽂이에 독서기록장으로 남아 있고, 인성이의 내면에 쌓여 있는
영혼의 양식을 생각하면 감사한 마음이 듭니다.

그렇게 행복했던 인성이의 책읽기가 시들해진 것은 기대만큼 나오지 않
은 성적 때문에 중학교에 들어간 아들의 마음에 상처를 준 나의 말 때문입
니다. "책은 그렇게 읽어 뭐할래? 성적도 안 나오는데……." 이 말과 함께 책
을 읽어 주던 엄마, 도서관이나 책방 나들이를 함께하던 엄마, 독서기록장
을 정성스럽게 만들어 주던 엄마가 사라졌기 때문입니다.

그런데, 요즘 다시 읽어 주기 시작했습니다. 오랜만에 두 아이를 위해『너
는 특별하단다』라는 책을 손에 들었습니다. 책을 읽어 주는 엄마 소리에
잠을 청하면서 행복하게 잠자리에 드는 모습을 볼 때, 젖을 실컷 먹고 곤
히 잠자는 아기를 바라보는 심정과도 같습니다. 따뜻함으로, 감사함으로
이 엄마가 충만해지는 시간입니다. 앞으로 자주 이 엄마의 '회심'을 담고,
그리고 사죄와 사랑, 진정으로 연결하려는 마음을 담아 책으로 소통할 수
있게 다시 불을 지피려 합니다. "엄마, 옛날에 엄마가 공책에다 자로 줄 그
어서 만들어 주신 독서노트, 이번 방학에도 하고 싶어요." 중학교 2학년인
인성이의 말을 들으며 다시 행복한 책읽기에 불을 지필 수 있게 되어 너무
나 감사합니다.

초등학교 6학년 딸과 4학년 아들을 키우고 있는 부모입니다. 우리 집에는 눈에, 발에 걸리는 게 책이고, 그 책을 좋아하는 부모와 살고 있는 아이들은 당연히 책을 잘 읽으리라 생각하시지요? 그런데 "구슬이 서 말이라도 꿰어야 보배"라고 했는데, 우리 가족은 실로 꿰어지지 못한 채 따로따로였습니다. 그래서 좀 늦은 감은 있지만 아이들의 독서 습관과 가족의 유대를 위해 가족 책읽기를 제안했습니다. 다행히 가족들이 동의하였고, 매일 밤 열 시가 되면 우리 가족은 각자 하던 일을 멈추고 거실에 모입니다. 월요일에는 아들, 화요일은 엄마, 수요일에는 딸, 목요일은 아빠, 금요일에는 모여서 각자 읽기, 주말에는 함께 도서관에 갑니다. 열 시가 되면 모두 모여 그날의 책 읽어 주기 당번이 30분 정도 책을 읽어 줍니다. 자신이 읽고 있는 책, 읽어 주고 싶은 책, 시나 신문 기사, 잡지 등에서 무엇을 읽어 줄 것인지 정하고, 내용에 대해 짧게 소개하고 나서 가족들에게 읽어 줍니다. 그러면 가족들은 모두 주의를 기울여 함께 듣지요.

처음에는 아빠가 아주 소극적이었는데 지금은 가장 멋진 읽을거리를 소개하여 모두의 감탄을 자아냅니다. 어제 밤에는 법정 스님의『무소유』중에서 한 대목을 읽어 주었는데, 아들이 아빠는 정말 좋은 글만 읽어 주신다며 아빠를 인정해 주었답니다. 저 또한 아이들 책뿐 아니라 제가 읽고 있던 책도 읽어 주는데, 의외로 잘 이해하고 서로 나누는 이야기도 푸짐합니다. 아빠가 당번인 목요일에 일 때문에 밖에 있는 경우에는 원래 읽어 주려고 했던 부분을 알려 주고, 남은 식구끼리 서로 읽어 줍니다.

이렇게 가족끼리 책을 읽어 주는 일의 좋은 점은 여러 가지이지만, 무엇보다도 큰아이가 자기 당번 날에 책임을 다하기 위해 노력하면서 책에 관심을 가지게 된 것이 가장 기쁘고 다행스럽습니다.

　　부모교육에서 처음 인성이 어머니를 만났을 때 성적 때문에 크게 걱정하고 계셨습니다. 어려서 독서 지도를 그렇게 정성스럽게 했는데도 시험 성적이 잘 나오지 않으니 얼마나 조바심이 컸겠습니까? "점수도 안 나오는데 책은 읽어서 뭐할래?"라는 말과 함께 집 안에서 독서문화가 사라졌다는 것을 깨닫고, 중학생 아들에게 읽어 주기 위해 다시 책을 집어 든 어머니의 정성이 참 아름답습니다. 그동안의 인성이의 책읽기는 보석처럼 내면에 숨어 있을 것입니다. 단지 인성이가 좋아하는 공부를 만나지 못해 기초학습능력으로서 빛을 발하지 못했을 뿐입니다. 언제든 학습동기에 점화만 된다면 그동안의 책읽기가 바탕이 되어 공부의 꽃이 피어날 것입니다.

　　아이들의 독서습관과 가족의 유대를 위해 매일 밤 열 시가 되면 가족이 모여 서로에게 책을 읽어 주고 있다는 어머니의 이야기를 들으며, 그 자리에 모여 있던 어머니들이 그 멋진 광경을 상상하면서 박수를 보냈습니다. 초등학생 자녀에게 『무소유』를 읽어 주는 아버지의 모습이 얼마나 근사합니까?

　　지금 이 시대는 농경사회의 부모에게서 태어나 산업사회의 교육을 받은 부모들이 지식정보사회를 살아갈 아이들을 키우고 있습니다. 산업사회에서는 좋은 대학을 나와 좋은 직장에 취직하면 어느 정도 삶이 보장되었지만, 이제는 평생 동안 공부해야 하는 세상이 되었습니다. 권위 형성 단계에서 음성정보 처리 능력이 발달되었다면, 초등학교 시기에는 문자정보 처리 능력이 발달되어야 평생 공부를 잘해 나갈 수 있습니다. 국어 과목의 점수가 중요한 것이 아니라 다양한 분야의 책읽기로 속해력이 발달하고 문자정보를 잘 처리할 수 있어야 다른 과목의 공부도 잘할 수 있습니다.

책읽기와 기초학습능력

어떤 아이들은 조금만 공부해도 좋은 성적을 얻는데, 어떤 아이들은 오랜 시간을 들여 공부해도 성적이 오르지 않는다. 왜 이런 일들이 일어나는 것일까? 인지심리학과 언어심리학의 연구 결과에 의하면 이런 일들은 유전이나 지능이 아닌 기초학습능력과 관계가 있다고 한다. 그러면 공부를 주관하는 기초학습능력이란 무엇인가?

만국 공통의 기초학습능력은 읽기, 쓰기, 셈하기로서 이 3가지 기능은 모든 학습을 하는 데 기본적인 도구가 된다. 그중에서도 가장 중요한 기초학습능력은 읽기 능력이다. 특히 초등학교 시절의 읽기 학습능력은 학습의 시발점이자 이후의 학습도구가 되기 때문에 더욱 중요하다. 읽기 능력을 구체적으로 세분화하면 어휘력, 이해력, 분석력, 종합력, 추리력, 상상력, 비판력, 판단력 등이 포함된다. 그런데 이러한 능력들은 교과서식으로 고정화된 지식의 형태를 암기시키거나 주입식으로 가르칠 수 없고, 오직 책을 읽는 동안 자연스럽게 길러지는 능력이다.

공부란 무엇인가? 데이터나 정보를 얻는 것이 아니라 남의 지식에 내 생각을 가미하여 나의 지식으로 만드는 것이다. 남의 지식을 내 것으로 만드는 가장 일반적이고 고전적인 방법은 책읽기이다. 인터넷을 통한 정보수집도 광의의 독서라고 볼 수 있는데, 수동적으로 읽는 사람은 평생을 가도 자신의 지식으로 만들 수 없다. 남의 지식을 암기하고 있을 뿐이다. 새로운 지식을 구성하려면 분석하고, 요약하고, 비판하고, 상상하고, 추리하고, 판단하고, 창의적으로 생각하고, 문제를 해결하는 능력이 필요하다. 이런 능력들은 독서를 하는 동안에 사고의 흐름을 주도하는 능력들로서 일명 '생각하는 능력' 혹은 '사고력'이라고 부른다.

모든 공부는 책읽기로부터 시작된다. 책읽기가 서툴거나 책읽기를 싫어하는 아이는 기초학습능력을 기를 기회가 없어서 공부가 서툴고, 즐겁기는커녕 지겹게 된다. 우등생과 열등생 사이에는 기초학습능력의 차이가 있을 뿐이며, 초등학교 시절에 책읽기를 통해서 다져진 확실한 기초학습능력은 평생의 재산이 된다.

출처: 『자기주도적 학습능력을 길러주는 독서기술』(남미영 / 21세기북스)

내 아이의 독서능력 수준을 검사할 수 있는 곳

1. 한국독서교육개발원(www.kredi.co.kr)
2. 한우리독서교육개발원(www.hanuribook.com)

09

다중지능

옛날에 동물들이 모여서 회의를 했다. 그들은 다가오는 '새로운 미래'의 문제들에 대처할 수 있는 뭔가 기념비적인 일을 시작해야만 한다고 결론을 내렸다. 그래서 그들은 학교를 만들기로 계획했다. 그들은 달리기, 나무 오르기, 날기, 헤엄치기 등으로 짜인 교과 과목들을 만들었다. 편리한 교육 일정의 진행을 위해 모든 동물이 예외 없이 전 과목을 공부해야만 했다.

오리는 수영 과목에서 실로 눈부신 실력을 발휘했다. 사실, 그 과목에서는 가르치는 지도교사보다 오리가 훨씬 뛰어났다. 그러나 오리는 날기 과목에선 겨우 낙제점을 면했으며, 달리기 과목은 더 형편없었다. 달리기 점수가 너무 낮았기 때문에 오리는 방과 후에도 혼자 남아 더 배워야 했으며, 달리기 연습을 위해 수영 과목을 포기해야만 했다. 달리기 연습을 너무 많이 한 나머지 오리는 발의 물갈퀴가 너덜너덜해졌고, 그 결과 수영 과목에서조차 겨우 평균 점수밖에 얻을 수 없었다. 그러나 학교에서는 평균 점수만 받아도 다음 학년으로 무난히 진급할 수 있었기 때문에 오리를 제외하고는 아무도 그 문제에 대해 심각하게 생각하지 않았다.

토끼는 달리기 과목에서 선두를 차지하며 당당하게 학교 수업을 시작했다. 그러나 수영 과목의 기초를 배우느라 너무 많이 물속에 들어간 나머지 토끼는 신경쇠약증에 걸리고 말았다.

다람쥐는 나무 오르기 과목에선 따를 자가 없었다. 그러나 날기 과목에서 교사가 땅바닥에서부터 시작하지 않고 나무 꼭대기에서부터 날기를 시키는 바람에 다람쥐는 좌절감만 커져 갔다. 그리고 무리한 날기 연습 때문에 근육에 자주 쥐가 났으며, 그 결과 나무 오르기 과목에서조차 미, 달리기 과목에선 당연히 양을 받았다.

독수리는 문제아였다. 그래서 혹독한 훈련을 받아야만 했다. 나무 오르기 과목에서 독수리는 꼭대기에 올라갈 때까지 큰 날개를 퍼덕여 다른 학생들을 방해하는 바람에 자주 지적을 받았다. 독수리는 교사에게 자기 나름의 방식으로 나무 꼭대기까지 올라가게 해 달라고 주장했지만, 그 주장은 끝내 받아들여지지 않았다. 그 결과 누구보다도 가장 높이 날고 탁월한 활공 능력을 가진 독수리였건만 졸업할 때까지 끝끝내 문제아 취급을 받을 수밖에 없었다.

학년이 끝날 무렵, 수영도 곧잘 하고 달리기와 오르기와 날기까지 약간 할 줄 아는 뱀장어가 가장 높은 점수를 얻어, 졸업식장에서 답사를 읽는 학생으로 뽑혔다.

한편 대초원에 사는 야생 개들은 학교에서 땅파기와 굴파기를 교과 과목에 포함시키지 않는 바람에 남들처럼 학교에 입학할 수 없었다. 그들은 학교 밖에서 힘들게 일하면서도 교육과 관련된 세금을 꼬박꼬박 내야만 했다. 그들은 그들의 자식들을 오소리에게 보내 개인 지도를 받게 했으며, 훗날 땅돼지와 뒤쥐(굴을 파서 땅속에서 사는 북미산 쥐) 등과 힘을 합쳐 성공적인 사립학교를 시작했다.

출처: 조지 리비스, 『동물학교』

부모교육에서 만나는 부모님들과 조지 리비스의 우화 『동물학교』에 대해 이야기를 나누어 보면 우리나라의 교육현실과 비슷하다는 의견이 많습니다. 아이가 잘하는 것 하나만 밀어주어서는 대학에 갈 수 없기에 원하는 대학에 가기 위해서는 국, 영, 수 중심의 종합점수를 우선할 수밖에 없다고 말합니다. 그 반면에, 요즘은 내 아이가 어떤 재능을 가지고 있는지 뚜렷하게 드러나기만 한다면 그 방면으로 밀어줄 텐데 도대체 알 수가 없다며 안타까워하는 부모님도 많습니다. 대학 입학뿐 아니라 직업 선택에서도 개인의 소질과 능력은 매우 중요한 문제입니다.

1908년 비네가 지능지수 테스트를 개발한 이후 오랜 기간 동안 IQ는 아이들의 능력을 평가하는 중요한 기준이었습니다. 그러나 길포드는 인간의 지적 능력이 최소한 120가지 능력의 조합이며, 기존의 IQ 검사는 일곱 가지 능력을 측정하는 것에 불과하다고 했습니다. 1995년 대니얼 골먼이 『감성지능』이란 책에서 처음으로 EQ를 소개하였습니다. IQ와 EQ 중에서 어느 것이 더 중요하냐는 질문에 대니얼 골먼은 "문턱을 넘어서는 데는 IQ가, 문턱을 넘어선 다음에는 EQ가 중요하다."고 대답했다고 합니다. 어느 분의 강연에서 IQ를 말에, EQ를 기수에 비유하는 것을 들으며 절묘한 표현이라고 생각한 적이 있습니다.

1983년 하워드 가드너가 『마음의 틀』이란 책을 출간하면서 다중지능 이론을 이야기했습니다. 인간에게 다양한 지적 능력이 있으며, 자신의 강점 지능을 발휘하면 성공적인 삶을 살 수 있다는 설명이 마음에 와 닿았습니다. 특히 부모님들이 자녀가 강점 지능을 찾아서 학습과 진로에 연결할 수 있도록 도와준다면 얼마나 좋을까 싶습니다. 초등학교 시절에 좋은 점수만을 위해 학원을 순례하는 것은 참으로 안타까운 일입니다. 부모님의 섬세한 관찰과 자녀의 다양한 체험을 통해 강점 지능이 드러난다면 관련된 분야의 학습동기는 저절로 점화될 것입니다.

다중지능의 관점에서 내 아이 바라보기

1. 언어지능

① 여러 가지 질문, 특히 "왜?"라는 질문을 자주 한다.

② 말하기를 즐기고 언변이 좋다.

③ 어휘력이 풍부하고, 새로운 단어에 호기심을 보인다.

④ 외국어에 관심이 많고 잘 배운다.

⑤ 단어 게임, 말장난을 즐기고 말로 다른 사람들을 재미있게 한다.

⑥ 책이나 잡지 등 읽을거리를 좋아한다.

⑦ 글쓰기를 좋아한다.

2. 음악지능

① 음정과 박자를 잘 맞춘다.

② 자주 노래를 흥얼거린다.

③ 리듬에 따라 박자를 맞추거나 몸을 흔든다.

④ 새로운 노래를 몇 번 들으면 잘 따라 한다.

⑤ 스트레스를 받았을 때 음악 활동으로 푸는 경우가 많다.

⑥ 소리들을 쉽게 구별하고, 소리의 패턴에 민감하다.

⑦ 음악과 관련된 활동을 좋아하고 즐긴다.

3. 논리수학지능

① 수학과 과학을 좋아한다.

② 숫자에 민감하고, 수를 가지고 논다.

③ 사물의 작용과 운동 원리에 관심이 많다.

④ 합리적이고 논리적인 것을 좋아한다.

⑤ '만일 ~라면'이라는 식의 논리에 관심이 많다.

⑥ 숫자, 기호, 규칙, 명제 등 상징체계를 익숙하게 받아들인다.

⑦ 사물을 모으고 분류하는 것을 좋아한다.

4. 공간지능

① 그림 그리기와 낙서를 즐긴다.

② 무엇인가 만들기를 좋아한다.

③ 사물을 분해하기를 좋아한다.

④ 퍼즐 놀이를 즐긴다.

⑤ 지도만 보고도 쉽게 길을 찾아간다.

⑥ 눈으로 본 것을 세부적으로 잘 묘사하여 그린다.

⑦ 장소나 공간을 이미지로 기억한다.

5. 신체운동지능

① 춤이나 동작을 다른 사람보다 빨리 익힌다.

② 손과 눈, 손과 발의 협응 능력이 좋다.

③ 제스처를 통해 생각을 전달하는 데 능숙하다.

④ 어떤 문제를 직접 몸으로 접해 보고 해결하려는 경향이 있다.

⑤ 신체적인 균형감각이 좋다.

⑥ 상대방의 신체언어를 잘 읽어 낸다.

⑦ 도구나 물체를 쉽게 다룬다.

6. 인간친화지능

① 다른 사람에 대하여 감정이입을 잘한다.

② 또래 사이에서 인기가 높다.

③ 또래나 자기보다 나이가 더 많은 사람이나 똑같이 잘 사귄다.

④ 친구들 사이에서 생기는 문제를 잘 해결한다.

⑤ 다른 사람과 협동하여 일하는 데 능숙하다.

⑥ 리더십을 보여 준다.

⑦ 개인 간의 차이점, 기분, 성향, 의도를 잘 알아낸다.

7. 자기성찰지능

① 깊이 생각할 때가 많고, 혼자서도 시간을 잘 보낸다.

② 자기의 감정을 잘 전달한다.

③ 스스로의 강점과 약점을 명확히 알고 있다.

④ 자신의 능력을 확신한다.

⑤ 자기에게 적절한 목표를 설정한다.

⑥ 특정한 활동에 대하여 좋고 싫은 것이 분명하다.

⑦ 자신과 관련된 문제를 잘 풀어낸다.

8. 자연친화지능

① 새, 꽃, 나무 등 동식물에 관심이 많고 잘 돌본다.

② 동식물의 습성과 생리에 관심을 보인다.

③ 인공적인 환경보다 자연적인 환경을 더 좋아한다.

④ 자연으로 나가 동식물을 만나는 것을 좋아한다.

⑤ 지구 환경에 대해 관심이 많다.

⑥ 자연물을 오래 관찰한다.

⑦ 곤충이나 파충류에 대한 혐오감이 또래들보다 상대적으로 덜하다.

참고: ≪KACE-부모에게 약이 되는 이야기≫ 71호(《내 아이의 능력은 무슨 색깔일까?》)

6 상호 의존 단계

사춘기에는 신체 발달의 속도가 빨라지면서 성에 대한 관심과 충동이 커집니다.
자아 정체성이 미처 확립되지 못하여 심리적으로도 불안정합니다.
이 시기에 부모는 성 에너지가 운동이나 다른 활동으로 전환되도록,
또, 자녀의 인격을 존중하면서 스스로 문제의 답을 찾아 가도록 도와야 합니다.

초등학교 시절에 시키는 일을 고분고분 하던 아이가 어느 순간부터 눈길이 달라지고 반항하는 모습을 보이면 부모들은 당황합니다. 남자와 여자로 완성되는 시기이므로 성호르몬의 영향 때문에 심리적 불안정이 커서 아이들도 힘든 때입니다. 그런데 대학 입시라는 중요한 과업을 앞두고 있기에 부모와 자녀 모두 공부 문제로 스트레스를 받게 되고, 체·인·지의 균형이 깨져 공부에만 중점을 두게 되는 경우가 아주 많습니다. 이 시기를 기점으로 해서 부모와 자녀가 심한 갈등으로 서로 등을 돌리는 관계가 될 수도 있고, 성인 대 성인으로 새로운 동등한 관계로 나아갈 수도 있습니다. 부모와 자녀의 관계가 변하는 중요한 시점이기 때문에, 상호 의존의 관계를 만들어 가는 것이 이 시기 부모의 발달과업입니다.

에릭슨은 이 시기를 가리켜 아이들이 자신의 정체성을 확립하는 시기라고 했습니다. 중학교 때는 적성과 흥미를 바탕으로 직업을 탐색하고, 고등학교 때는 취업에 필요한 지식과 기술을 습득하거나, 공부하고 싶은 분야를 찾아 과를 먼저 정하고 대학을 나중에 선택하도록 도와주어야 합니다.

6부에서는 사춘기의 특징을 잘 알고 사랑으로 인내한 부모, 성 에너지가 운동이나 다른 활동으로 잘 전환될 수 있도록 도와준 부모, 디지털 세대인 자녀들의 건강과 욕구를 조절하는 힘에 관심을 돌려서 몸 튼튼과 마음 튼튼에 신경을 쓴 부모, 앞에서 끌지 않고 자녀 스스로 답을 찾도록 코칭 대화로 도운 부모들이 소개됩니다.

01
성 에너지와 운동

중학교 2학년 아들이 집에 있을 때는 언제나 컴퓨터 게임을 했어요. 시험 전날도 밤 열 시까지 게임을 하는 아들을 보면서 중독이 된 것 같아 성태와 이야기를 했어요.

"성태야, 왜 게임을 많이 하니?"

"나 혼자 심심하니까……."

"친구들하고 놀면 되지 않아?"

"친구들이 모두 학원에 다니니까 놀 아이가 없어서……."

직장을 다니는 엄마로서 성태가 혼자 있는 시간을 줄이기 위해 학원에 보내기로 했어요. 우선 게임을 끊는 것이 중요하기에, 공부시키기 위해서가 아니라 친구들과 놀게 해 주려고 학원에 보낸 거지요. 그런데 딱 한 달 다니더니 학원에 안 가겠다는 거예요.

"성태야, 왜 학원에 가기 싫은데?"

"친구들이 공부하는 동안 오래 기다렸다가 노는 시간은 너무 짧아서 돈이 아까우니까……."

"그럼 네가 게임만큼 재미있는 게 뭐야?"

"축구!"

문제는 성태와 축구를 할 친구가 없다는 것이었어요. 그래서 성태는 친구들을 모아서 축구팀을 만들었는데 15명 정도로 시작했고, 매주 일요일 새벽이면 언제 나갔는지도 모르게 단국중학교 운동장으로 달려갔지요. 오전 내내 축구를 하고, 같이 목욕탕에 갔다가 설렁탕으로 점심을 먹고 집으로 오곤 했지만, 우리 집에 와서 목욕하고, 밥 먹고, 같이 놀기도 했어요. 아들이 일요일마다 축구하는 것이 공부에 방해가 되어 싫어하는 엄마들이 많았어요. 아이들은 축구를 계속하기 위해 엄마들이 좋아할 만한 바람직한 행동을 하기로 정했대요. 담배 피우는 사람은 스스로 끊고, 나쁜 행동에 대해서 서로 충고해 주어 바른 길로 이끌어 주곤 했지요. 이렇게 아이들이 달라지면서 저절로 엄마들의 모임이 생겨났어요. 아이들은 단체복을 만들어 입고 조기 축구회 아저씨들과 시합도 했어요. 때로는 함께 놀러가면서 부모님한테 제공받고 싶은 것들을 적은 협조 요청 공문을 보내기도 했고요. 그렇게 성태와 친구들은 단합이 되어 2년 넘게 축구팀을 스스로 만들어 가며 운동을 즐겼어요.

성태가 고등학교 2학년 때 미국으로 유학을 가고, 모두들 대학 입시에 집중해야 할 시점이 되면서 자연스럽게 축구팀은 해체되었지만, 성태와 친구들은 끈끈한 형제애로 연결되어 있어요. 사진관에 가서 단체로 사진을 찍는 모습을 보며 엄마들은 '게이클럽'이라고 놀리기도 했지요. 성태가 방학 때 한국에 오면 그 멤버가 모여서 기다리고 있다가 먼저 축구 한판 하고 나서 집으로 오고, 하루나 이틀을 꼭 함께 보내곤 해요.

지금은 각자 원하는 공부를 하기 위해 여러 대학에 흩어져 있지만, 친구 누나 결혼식에는 모두들 친동생처럼 양복을 쫙 빼입고 나타나기도 했어요. 엄마 한 분이 암으로 돌아가셨을 때는 모두가 장례식 내내 함께했고, 축구 팀이 모두 아들이 되어 운구도 했어요.

성태가 미국에 있어도 술 마시면 우리 집에 와서 자고 가는 아이들도 있 고, 어려운 일이 있으면 상담차 와서 여러 이야기를 하고 가기도 해요. 이사 를 가거나 도움이 필요한 일이 있으면 엄마들은 내 아들 네 아들 구별 없이 도움을 청하고, 아들들은 누구든지 와서 아들 노릇을 하고 가지요.

성태는 미국에서도 자신이 다니던 고등학교와 대학교에서 축구팀을 직접 만들어서 운동을 계속했어요. 운동은 꼭 해야 한다는 것이 성태의 주장이 지요. 운동을 하다 보면 체력과 집중력이 좋아지고, 잠을 덜 자도 지장이 없 을 정도로 건강에 도움이 되며, 운동을 하고 나면 오히려 공부가 더 잘된다 고 말하곤 해요. 그때 같이 운동했던 친구들은 모두 대학에 다니고 있으며, 열심히 공부해서 각 분야의 최고가 되어 전문가 그룹을 만들겠다는 포부를 다지고, 인생에 대해 이야기를 나누고 있는 모습을 보면 엄마로서 뿌듯하고 자랑스러워요.

처음 성태 어머니를 만났을 때, 아들은 유학 중인데 아들 친구 이야기를 많이 해서 좀 의아하게 생각했었습 니다. 아들 친구들이 고민이 있으면 찾아와 털어놓고, 친

구도 없는데 와서 자고 간다고 해서 어떻게 그럴 수 있는지 궁금했습니다. 성태가 만든 축구팀에서 친구들이 함께 운동하면서 어떤 일들이 있었는지 이야기를 듣고는 정말 마음이 뿌듯하고, 저도 이 아이들이 자랑스러워졌습니다. 성태 어머니가 처음에는 내 아들이 컴퓨터 게임에 중독되지 않도록 시작한 일이었지만, 나중에는 친구들까지 몸과 마음이 튼튼하고 공부도 잘 할 수 있는 중학교 시절이 되었으니 얼마나 보람 있는 일입니까? 물론, 공부보다 더 중요한 것을 가르치기 위해, 그 모든 과정을 받아들이고 도와준 성태 어머니의 희생과 노력이 있었기에 가능했을 것입니다. 직장에 다니면서 일요일이면 성태 어머니도 쉬고 싶으셨을 텐데, 축구를 마치고 들이닥친 여러 아들들을 먹이고, 재우고, 그 많은 수건들을 빨아 가며 큰마음으로 품어 주신 이야기에 고개가 숙여집니다.

사춘기에 들어서면 급격한 신체적 성장이 이루지면서 성호르몬의 분비와 더불어 성적 발육이 시작되고 난자와 정자를 배출할 수 있게 되면 성장이 완성됩니다. 신체적 변화는 여러 가지 심리적 변화를 수반하게 되는데, 대부분의 청소년들은 심리적 부적응 상태를 경험하면서 출렁이는 에너지를 감당하기 어려워합니다. 생활수준이 높아짐에 따라 예전보다 영양 상태와 체격은 좋아졌는데, 그 에너지는 책상 앞에 앉아서 공부하는 데에만 쓰도록 강요되고 있습니다. 더구나 음란물에 그대로 노출되어 있는 상황에서 학교와 학원을 돌며 공부만 해야 하는 청소년들의 건강 상태가 상당히 걱정됩니다. 그런 청소년을 볼 때면 가스 불 위에서 부글부글 끓고 있는데 누군가 뚜껑을 꽉 누르고 있는 냄비가 연상됩니다. 에너지가 끓어오르면 일단 뚜껑을 열어 김을 빼야 공부도 가능합니다. 사춘기의 성 에너지를 잘 활용하는 방법이 바로 운동입니다.

서울시 교육청에 따르면 지난해 중고교생을 대상으로 실시한 학생 신체 능력 검사에서 최하 등급인 5급에 해당하는 학생이 전체의 28.4%, 정상 체력보다 떨어지는 4급도 22.5%라고 합니다. 4~5등급을 받은 약골이 53%로 절반을 넘었다는 것은 상당히 걱정되는 문제입니다. 그런데 중학교 체육 시간은 겨우 일주일에 2~3시간 정도밖에 안 되고 그나마 집중이수제로 운영되면 일주일에 한 번도 운동을 하지 않고 책상 앞에만 앉아 있는 경우도 생길 수 있습니다. 중학교 시절의 운동은 몸 튼튼에서 정말 중요하기 때문에, 어떻게든 운동 시간을 확보할 방법을 찾는 부모님의 지혜가 필요합니다.

학원 갈 시간도 빠듯한데 무슨 클럽활동입니까?

인천 송도 신도시에 위치한 신송중학교의 체육부장을 맡고 있는 노수신 교사(41). 그가 지난 2008년 3월 이 학교에 부임해 방과 후 스포츠 클럽활동을 활성화시키려고 하자 학부형들은 "공부할 시간을 빼앗긴다."며 반대했다. 당시 이 학교의 클럽활동에 참여하고 있는 학생들은 4%밖에 되지 않았던 상황. 비만인 학생들이 적지 않았고 학생들의 체력은 형편없이 처졌다. 그래서 노수신 교사는 지·덕·체의 고른 발달을 위해 클럽활동의 활성화 카드를 뽑아 들었으나 학부모들은 "공부"만을 외치며 동의하지 않았던 것이다. 학생들의 체력 강화 필요성에 대한 노 교사의 논리가 도무지 먹히지 않았다. 학부모들을 설득한 것은 뜻밖에도 학생들이었다. 노 교사가 이 학교에 온 후 체육 시간에 새롭게 선보인 킨볼과 T볼, 플라잉디스크 등에 학생들이 큰 재미를 느꼈고, 방과 후에도 이런 종목의 클럽활동을 개설한다고 하자 부모들을 조른 것이다. 이렇게 해서 이 학교의 클럽활동 참가 비율은 2008년 말에는 8%로 늘어난 데 이어 2009년에는 66.4%까지 치솟았다. 올해는 1,513명(36학급)의 전교 학생 중 1,060명 (70%)이 클럽활동에 참여하고 있다. 인천 지역 중학교 중에선 스포츠 클럽활동 비율이 가장 높은 이 분야 모범학교다.

이 학교의 클럽활동은 축구와 배구, 킨볼, T볼 등 9개 종목에 걸쳐 주 2~3회씩 진행된다. 보통 오후 3시에 시작해 2시간 가량 이어진다. 노 교사는 현재 1학년은 주 2시간, 2학년은 주 3시간, 3학년은 주 2시간의 체육 수업이 배정돼 있는데 이것만으로는 학생들의 체력 단련에 절대적으로 부족하다고 말했다. 클럽활동이 활성화되면서 학생들의 체력도 매년 눈에 띄게 향상되고 있다. 지난해의 경우 체력검사 등급이 4~5급인 학생이 22%였으나 올해는 15%로 줄어들었다. 체력만 좋아진 것은 아니다. 지난 2005년 개교한 신송중학교는 지난해뿐만 아니라 올해에도 인천 지역 중학교를 대상으로 한 학업성취도 평가에서 1위를 차지했다.

기자가 최근 이 학교를 방문했을 때 운동장에선 축구 클럽 소속 선수들이 편을 갈라 경기를 하고 있었고, 약 200평 크기(660㎡)의 다목적 강당에선 T볼과 킨볼 클럽에 가입한 학생들이 역시 게임을 하며 땀을 흘리고 있었다.

T볼은 T자 막대기에 스펀지 같은 가벼운 공을 올려놓고 스펀지 느낌의 방망이로 공을 친다. 투수가 없고, 10명씩 편을 갈라 수비와 공격을 교대하며 미니야구식으로 진행된다. T볼 클럽의 주장인 한혜인 양(3학년)은 "2시간 동안 T볼을 하고 나면 스트레스가 다 날아가고 머리도 맑아져 공부에도 큰 도움이 된다."고 T볼의 장점을 밝혔다. 남지희 양(3학년)은 "클럽에 들어오고 나서 공부가 더 잘된다. 또 올해 1학기부터 T볼을 시작했는데 체중이 3kg이나 빠졌다. T

볼 클럽활동을 하면 비만 걱정은 하지 않아도 된다."고 활짝 웃었다.

킨볼은 한 팀이 4명씩 3팀이 돌아가면서 직경 1m 22의 대형 고무공을 서브하고 리시브하는 신종 게임이다. 홍규호 군(3학년)은 "공부를 하다 보면 머리가 어지러울 때가 있는데, 클럽활동을 하고 난 뒤에는 몸과 마음이 편안해진다. 정신건강에 좋은 것 같다. 살도 빠지고 팀을 이뤄 게임을 하다 보니 협동심도 생긴다."고 말했다. 올해 졸업을 한 킨볼 클럽의 선배와 지속적으로 만나 개인적인 고민도 상담하는 등 끈끈한 관계를 유지하고 있다고 했다. 학생들은 클럽활동을 하면서 상대를 배려하는 마음도 갖게 된다고 한목소리를 냈다. 올해부터 친구의 권유로 킨볼 클럽에서 활동하고 있다는 유은지 양(3학년)은 "게임을 하다 보면 누구든 실수를 할 수 있다. 물론 나도 실수할 때가 많다. 그러다 보니 동료가 실수할 때 오히려 위로해 주고 있다."고 말했다.

노수신 교사는 클럽활동에만 빠져 공부를 게을리하는 것을 방지하기 위해 인천 시내 중학교 클럽 대항전 등 대외 경기에 나가는 선수들은 성적도 체크한다. 성적이 떨어진 학생은 학교 대표에서 제외시키고 있다고 소개했다. 노 교사는 내년에는 클럽활동 참여율을 더욱 끌어올리고 학생 개인별 맞춤형 체력 관리로 지·덕·체를 고루 갖춘 전인교육의 학교를 만들겠다는 포부를 밝혔다.

발췌: 2010. 7. 25. 〈스포츠 조선〉 기사

02

디지털 세대와 욕구를 조절하는 힘

저는 6학년 2학기가 시작될 때까지 핸드폰이 없었습니다. 여름방학이 끝나고 개학을 했는데 우리 반 모든 아이들이 핸드폰을 갖고 있었습니다. 다른 친구들과의 연락망에서 나만 제외되었다는 생각이 들어서 부모님께 핸드폰을 사 달라고 했습니다.

공부 시간에는 핸드폰을 끄고 보관함에 넣는다.

게임은 다운받지 않는다.

밤 열 시 이후에는 핸드폰을 사용하지 않고 보관함에 넣는다.

길 가면서나 밥을 먹을 때는 하지 않는다 등의 원칙 하에 핸드폰을 샀습니다.

핸드폰을 산 날, 저는 이제 친구들과 자유로이 연락할 수 있어서 마음이 부풀었습니다. 그런데 한 달쯤 지나자 부모님과의 약속은 시들해지고 친구들 핸드폰에 있는 게임을 다운받고 싶은 욕망에 사로잡혔습니다. 결국 엄마 아빠 몰래 게임을 다운받았고, 반 친구들과 밤새 문자하며 시간을 보내기도 했습니다. 중학교에 입학하자 더욱 무궁무진한 게임들을 다운받아서 즐겼고, 핸드폰의 쓰임새는 나날이 커져 갔습니다. 그때 부모님은 이미 게임을 다운받은 것을 아셨지만, 핸드폰에 빠진 저는 핸드폰을 빼앗길 때마다 난리를 쳐서 계속 핸드폰을 갖고 있었습니다. 당연히 성적도 떨어지고, 길 가면서 핸드폰을 손에서 놓지 않고 게임하는 모습을 들켜도, 명절에 시골에 가서도 핸드폰만 하는 저를 어떻게 하지는 못하셨습니다.

그러던 중 낼모레가 엄마 생신이라는 것을 아는 순간 머리가 번쩍 깨이는 느낌이 들었습니다. 그동안 아빠는 어떻게든 힘으로 제 핸드폰을 뺏으려고 하셨지만, 엄마는 그때마다 엄마의 생각만 말씀하시고 아빠처럼 강요하지 않으셨습니다. 엄마는 최대한 좋은 말씀으로 제 생각을 바꿔 놓으려고 노력하셨는데, 그동안 함께 정한 원칙 하나 못 지키고 난리를 쳐 가며 핸드폰을 써 온 자신이 부끄럽고 죄송해졌습니다. 그래서 저는 엄마의 생신 선물로 핸드폰이 없는 삶을 살아 보겠다고 말씀드렸고, 역시나 엄마는 저의 선물을 굉장히 좋아하셨습니다. 만약 그동안 엄마가 계속 잔소리를 하셨다면 저는 핸드폰을 없애지 않았을 것입니다.

핸드폰 없이 하루도 못 살 것 같았던 불안한 마음과 허전함은 여전히 남아 있었지만 2주쯤 지나니까 핸드폰 화면보다 사람의 눈을 볼 수 있었습니다. 그렇게 핸드폰을 없앤 지 한 달이 지나자 몸이 건강해지는 기분까지 들었습니다. 그리고 핸드폰을 갖고 있는 아이들이 수갑에 채워진 것 같은 생각이 들었고, 저는 자유롭다는 생각이 들었습니다. 제가 핸드폰을 반납한 것은 부모님의 격려의 말씀과 강요하지 않는 조언이 있었던 데다, 스스로 핸드폰으로 입는 피해들을 외면하지 않고 직면하여 내 인생을 위해 없애야겠다고 생각했기 때문입니다. 저는 지금 핸드폰이 없다는 사실이 자유인의 상징인 것 같아 자부심도 느낍니다.

"엄마, 저 오늘부터 핸드폰 안 쓸게요." 아들의 말에 나는 멍했다.

"믿지 않는 눈치신데요?" 규호는 섭섭해했다.

그랬다. 마음속으로 '그게 말이 되냐?' 하는 생각부터 들었다. 그래도 대화법을 배운 엄마답게 제법 우아하게 대답했다. "그래? 엄마 생일 선물로 핸드폰을 없애겠다는 거야? 우와, 대단한걸! 이건 정말 최고의 선물이다."

6학년 2학기가 되자마자 남들처럼 핸드폰이 갖고 싶다며 굵은 눈물을 뚝뚝 흘리기에 마지못해 사 주었던 핸드폰이다. 그런데 1년도 채 쓰지 않은 중학교 1학년 여름방학에 없애겠다니, 엄마의 생일 선물을 빙자한 쇼가 아닐까 하는 의심부터 들었다. 그러나 규호가 내게 준 선물은 결코 즉흥적인 결정은 아니었나 보다. "마음 바뀌기 전에 빨리 없애세요."라는 아들 말에 놀라 반신반의하며, 핸드폰이 꼭 필요할 때는 엄마의 핸드폰을 함께 쓰기로 규칙을 정하고 테크노마트에 가서 아빠 이름으로 명의를 바꾸었다. 평소에 핸드폰의 해로운 점들과 피해에 대해 부모로서 걱정되는 점들을 자주 이야기해도 아들이 얼마나 진지하게 받아들일지 자신이 없었는데, 규호는 다 듣고 있었나 보다.

핸드폰을 없애고 나서 한 달 가량은 꽤 잘 지냈지만 차츰차츰 핸드폰을 없앤 생색을 어찌나 내던지……. 그때마다 "넌 정말 대단한 아이야!" "너 스스로의 반납 결정이 고맙다." "우리 규호, 미래가 밝다." 등등의 말로 부모로서 기쁨을 자주 표현하면서 칭찬을 많이 했다. 하지만 내가 아들을 혼내고 서운하게 하거나 칭찬이 시들해지면, 핸드폰을 반납한 것이 자기 인생의 최대 실수라며 투덜대기도 했다. 핸드폰이 없는 불편함은 규호에게만 있었던 건 아니었다. 연락이 안 되고 늦게 올 때면 내가 더 답답하고, 걱정되고, 화가 나기도 했었다. 하지만 혼내기보다는 나의 걱정을 전달했고, 늦을 때는 친구 핸드폰이나 공중전화로 연락해 달라고 부탁했다.

규호가 핸드폰 없이 지낸 지 1년 6개월이나 되었다. 가끔 아들이 먼 곳을 가거나 핸드폰이 필요하다는 생각이 들 때면 나의 핸드폰을 대여해 주면서 규호와 별 불편 없이 잘 지낸다. 시간이 갈수록 아들에게 참 고맙다. 내가 부모 노릇에 대해 열심히 배운 결실이 아들의 핸드폰 자진 반납이라며, 남편은 많은 사람들에게 자랑하는 모양이다. 쑥스럽긴 하지만 남편과 나, 아들과 아버지의 관계는 더 친밀해지고 서로 인정해 주는 사이로 발전하고 있다. 나는 대화법을 사랑법이라고 생각하고 있다. 나에게는 사랑을 더 잘하고 싶어서 배우는 것이 대화법이다. 분명 규호의 핸드폰 반납 선물도 나의 사랑법에 대한 응답일 것이다.

부모 자신이 먼저 변화하고 성숙하기 위해 지속적으로 부모교육을 받는 분들이 계십니다. 규호 어머니도 그런 분이십니다. 규호가 핸드폰을 사 달라고 조를 때부터 엄마의 생일 선물로 핸드폰을 반납하기까지의 그 모든 과정을 함께 지켜보았습니다. 같이 교육을 받던 어머니들은 모두 내 아이 일인 양 함께 고민하면서 지혜를 찾았고, 규호가 핸드폰 반납으로 엄마의 생일을 축하해 주었을 때 우리는 다 함께 감동했습니다. 규호는 경험을 글로 써 달라는 부탁도 선선히 들어주었습니다. 그런 규호가 얼마나 대견하고 자랑스러운지요. 사춘기의 폭풍 속에서 자신의 욕구를 조절하는 것이 정말 어려운데, 규호는 대단한 내면의 힘을 가지고 있네요. 핸드폰보다 사람의 눈을 보게 되었고 자유인의 자부심을 느낀다는 규호의 말이 보석처럼 제 가슴에 와서 반짝입니다. 전철을 탔을 때 어른 아이 할 것 없이 많은 사람들이 이어폰을 끼고 핸드폰에 빠져 있는 모습을 볼 때마다 답답하던 가슴이 규호를 생각하면 위로받게 됩니다. 물론 규호는 한 번 성공했지만, 아직 사춘기 청소년이기에 앞으로도 여러 가지 유혹에 노출되어 욕구를 조절하는 데 어려움을 겪을 것입니다. 사실, 어른들도 마찬가지입니다. 그것이 인생이므로 넘어졌다가 다시 일어나는 과정을 거치면서 성숙해 가는 것입니다.

지금의 청소년들은 디지털 시대를 살아가는 신인류라고 합니다. IT 기술의 발전을 삶에서 적절하게 이용하는 것은 지식정보시대에 꼭 필요한 일이기는 합니다. 그러나 욕구를 조절하는 힘이 없을 때, 아이들은 인터넷 중독과 게임 중독에 빠져들게 됩니다. 공부에 지장이 있을 뿐만 아니라 건강에도 심각한 문제가 생기고, 사이버 세상에만 집중할 때 현실 세상에서 사람들과 어울려 살아가는 능력을 잃게 됩니다. 부모교육 현장에서 아들의 게임 중독, 딸들의 핸드폰 문자 중독을 호소하는 어머니들이 많습니다. 중독 단계까지 가지 않은 상황에서는 자녀와의 관계 회복에 힘쓰고 대화가 잘되도록 인내심을 가지고 노력하여 아이들을 변화시키는 경우를 많이 보았습니다. 그러나 이미 중독이 되었다면 전문가의 도움을 받아야 합니다. 여성

가족부에서 청소년상담원과 전국의 청소년상담지원센터와 함께 운영하는
'레스큐 스쿨'이 있습니다. 11박 12일 동안 무료로 진행되는 기숙형 인터넷
중독 치료 학교입니다. 전문가의 치료적 도움을 받으면 중독에서 빠져나올
수 있습니다. 부모가 공부에만 신경 쓰지 말고 디지털 시대를 사는 사춘기
의 자녀들을 세심하게 관찰하고 지혜롭게 돕는다면, 몸과 마음이 튼튼하게
자라나 그들의 생명력이 세상에 아름답게 퍼져 나갈 것입니다.

인터넷 중독 체크리스트

1. 처음에 생각했던 것보다 인터넷을 더 오래 하나요?

2. 인터넷을 하느라고 꼭 해야 할 일을 미룬 적이 있나요?

3. 가족이나 친구들과 있는 것보다 인터넷을 하는 것이 더 즐겁나요?

4. 인터넷을 하면서 새로운 친구를 사귀어 봤나요?

5. 인터넷을 너무 자주 한다고 주위 사람들에게 잔소리를 들은 적이 있나요?

6. 해야 할 다른 일을 하기 전에 먼저 인터넷부터 하나요?

7. 인터넷에 대한 생각으로 인해 현재 고민하는 문제를 잊었던 적이 있나요?

8. 인터넷을 하는 도중에 방해를 받으면 소리를 지르거나 화를 낸 적이 있나
요?

9. 인터넷하는 시간을 줄이려고 노력했지만 실패한 적이 있나요?

10. 인터넷을 얼마나 오래 했는지 다른 사람에게 숨기려 한 적이 있나요?

11. 기분이 우울하고 긴장되었다가 인터넷을 한 후 괜찮아진 적이 있나요?

12. 밤새워 인터넷을 하느라 잠을 못 잔 적이 있나요?

➡ **결과표**

1	2	3	4	5	6	합계
7	8	9	10	11	12	

3~4개: 당신은 평범한 인터넷 사용자입니다. 스스로 조절할 수 있는 상태지만 지금보다 더 많이 하지 않도록 주의하세요.

5~8개: 당신은 조금씩 문제가 나타나고 있습니다. 그대로 방치하면 인터넷 중독에 빠질 위험이 있으니 시간을 절반으로 줄이세요.

9~12개: 당신은 인터넷 중독일 가능성이 높습니다. 스스로 해결하기 어려운 상태이므로 주변 사람에게 도움을 청하거나 청소년 상담전화(1388)를 통해 상담을 받아야 합니다.

휴대폰 중독 체크리스트

(전혀 아니다-1점, 약간 그렇다-2점, 어느 정도 그렇다-3점, 상당히 그렇다-4점, 매우 그렇다-5점)

1. 휴대폰을 집에 두고 오면 하루 종일 불안하다.

2. 배터리가 한 눈금만 남으면 불안하다.

3. 요금이 많이 나와서 사용을 줄이려고 한 적이 있다.

4. 중요한 일이나 수업 중에 전원을 끄지 못한다.

5. 외워서 걸 수 있는 전화번호가 거의 없다.

6. 휴대폰을 남과 다르게 꾸미고 싶다.

7. 별다른 용무 없이 심심하면 전화를 건다.

8. 휴대폰을 자주 꺼내 전화나 문자가 왔는지 확인한다.

9. 집에 전화가 있는데도 휴대폰을 사용한다.

10. 수업이나 중요한 일을 하고 있을 때 문자가 오면 바로 답장을 보낸다.

➡ **결과표**

1	2	3	4	5	합계
6	7	8	9	10	

30점 이상: 당신은 휴대폰 중독 성향을 보입니다. 스스로 중독이 심각하다고 느끼면 주위에 도움을 요청하세요. 휴대폰 말고 친구나 가족과 대화를 시도하세요.

20점 이상: 휴대폰 의존도가 높은 편이니 주의하세요.

10점 이상: 편리한 의사소통 수단으로 휴대폰을 사용하고 있어 큰 문제가 없습니다. 그러나 방심은 금물입니다.

출처: 《KACE-부모에게 약이 되는 이야기》 85호(〈디지털 중독 시대에 우리 아이 바로 키우기〉)

03

사춘기의 폭풍

적이 오빠, 사랑해요!

제가 죽으면 화장해서 일부는 MBC 앞에 뿌려 주고,

나머지는 피아노 위에 뿌려 주세요.

죽어서 다시 태어나면 꼭 가수 될 거예요.

……

언니, 울지 마. 착한 동생 돼 주지 못해 미안해.

내 친구 수현아, 나를 위해 울지 말고 얼른 잊도록 해.

사춘기를 심하게 겪고 있던 딸아이의 어느 날 일기장의 한 부분입니다.

책상 위에 펼쳐진 그 유서 같은 글을 읽었을 때, 황당하고 두렵고 기가 막

히는 와중에도 저를 그렇게 사랑하고 키워 준 부모에 대해 일언반구도 없다

니, 제 자신이 한없이 초라했으며 섭섭하고 허무했습니다.

저는 고등학교 1학년과 중학교 2학년, 두 딸을 두고 있습니다. 큰딸은 단정하고 예의 바르고 성적도 좋은 '범생 외고생'이고, 작은딸은 대담하고 명랑 쾌활하고 개성이 강한 반면, 덜렁대서 실수도 자주 하는 개구쟁이형입니다. 큰딸의 사춘기를 보며 작은딸에게 물었습니다. "너도 사춘기 되면 저럴 거니? 엄만 너무 속상하다."

"아뇨, 그럴 리가 있나요. 엄마, 걱정 마세요. 난 안 그래요."

그렇게 나를 위로해 주던 작은딸에게 어느 날 갑자기 거대한 소용돌이처럼 아이를 휘감으며 사춘기가 들이닥쳤습니다. 조수미 같은 성악가가 되겠다던 아이는 성악 공부를 미련 없이 접고, 가곡 CD는 이름 모를 가요로 바뀌었고, 오로지 쇼 프로와 그에 관한 잡지에만 매달렸습니다. 결사적이라 할 만큼 철저하고 집요하게 빠져드는 딸아이의 방은 벽과 천장까지 온통 가수들의 브로마이드로 가득 찼고, 책상은 물론 책가방 속까지 가수에 관한 기사, 배지, 사진, 스티커로 가득 찼습니다. 오로지 가수가 될 꿈에 노래 가사 외우기, 녹화를 보며 춤 따라 하기, 각종 음악 프로에 신청곡 보내기가 주된 일과가 되어 버렸습니다. 시험 때 신통하게 책상 앞에 앉아 있다 싶으면 어김없이 팬레터를 쓰는 중이었습니다. 밤에는 이어폰을 꽂은 채, 꿈에서라도 만나야 한다며 가수의 사진을 가슴에 안고 자곤 했습니다. 성적이 떨어지는 것이 불안해서 학원에 보냈더니, 아이는 학원을 가수에 대한 정보를 수집하는 장소로 이용하면서 사진과 잡지를 친구들과 교환하는 맛에 즐겁게 학원을 다녔습니다. 그러면서 아이는 흔히 날라리라고 불리는 아이들과 어울리기 시작했습니다. 점점 더 옷차림에 신경을 쓰고, 머리 모양은 이상하게 변하였고, 지하상가를 의무처럼 헤맸습니다. 보충수업은 빼먹고 친구들과 카페에 가 있기도 했습니다. 야단도 치고 달래도 보고 협박도 해 보았지만, 아이는 자신만의 성을 높이 쌓고 그 안에 들어앉아 도대체 문을 열려고 하지 않았습니다. 나와 아이 사이에는 골이 깊게 파여만 갔고, 하루하루가 살얼음판을 딛는 것 같은 불안의 연속이었습니다.

그러던 차에 부모교육을 만났습니다. 목마른 사람이 물을 찾는 심정으로 열심히 참석했고, 교육이 시작되면서 어둡기만 하던 제 마음에 한 줄기 빛이 다가왔습니다. 교육의 초점을 오로지 성적을 올리는 데, 그래서 좋은 대학 보내는 데에만 맞추었던 제 자신이 부끄러웠습니다. 어떻게 사는 것이 잘 사는 것인지 뚜렷한 나침반을 마련해서 자주 꺼내 보라는 강사님의 말씀이 가슴에 와 닿아서 제 사고를 바꾸려고 노력했습니다. 미래 사회와 자녀 교육에 대한 이야기를 들어 보니, 그동안 나는 산업사회의 가치관으로 정보사회를 살아갈 아이를 사육하고 있었던 것입니다. 창의성, 인간성, 윤리 의식, 앞을 내다보는 눈이 중요하다고 말하면서, 그런 것들이 무참히 짓밟히는 우리 교육을 개탄하면서, 실제로는 성적만을 잣대로 모든 것을 평가하고 있는 나 자신을 보게 되었습니다. 성적을 올리는 일만이 아이를 잘 기르는 것이고, 훌륭한 어머니가 되는 길이라고 생각했던 것이지요. 좁고 어두운 터널을 빠져나와 탁 트인 들판을 보는 듯한 느낌이었습니다.

교육을 받고 나서 처음 한 일은 아이가 원하지 않는 모든 학원을 그만두게 한 것입니다. 성적에 대한 기대치를 낮추는 대신, 아이가 흥미 있어 하고 소질을 보이는 일을 찾기로 했습니다. 음악에 대한 아이의 정열을 이해하려고 함께 음악을 듣고, 배워 보려고 애쓰고, 아이가 좋아하는 가수의 사진이나 소품을 기쁜 마음으로 사 주었습니다. 그리고 워낙 책읽기를 좋아하던 아이였기에 독서모임을 만들었습니다. 요즘 흔히 하는 논술이 아니라 책을 읽고 상상으로 여행을 가 보고, 여행 안내 책자도 만들고, 연극도 하고, 토론도 하는 열린 모임이었습니다. 어느덧 아이는 독서모임 숙제를 할 때만큼은 음악을 듣지 않게 되었고, 저와의 대화도 서서히 늘어났습니다. 꼭꼭 잠겼던 방문이 언제부터인가 방싯 열렸습니다. 신기하게도, 학교 성적과 아무 관계 없는 독서모임에서의 자신감이 학교 공부에까지 전이가 되어 학습에 열의를 보이기 시작했습니다.

2학기 중간고사 성적이 나온 날, 딸아이는 친구들과 함께 집으로 왔습니다. 간식을 준비하고 있는데 딸아이가 살짝 부엌으로 와서 귓속말로 "엄마, 나 백 등이나 올랐어요." 하고는 미소를 지었습니다. 아마 친구들이 갈 때까지 참을 수가 없었던가 봅니다. 한동안 잊고 살았던 딸아이의 해맑은 모습을 발견하곤 힘껏 끌어안으며 감사의 기도를 올렸습니다.

딸아이의 사춘기 폭풍은 이제 수면 아래로 가라앉은 듯 보입니다. 하지만 언제 또다시 풍랑과 파도가 일지 아무도 모릅니다. 하지만 끝없는 사랑으로 아이를 감싸고, 넓은 세상을 스스로 헤쳐 나갈 수 있는 힘을 가질 수 있도록 엄마로서 더욱 열심히 노력할 것입니다. 어렵사리 다시 잡은 아이와의 사랑의 끈을 절대로 다시는 놓치지 않으렵니다.

사춘기 딸아이의 방황을 보며 가슴앓이를 하고 있는 어머니를 처음 만났을 때 얼마나 힘들어 보였는지 모릅니다. 그런데 놀라운 일이 벌어졌습니다. 그 어머니는 부모교육을 받으면서 그렇게 단단하게 부여잡고 있던 공붓줄을 내려놓고 딸과의 관계 회복이라는 줄을 생명줄처럼 움켜잡고 노력하셨습니다. 몇 년이 지난 후에 복잡한 전철역 광장에서 우연히 그 어머니와 딸을 만났습니다. 눈으로 살며시 그때 그 딸인지, 여쭈어 보았습니다. 고개를 끄덕이는 어머니의 미소가 아름다웠고, 사춘기 몸살이 심하던 딸은 환하게 아름다운 대학생이 되어 있었습니다. 팔짱을 낀 모녀의 다정한 뒷모습에서 아우라가 퍼져 오듯 사랑의 기운이 느껴졌습니다.

흔히들 사춘기를 질풍노도의 시기라고 합니다. 엄마를 내려다보며 무시하는 눈빛으로 대들기 시작하면서 이해할 수 없는 행동을 합니다. 이상한 언어와 욕 같은 말투로 누군가를 비난하고, 아침밥은 못 먹어도 머리는 30분 넘게 빗어야 하고, 커닝한 것을 무용담처럼 자랑합니다. 이제 본격적으로 공부를 시작해야 할 시기라고 생각하는 부모는 마음이 조급한데 사춘기 아이들은 에너지를 엉뚱한 곳에 쓰고 있으니, 부모와 자녀 사이에 전쟁이 일어날 수밖에 없습니다. 부모 세대와 다르게 사춘기를 심하게 앓고 있는 요즘 아이들을 어떻게 이해해야 할까요?

사춘기는 2차성징이 나타나면서 생식기능이 완성되는 시기이므로 성에 대한 관심과 충동이 높아집니다. 충분한 영양 공급과 의학의 발달로 신체적 성장은 빨라지는 데 비해 상대적으로 정신적 성숙은 따라가지 못해서, 정신과 육체의 성숙도 차이가 점점 심해지고 있습니다. 성호르몬이 분비될 때 뇌 신경세포의 흥분을 전달하는 도파민이 많이 분비되지만, 충동을 조절하고 이성적인 판단을 하는 뇌의 기능은 아직 미성숙한 상태입니다. 또한, 부모 세대는 청소년기에 부모의 간섭을 받지 않고 자신의 앞길을 선택하고 헤쳐 나갈 수 있었지만, 지금의 청소년들은 공부에 전념하도록 적극적으로 간섭하고 돌보는 부모의 영향력을 벗어나기가 쉽지 않습니다. 빨라진 사춘기, 신체적 성장의 속도를 따르지 못하는 뇌의 성숙, 심리적 독립이 자꾸 어려워지는 상황 등을 염두에 두고 사춘기 자녀를 이해해 봅시다. 또한, 발달단계에서 나타나는 사춘기 청소년의 자아중심성을 알고 나면 내 아이가 왜 그런 행동을 하는지 이해하는 데 도움이 됩니다.

청년기의 자아중심성

사춘기 청소년들은 자신의 생각과 관념 속에 사로잡혀 자신만의 독특한 세계와 타인의 보편적인 세계를 구분하지 못한다. 자신은 특별한 존재라는 특유의 독특성에 대한 착각에 빠져들게 되며, 자신이 우주의 중심이 된다고 믿을 만큼 강한 자의식을 보이게 된다. 엘킨드(Elkind)는 이러한 사회인지적 특성을 청년기 자아중심성이라고 부르며 두 가지 특성으로 설명하고 있다.

1. 개인적 우화

청소년들이 자신은 특별하고 독특한 존재이므로 자신의 감정이나 경험 세계는 다른 사람과 근본적으로 다르다고 믿는다. 자신의 우정, 사랑 등은 다른 사람은 결코 경험하지 못하는 것으로 생각하며, 다른 사람이 경험하는 죽음, 위험, 위기가 자신에게는 일어나지 않으며, 혹시 일어나더라도 피해를 입지 않을 것으로 확신한다. 이러한 자신의 독특성에 대한 비합리적이고 허구적인 관념을 개인적 우화라고 한다.

개인적 우화는 청소년에게 자신감과 위안을 부여하거나, 기성세대가 하지 못한 것을 할 수 있다는 가능성을 믿고 이를 행동으로 옮기게 한다. 빈곤 퇴치, 환경운동, 시민운동 등에 적극적으로 참여하는 것은 긍정적인 독특성과 연결되는 측면이다. 반면에, 자기 존재의 영속성을 믿고 과격한 행동에 빠져들거나 감각 추구 경향을 보이고, 음주운전, 폭주, 마약, 성 문란 등의 파괴적 행동을 하는 부정적 측면도 있다. 개인적 우화 현상은 청소년에게 현실검증 능력이 생기면서 자신과 타인의 실체를 객관적으로 인식하고, 타인과 친밀한 관계를 정립하게 되면 사라진다.

2. 상상적 청중

청소년의 과장된 자의식으로 인해 자신이 타인의 집중적인 관심과 주의의 대상이 되고 있다고 믿는 자아중심성의 형태이다. 청소년들은 상상적 청중을 즐겁게 하기 위해 많은 힘을 들이며, 타인은 눈치채지도 못하는 작은 실수로 번민한다. 상상적 청중에 대한 자신의 위신을 손상시킨다고 생각되면 작은 비난에도 심한 분노를 보인다. 상상적 청중 척도가 높은 청소년들은 부정적 자아개념을 갖는 경향이 높으며, 자아존중감과 자아발달 단계가 낮다.

서구의 청소년들은 15~16세경에 자아중심성에서 벗어나는 데 반해, 우리나라 청소년의 자아중심성은 대학교 1학년까지 높은 수준으로 지속된다는 연구 결과가 있다. 이는 우리나라 청소년들이 중·고등학교 시기 동안 적절한 대인관계 경험을 갖지 못하며 자아정체성의 탐색이 불충분한 데서 기인하는 것으로 보인다. 부모와 수용적이고 애정적인 관계를 유지하고 인정과 사랑을 받고 있다고 자각하는 청소년은 자아중심성이 낮은 반면에, 부모로부터 지나친 통제와 구속을 받거나 방임 상태로 버려져 있다고 생각하는 청소년의 경우에는 자아중심성이 높다는 보고가 있다. 비행 집단 청소년의 자아중심성이 일반 집단에 비해 높은 것은 이 특성이 비행과도 관련이 있음을 반영하는 것이다.

출처 : 『발달심리학』(송명자 / 학지사)

04

인내에 담긴 사랑

정우야, 요즘 엄마에게 실망 많이 했지?

지난 토요일 밤 너로부터 엄마의 추한 모습을 지적받았을 때 화가 치밀어 정신을 차릴 수 없었지만, 사실 쥐구멍이라도 찾고 싶었단다. 방으로 들어와서는 눈물만 흐르고 좌절감에 견딜 수가 없었어. 정말, 나는 부모교육을 받으면서도 왜 이렇게 안 되는 걸까? 바로 그때가 너와 신뢰를 회복할 수 있는 기회였는데…….

부모교육을 받을 때마다 그동안 최선을 다했다 싶은 것들이 너한테 생채기가 되어 네 자신감을 빼앗아 버렸다는 것을 알게 되었지. 네 말대로 내 이기적인 허영심 때문에, 쥐꼬리만한 자존심 때문에 널 힘들게 했구나.

정우아, 정말 미안하고 또 부끄럽구나. 인내로 잘 기다려 주지 못해서.

이렇게 실수를 통해, 너를 통해 엄마는 또 크는구나. 정신을 차려 보니 논리정연한 너의 말이 참 놀랍구나. 어느새 커서 부족한 엄마의 선생님이 되어 있었구나. 바르고 건강하게 잘 자라고 있는 네가 참 고맙다.

정우야, 내가 조용히 생각을 해 보니까 요즘 아버지 사업이 생각보다 빨리 회복되지 않아서 내 안에 조급함과 불안함이 고여 있었나 봐. 네가 열심히 공부하면 아버지도 희망이 생기고 힘이 될 것 같아 너에게 공부에 대한 보상심리가 생겼던 것 같구나.

40년 동안 몸에 밴 허물들이 쉽게 벗겨지지 않지만, 엄마가 열심히 공부하면서 노력해 볼게. 정우도 엄마를 좀 도와다오. 우리 가정의 이 어려운 시간이 아름다운 시간으로 바뀔 수 있도록 함께 노력해 보자. 차마 너를 보며 엄마의 마음을 전할 용기가 나지 않아 이렇게 글로 대신한다. 네 마음도 받아 보고 싶구나. ─엄마가

사랑하는 어머니께

어머니! 어머니께서 쓰신 편지를 읽고 너무도 놀랍고 감격해서 눈물이 나올 뻔했어요. 제가 그때 했던 말 너무 심했던 것 같아 사과드리려고 했는데, 어머니께서 이런 편지를 보내시다니 몸 둘 바를 모르겠어요.

모두가 어머니의 사랑인 걸 알면서도 왜 먼저 이해하고 머리 숙이지 못하는지…… 제가 한심스럽다고 느낄 때가 있죠. 어머니! 앞으로 제가 어머니께 정말 이상적인 아들이 못 될지도 몰라요. 하지만 전 항상 최선을 다하려고 노력할게요. 지금 도서관이라 길게 쓰지 못하고 글씨도 엉망인 점 죄송하고요.

그리고 어머니께 꼭 드리고 싶은 말은…… 전 언제나 어머니를 사랑해요. 이런 절 지켜봐 주세요. 전, 잘하고 싶어요! ─큰아들 정우 올림

밤 열두 시가 넘어 거실에서 들려오는 TV 소리에 잠이 깬 정우 어머니는 그날 밤도 정우와 공부 문제로 싸우다시피 했습니다. 그러나 "지금 엄마 모습이 얼마나 추한지 아세요?"라는 정우의 말 한마디로 싸움은 끝나고 말았습니다. 그날 밤의 충격을 털어놓는 정우 어머니의 이야기를 들으면서 같이 부모교육을 받던 어머니들이 모두 가슴 아파했습니다. 부모가 무슨 죄인인 양 사춘기 자녀에게 공격받는 고통이 남의 일 같지 않았기 때문이지요. 세차게 불어닥치는 사춘기 바람이 끝날 것 같지 않은 두려움, 어색하고 냉랭한 분위기에서 멀어져 가고 있는 아들을 무력하게 바라보는 것이 얼마나 큰 고통이겠습니까? 그래도 어머니들은 사춘기 자녀를 이해하고 사랑하자고 서로 격려했습니다. 너희들이 아무리 그래도 우리는 너희를 사랑할 것이라고 서로 손을 맞잡았습니다. 정우 어머니는 사랑하기 위해 다시 일어서서 정우에게 편지를 보낼 수 있었습니다. 그다음 주에 정우의 답장을 들고 와서 모두에게 읽어 줄 때, 마치 내 아들의 사랑을 확인한 것처럼 그 자리에 있던 모든 어머니들이 함께 울었습니다. 정우의 편지에서 사랑의 화살처럼 제 가슴에 와서 박힌 말이 있었습니다.

"전, 잘하고 싶어요."

"언제나 어머니를 사랑해요."

사춘기 와중에 미쳐 돌아가는 것처럼 보이는 아이들이지만 속마음은 잘하는 모습을 부모에게 보여 드리고 싶고, 부모를 언제나 사랑한다는 것입니다. 그런데 그게 뜻대로 안 되니 사춘기 자녀들도 얼마나 고통스럽겠습니까?

중·고등학교 시기를 상호 의존 단계라고 일컫는 것은 상당한 의미가 있습니다. 이 시기에 부모가 어떻게 인내하고 견디느냐에 따라 자녀가 아주 멀어질 수도 있고, 상호 존중을 바탕으로 감정적으로 연결된 새로운 형태의 의존으로 나아갈 수도 있는 갈림길이라고 할 수 있습니다. 부모와 자녀가 서로 독립적이면서도 서로 걱정하고 사랑하는 관계로 성숙해 나갈 수 있는 중요한 단계입니다. 부모의 속이 시커멓게 타들어 간다 해도 사랑으로 잘 견디면, 우리 아이들은 언젠가는 사춘기를 끝내고 멀쩡한 모습으로 우리 곁으로 돌아옵니다. 인내 속에 담긴 사랑만이 사춘기 자녀를 변화시킬 수 있습니다.

그대 앞에 봄이 있다

김종해

우리 살아가는 일 속에
파도치는 날 바람 부는 날이
어디 한두 번이랴
그런 날은 조용히 닻을 내리고
오는 일을 잠시라도
낮은 곳에 묻어 두어야 한다

우리 사랑하는 일 또한 그 같아서
파도치는 날 바람 부는 날은

높은 파도를 타지 않고

낮게 낮게 밀물져야 한다

사랑하는 이여

상처받지 않은 사랑이 어디 있으랴

추운 겨울 다 지내고

꽃필 차례가 바로 그대 앞에 있다

05

고통을 이겨 내는 힘

이야기 마당 하나

승현이가 6학년 2학기에 접어들면서 생각을 많이 했어요. 초등학교 시절을 어떻게 마무리하고 중학교를 준비하는 것이 좋을까? 남들은 모두 학원을 보내 국어, 영어, 수학을 준비시킨다고 하지만 나는 좀 더 의미 있는 무엇인가 다른 공부로 준비시키고 싶었어요. 그래서 생각해 낸 것이 겨울방학 중 '나 홀로 여행'이었어요. 아들에게 이렇게 제안했어요. "승현아! 중학교에 들어가면 여러 가지로 힘들 텐데 네가 무엇인가 해낼 수 있다는 체험을 하면 어떻겠니? 너 혼자 남한 전체를 돌아보는 것 말이야. 네가 좋다면 계획부터 혼자 세워 보렴." 지방 여기저기에 사는 친척이나 친지에 대하여 알려 주고 혼자의 힘으로 여행 계획을 짜게 했어요. 친척 집에서 며칠씩 묵어 가면서 근처의 여러 곳을 다니는 형태로 한 달 동안 여행하겠다는 계획을 세워 왔어요. 서로 의논을 잘 한 후에 승현이는 '나 홀로 여행'을 떠났어요. 처음에는 너무 불안했어요. 쓸데없는 짓을 한 것은 아닌가 후회도 되었어요. 여기저기 친척 집에 도착해서 거기에 머무는 동안에는 마음이 놓였지만, 낯선 곳을 다닐 때에는 자꾸만 나쁜 쪽의 생각이 들곤 했어요. 아직 어린 나이인데 공연한 일을 벌였나 하고 조바심치다가 매일 저녁 걸려 오는 아들의 전화를 받고 나면 마음이 놓였지요. 무사히 여행을 마치고 돌아온 날, 승현이는 이제 더는 어린아이가 아니었어요. 가족의 고마움도 알고 반찬이 없어도 무엇이든 맛있게 먹더라고요. 무엇보다도 승현이의 눈빛이 달라지고 마음속에 무엇인가 꽉 찬 느낌이 들었어요. 승현이는 나에게 이렇게 말했어요. "엄마, 저에게 이런 기회를 주셔서 고맙습니다. 무섭고 힘들 때에는 중간에 포기하고 집에 오고 싶은 적도 많았어요. 하지만 이제는 자신 있어요. 앞으로 무슨 일이든지 잘할 수 있을 것 같아요."

2007년, 교감으로 재직하던 A중학교는 학부모의 자녀 교육에 대한 관심이 적은 탓인지 학생들의 생활지도에 어려움이 많았다. 마침 여름방학 기간에 교육청에서 주최한 '사제 동행 국토 도보 순례' 프로그램이 있었다. 힘든 것을 싫어하고 끈기도 부족한 우리 학생들을 이 프로그램에 참여시키면 좀 달라질 수도 있지 않을까 하는 기대를 갖고 희망 학생을 모집하였다. 그 결과 여섯 명의 남학생들과 함께 강원도 정선 아우라지—동강—영월 청령포 100km 도보 순례에 참가하게 되었다. 총 5개 학교의 교사 14명, 지역사회전문가 4명, 학생 42명이 8월 한여름에 4박 5일 여정으로 출발하였다.

아침부터 내리는 비는 버스로 진부를 거쳐 정선 아우라지에 도착해도 그치지를 않았다. 도보 순례의 출발지인 아우라지에서부터 배낭을 메고 줄을 서서 이동하는데, 아름다운 조양강가의 물안개를 바라볼 여유도 없이 비바람에 옷과 등산화가 젖어 들었다. 우리 학교의 학생인 환, 정, 철, 경, 식, 동이 학교에서 볼 때와는 달리, 내가 걱정이 되는지 처지지 않도록 앞뒤에 서서 신경을 써 주는 모습이 고맙고 대견했다. 인솔 교사들은 쉰 살이 넘은 여자인 내가 해낼 수 있을까 하고 걱정을 많이 했다고 한다.

첫날 16km를 걸어 문곡분교에 도착하여 저녁을 먹은 후 조별 친분 나누기 시간에는 자기소개도 하고 신체 활동도 하면서 즐거운 시간을 보냈다. 처음에는 자기소개도 잘 못 하더니 시간이 갈수록 친해져서 오랜 친구들처럼 장난을 치고, 탈북 학생들과도 허물없이 대하는 것을 보고 마음이 놓였다. 비는 그칠 줄을 모르고, 비옷을 다시 입을 수가 없어서 큰 비닐을 잘라 머리 부분을 둥글게 구멍을 내서 망토처럼 입고 빨간 비닐 끈을 허리에 질끈 맨 서로의 모습을 보며 웃음을 터트렸다. 인솔 교사들도 안전사고에 대비하여 긴장을 늦추지 않고, 솔치재 정상의 오르막과 내리막길을 걸어 수령 700년의 느티나무가 있는 정선초등학교 가수분교까지 24km를 걸어 도착하였다. 식사 후 조별로 설거지 당번을 하는데 우리 학교 차례라고 열심히 식판을 닦는 모습이 의젓했다. 다음 날 가수분교를 출발할 때는 비가 개어 햇볕이 내리쪼이는 길을 걷는데, 마치 찜통 속을 걷는 것 같았다. 옷은 젖더라도 비가 오는 것이 차라리 걷기는 나은 것 같았다. 동강 탐사 래프팅의 기대로 학생들은 모처럼 갠 날씨에 신이 나서 빨리 걸어 따라가기가 힘들었다.

36km를 래프팅하면서 동강 탐사를 하기로 계획되어 있었으나, 동강의

물이 너무 불어서 안전에 위험이 있어 거리를 줄이기로 하였다. 동강은 래프팅을 해야만 양쪽 강변의 아름다운 경치를 볼 수 있다. 나도 래프팅은 처음이라 기대가 되면서도 상류 물이 넘쳐 누런 흙탕물을 보니 겁이 났지만, 안내자의 구령에 맞추어 동시에 노를 저으면서 물살을 따라 내려가는 맛이란! 래프팅은 즐거운 마음으로 협동심을 배우는 좋은 레저 스포츠이다. 우리 학생들이 처음 해 보는 래프팅임에도 힘차게 노를 저으며 즐거워하는 모습을 보니 가슴이 뿌듯하였다. 동강 둔치를 출발하여 장릉에 도착, 능을 참배하고 선암마을이 보이는 옹정리 산 전망대로 가서 한반도 지형을 보고, 단종의 유배지였던 청령포로 향했다. 불어난 강물 때문에 청령포 안으로 들어갈 수가 없어서 아쉬운 마음으로, 당초의 계획에는 못 미쳤지만 총 71km의 도보 순례를 마치고 서울로 돌아왔다.

누가 그렇게 하라는 사람도 없었는데 손을 마주잡고, 혹은 부둥켜안으면서 서로 격려와 칭찬의 말을 주고받으며 해단식을 하였다. 드디어 4박 5일의 여정을 끝냈다. 천둥 번개를 동반한 빗속을 뚫고, 물집이 생기는 발을 바늘로 따면서 온몸이 떨리는 저온 현상을 무릅쓰고 아름다운 우리 강산을 두 발로 걸어 한 사람도 낙오자가 없이 출발지에 도착한 것이다. 국토 순례 이전의 나태하고 쉽게 포기하던 우리의 마음을 던져 버리듯, 환호를 하면서 모두들 모자를 하늘로 높이 던져 올렸다. 국토 순례 후 학생들에게 우리의 기록이 담긴 CD를 전해 주면서 국토 순례를 통해 얻은 것이 무엇인지 물어보았다.

"걸으면서 자신에 대해 많이 생각해 볼 수 있었고, 71km를 도보로 빗속을 행군했다는 것이 자랑스러웠습니다."

"동강의 래프팅을 잊을 수 없고, 이 행사에 참여할 수 있게 해 주셔서 감사합니다."

"이제 국토 순례 이전의 제가 아닙니다. 지켜봐 주십시오."

지각을 일삼던 환의 말에 고맙다며 손을 잡아 주었다. 자신에 대한 자랑 거리 하나 없고, 어제나 오늘이나 똑같은 암울한 환경에서 일상이 지겨운 아이들, 의욕도 없고 미래에 대한 희망도 없는 학생들에게 자신을 돌아볼 수 있는 기회를 제공하고, 희망을 이야기하고, 가슴 뿌듯한 자랑거리가 되 었다는 것이 나에게도 큰 선물이 되었다.

6학년 겨울방학이 되기 전에 어머니들은 온갖 정보를 수집해서 학원 스케줄을 이미 다 짜 놓는 경우가 많습 니다. 그런데 승현이 어머니는 아들이 한 달 동안 '나 홀 로 여행'을 하도록 해 주셨습니다. 그것도 스스로 계획을 세우게 하고, 하필 이면 왜 추운 겨울에 여행을 보내셨을까요? 승현이 어머니는 중학교에 들어 가기 전에 의미 있는 준비를 하도록 도와주고 싶었다고 했습니다. 승현이 어 머니가 아들의 여행 이야기를 했을 때 강사인 제 자신도 존경의 마음으로 들었던 기억이 납니다. 다른 어머니들도 승현이 어머니의 용기와 소신을 부 러워하며 박수를 쳤습니다. 추운 겨울 동안 '나 홀로 여행'으로 승현이의 마 음은 얼마나 커지고 단단해졌을까요?

내 자녀도 아닌 중학생 여섯 명을, 담임도 아닌 교감 선생님이 데리고 국 토 순례를 했다는 것이 놀랍지 않습니까? 한여름 복중에 비를 맞아 가며 남학생 여섯이 교감 선생님의 앞뒤를 에워싸고 걷는 장면을 상상할 때 너 무 흐뭇해서 웃음이 절로 나옵니다. "국토 순례 이전의 제가 아닙니다. 지켜봐 주십시오."라는 한 학생의 말이 긴 여운으로 제 귓가에 남아 있습니다. 그 교감 선생님은 제가 아주 좋아하는 저의 친구인데, 지금은 교장 선생님이 되었습니다.

공부의 힘만 키우는 요즘 세상에 마음의 힘을 키우기 위해 한겨울 여행을 보내는 어머니가 계시는가 하면, 부모님의 보살핌을 제대로 받지 못하는 학생들을 데리고 한여름 여행을 떠나는 선생님이 계시는 한, 세상은 아직 살 만한 곳입니다. 그리고 그렇게 마음의 힘을 단단하게 키운 아이들은 자신의 행복한 삶뿐 아니라, 앞으로의 세상도 살기 좋은 곳으로 만들어 갈 것임을 기대하고 확신합니다.

역경을 극복하는 힘

우리의 삶은 온갖 역경과 어려움으로 가득 차 있다. 행복한 일도 있지만 불행한 일은 양도 더 많고 질적으로 강도가 센 것처럼 느껴져서 우리를 좌절하게 만든다는 연구 결과가 있다. 하지만 우리 모두는 인생의 온갖 역경을 얼마든지 이겨 낼 잠재적인 힘을 지니고 있고, 그러한 힘을 학자들은 회복탄력성이라 부른다. 역경이야말로 사람을 더욱더 강하게 튀어 오르게 하는 스프링보드와 같은 역할을 한다. 역경으로 인해 나락으로 떨어졌다가도 강한 회복탄력성으로 되튀어 오르는 사람들은 대부분의 경우 원래 있었던 위치보다 더 높은 곳까지 올라간다. 이들에게는 역풍이 오히려 반가운 존재다. 마치 하늘을 나는 연처럼 바람이 불면 더욱더 높이 날아오르기 때문이다.

　회복탄력성은 마음의 근력과 같다. 몸이 힘을 발휘하려면 강한 근육이 필요한 것처럼, 마음이 강한 힘을 발휘하기 위해서는 튼튼한 마음의 근육이 필요하다. 몸의 근육이 몸의 면역력을 높여 주듯이, 마음의 근육은 마음의 잔병치레를 막아 준다. 회복탄력성은 꼭 커다란 역경을 이겨 내기 위해서만 필요한 힘이 아니다. 자잘한 일상사 속에서 겪는 수많은 스트레스와 인생의 고민과 인간관계에서의 갈등을 자연스럽게 이겨 내기 위해서도 필요한 힘이다.

　심리학자들에 의하면 마음의 힘은 일종의 '근육'과도 같아서 사람마다 제한된 능력을 갖고 있으며, 견뎌 낼 수 있는 무게도 정해져 있다. 그러나 마음의 근육이 견뎌 낼 수 있는 무게는 훈련에 의해 얼마든지 키울 수 있다. 체계적인 운동과 훈련을 통해 우리의 체력을 기를 수 있듯이, 회복탄력성도 노력과 훈련을 통해 키워 나갈 수 있다. 인생의 크고 작은 시련은 두려워할 대상이 아니다. 오히려 성공을 위한 도약의 발판이 될 테니 즐겁게 맞이할 일이다.

출처: 『회복탄력성』(김주환 / 위즈덤하우스)

06

코칭 대화

중학교 1학년 아들이 성적이 우수하지는 않아도 보통 정도였는데, 특별히 영어 성적이 안 좋았다. 그래서 한 달 동안 나름 열심히 영어만 공부를 하고 시험을 봤는데 54점을 받았다. 점수보다도 아들의 공부 습관에 문제가 있다고 생각되어 아들과 대화를 시작했다.

엄마: 성적에 만족하니?

아들: 아니요, 성적은 안 나왔지만 전 그래도 열심히 했어요.

엄마: 열심히 했는데 성적이 안 나와서 몹시 실망했겠다.

아들: 네. 전 정말 이번에 성적을 올리고 싶었거든요.

엄마: 아…… 그랬구나. 어떻게 하면 성적을 올릴 수 있을까?

아들: 저는 공부를 오래 못 하는 것이 문제예요.

엄마: 무엇 때문에 오래 못 하는데?

아들: 만화책 보던 습관대로 엎드려 공부하다 보면 잠이 들어서요.

엄마: 잠들어서 오래 못 하는구나, 속상하겠다. 그럼 잠들지 않고 오래 하
　　　려면 어떤 방법이 있을까?

아들: 책상에 앉아서 하면 괜찮을 것 같아요.

엄마: 아! 그래. 어떻게 하면 책상에 오래 앉아 있을 수 있겠니?

아들: 재미있는 거 보면요.

엄마: 뭐가 재미있는데?

아들: 만화책.

엄마: 만화책?

아들: 만화책을 볼 때는 잠들지 않고 오래 보니까, 만화책을 보면서 책상
　　　에 앉아 있는 연습을 해야겠어요.

엄마: 책상에서 만화책을 보면 오래 앉아 있을 수 있겠니?

아들: 처음엔 힘들겠지만 일어날 때마다 시간을 적어서 책상에 앉아 있
　　　는 시간을 늘려 나가야겠어요. 그러다보면 오래 앉아서 공부하는
　　　습관이 생기겠지요.

엄마: 그런 방법이 있구나. 엄마가 뭘 해 줄까?

아들: 만화책 빌리게 돈 좀 주세요.

그렇게 석 달이 지난 후 아들은 책상에 오래 앉아 공부할 수 있게 되었
다.

송이: 엄마, 새 학년이 되고 나니까 친구들을 아주 많이 사귀고 싶어요.

엄마: 친구를 많이 사귀고 싶다고? 왜 그런 생각을 했어?

송이: 2학기 때 회장 선거에 나가 보려고요. 그러려면 친구를 많이 알아 둬야 하잖아요.

엄마: 회장이 되고 싶다고?

송이: 네, 가만히 보니까 회장이 너무 좋아 보여요.

엄마: 어떤 면에서 회장이 좋아 보이는데?

송이: 음~ 회장이 되면 친구들을 통솔할 때가 많고, 또 회장들끼리 캠프도 다녀오고……. 그리고 회장들만 모여서 하는 회의에 참석해 보고 싶어요.

엄마: 그렇구나. 그런데 회장이 되려면 어떻게 해야 할까?

송이: 우선 친구를 많이 사귀어야 하고, 또 공부는 기본으로 잘해야 하겠죠. 그리고 상식이 많아야 하니까 책도 많이 읽어야 하고요. 아, 봉사도 해야겠다.

엄마: 와~ 어느새 그런 생각까지 했어? 그럼 1학기 동안 우리 송이 많이 달라지겠는걸?

송이: 노력하고 있는데, 모르죠. 아참, 살도 빼야겠다. 오늘 저녁은 절반만 주세요.

앞에서 소개한 두 가지 사례에서 대화의 공통점은 무엇일까요?

네, 맞습니다. 엄마가 생각하고 있는 해결책이나 방법을 자녀에게 말하지 않고, 자녀 스스로 해결책을 찾아가도록 질문을 했다는 것입니다. 그러면 어머니는 어떻게 해서 질문을 하거나 자녀의 이야기를 경청할 수 있었을까요? 부모가 자녀를 어떤 존재로 생각하고 있느냐에 따라 대화의 방식은 달라집니다. 자녀를 당면한 문제에 대한 해결책을 찾아내지 못하는 미숙한 존재로 생각한다면 당연히 부모가 답을 주고 그대로 따르도록 할 것이고, 반면에 자녀가 해결책을 가지고 있는 성숙한 존재라고 생각한다면 그 답이 무엇인지 물어보고 스스로 찾아내도록 믿고 기다려 줄 것입니다.

중·고등학생 자녀는 자아 정체성을 찾아 가는 중이며 심리적으로 불안정합니다. 똑같은 해결책이라 하더라도 부모가 제시한 것은 따를 수 없는 이상한 것이며, 자신이 스스로 찾아낸 것은 한번 해 볼 만한 것으로 인식합니다. 부모가 앞에서 이끌면 다른 곳으로 가고 싶어 하고, 뒤에서 따라가면 좋은 길을 찾아내려고 노력합니다. 이 시기의 자녀들에게 '코칭 대화'가 필요한 까닭입니다.

코칭 대화의 핵심은 질문과 경청입니다. 당면한 문제에서 자녀가 원하는 것이 무엇인지, 지금까지 어떤 방법으로 대처해 왔는지, 그 방법이 효과가 있었는지, 효과가 없었다면 어떤 새로운 방법이 있는지를 묻고, 자녀의 이야기를 경청하면 됩니다. 코칭 대화에서 부모는 주로 질문을 하기 때문에 자녀가 훨씬 말을 많이 하게 됩니다. 부모는 자녀의 이야기를 경청하면서 자녀 스스로 해결책을 찾도록 질문을 통해 도와주면 됩니다. 그런데 질문과 심문은 다릅니다. 부모가 원하는 답을 정해 놓고 그 답이 나올 때까지 캐묻는 것은 심문이고, 자녀를 전문가로 대하면서 궁금해서 물어보는 것이 질문입니다.

부모가 코칭 대화를 하려고 노력한다면 자녀는 공부 문제, 진로 문제, 이성 문제 등 여러 가지 당면한 문제를 부모와 의논하려고 할 것입니다. 사람은 누구나 자신을 믿어 주고 뒤에서 격려하며 응원해 주는 사람에게 모든 것을 털어놓고 배우려고 하기 때문입니다.

심리학적 관점에서 코칭이 효과적인 이유

1. 자기 설득

심리학자 래드키와 크리슈리히는 어머니들을 대상으로 자녀에게 모유뿐만 아니라 간유도 함께 섭취하도록 설득하는 실험을 하였다. 이 실험에서 '간유를 섭취하면 이런 점이 좋습니다'라는 통상적인 설득보다 어머니들 스스로 '간유의 좋은 점은 무엇인가?'를 생각하도록 한 뒤 그 내용을 종이에 쓰게 한 쪽이 설득 효과가 훨씬 높다는 사실이 확실히 드러났다. 이처럼 다른 사람에게서 배웠을 때보다 스스로 그 행동의 의미를 생각하는 경우, 즉 자기 설득의 경우에 사람은 더욱 활발히 움직인다. 코칭의 목적은 스스로 생각하고 행동하게 하는 데 있으므로 자기 설득의 장점을 잘 응용하고 있다고 할 수 있다.

2. 심리적 반발

　사람은 어떤 행동을 해야 한다는 강한 억압을 느끼면 반발심이 생긴다. 그래서 이런 압력을 받으면 거꾸로 행동하려고 하거나 겉으로만 따르는 척한다. 레건과 브렘이라는 심리학자는 슈퍼마켓에서 특정의 상품을 사야 한다는 강한 압력을 받은 사람일수록 거꾸로 그 상품을 구입하지 않는다는 사실을 실험을 통해 밝혀냈다. 사람은 명령하고 강제할 때보다 자신의 의지와 의견에 따를 때 자발적인 행동을 한다. 이 점이 바로 코칭이 갖는 장점이라고 볼 수 있다.

3. 공식적인 선언

　코칭에서 코칭받는 쪽은 코치에게 어떤 행동을 취할 것을 약속한다. 일대일의 관계이지만 이것은 스스로 새로운 행동을 취할 것을 공식적으로 선언하는 것과 마찬가지이다. 디커슨은 물 절약을 촉진하는 경우, 그것을 공식적으로 선언해야 물 절약량에 크게 영향을 미친다는 사실을 실험에 의해 밝혔다. 공식적으로 선언하면 스스로를 규율할 수 있을 뿐만 아니라 상대방에게 지원을 기대할 수도 있다. 코치하는 사람은 코칭받는 사람에게 공식적인 존재, 즉 아군 또는 지원 역할의 존재이다. 코칭은 공식적인 존재에게 선언함으로써 약속과 결심이 공염불로 끝나는 것이 아니라 실행으로 옮기도록 하는 데 매우 중요한 역할을 한다.

출처: 『코칭 대화기술』(이토 아키라 지음 / 김경섭 옮김 / 김영사)

자아 정체성과 진로 선택

요즘 내 또래 친구들은 과연 많고많은 직업을 다 알고 그들이 하는 일을 일일이 다 알고 있을까? 공부하기 바쁜 마당에 직업들 다 일일이 외워야 하나…… 뭐, 이런 생각이 들지 않을까 생각해 본다. 대중매체에 빠져 있는 아이들은 유명하고 접하기 쉬운 직업은 알아도 자신의 적성에 맞는 직업을 알지는 못한다. 그런 이유로 생각할 수 있는 시간은 묻히기 십상이다. 물론 학교의 영향도 받지 않을까? 많은 과목을 가르치면서도 그 과목이 어떤 직업에 영향을 주는지는 설명하지 않는다. 우리는 학교에서 단지 그 과목에 대해서만 알아갈 뿐이다. 그 과목에 대해 아무리 많은 지식을 알고 있다 해도 정작 알고 있는 지식은 쓸데가 없으니 말이다. 나도 포함하여 우리는 대부분 우리 사회에 알려져 있는 직업은 안다. 물론 그들이 하는 일은 대충 알고 있다. 바로 대충 알고 있다는 게 문제가 아닐까? 그들이 하는 일을 몸소 체험하지도 않았으면서 '아, 저 직업은 내 적성에 안 맞아.'라고 생각하는 청소년들은 한심하기가 그지없다. 물론 그들과 같은 입장에 놓인 나도 마찬가지다. 자신의 적성을 알아보기는 하였나? 과연 그 직업을 제대로 알고 있기는 한가?

난 자신의 적성을 알고 그 적성에 해당하는 직업을 체험하는 '진로적성캠프'에 간다는 엄마의 말에 무척 호감이 가고 즐거웠다. 왜냐하면 그동안 생각해 보지 못하고 해 보지 못한 직업을 내가 직접 체험해 본다는데 안 즐거울 수가 있나? 내가 하고 싶은 직업을 체험함으로써 그 직업에 대하여 한발 더 다가서는 기분이랄까? 새로운 친구들과 만나고, 같은 적성유형의 친구들과 같이 먹고 자고 한다는 것이 조금 불안했지만 그래도 무척이나 떨리고 재미있을 것 같아 호감을 느꼈다.

'진로적성캠프'에 다녀와서 나는 많은 성취감을 얻었다. 내 적성에 맞고 내가 좋아하는 직업이 하나 더 생겼기 때문이다. 꼭 내가 좋아하고 능력에 맞는 직업이 아니라도 그 직업을 체험해 보고 나니 더 확실하게 그 직업이 내게 맞는지 맞지 않는지 알 수 있었다. 내가 가야 할 길에 확신이 서는 것 같다고나 할까? 그리고 다시 한 번 생각하는 건데, 아무리 처음 만난 친구라 하여도 한번 같이 자면 무조건 친해지는 것 같다. ㅋㅋㅋㅋㅋ;;;;;

진로 캠프를 가기 전에는 디자이너가 되고 싶었다. 그냥 좋고 친구들이 잘한다고 하니까……. 그런데 캠프를 가기 전과 다녀온 후는 아무래도 많은 변화가 있었다. 가기 전은 설렘 반 불안함 반이었지만, 다녀온 후는 내 적성에 맞고 내가 좋아하는 직업에 대한 확신과 흥미 그리고 자부심이 마음 한구석에 자리 잡고 앉아 있는 듯하다. 나는 PD라는 직업이 좋아졌고 또한 PD가 되고 싶다. 나는 앞으로 내가 원하는 PD가 되기 위해 노력하고 내가 선택한 직업인만큼 PD가 되는 것에 즐거움을 갖고 자부심을 가질 것이다. 이왕 PD가 될 거면 PD계에서 인정받는 유명한 PD가 될 것이다. 액션, 판타지 영화를 만들어서 사람들을 재미있게 해 주고 모든 사람들이 공감할 수 있게 멋지게 펼쳐 보이고 싶다. 중대 연극영화과를 가고 싶다. 지금 중학교 2학년이니까 앞으로 변할지도 모른다. 고등학교 2학년이 될 때까지는 내가 할 직업과 가고 싶은 대학이나 과를 정할 것이다.

　　중학교 2학년 여학생 정수가 진로 캠프에 다녀와서 쓴 글입니다. 미술에 관심이 있고 친구들이 잘 그린다고 하니까 그냥 디자이너가 되고 싶었던 학생입니다. 그런데 이제는 액션이나 판타지 영화로 사람들에게 재미를 주고 공감대를 만들어 가고 싶어서 PD가 되기 위해 연극영화과에 진학해야겠다는 목표를 정했습니다. 무엇을 하고 싶은지, 어떤 직업을 선택할 것인지, 그 일을 통해 무슨 의미를 찾을 것인지, 그러기 위해 무슨 공부를 해야 하는지 방향을 잡았습니다. 그러다 보니 공부해야 할 이유가 생겼습니다. 물론 정수가 지금 찾은 목표가 고등학교까지 계속될 수도 있고 아닐 수도 있습니다. 그러나 이렇게 자신을 탐색해 본 학생은 욕구와 상황이 변하더라도 같은 방식으로 자신의 앞날을 대비하고 목표를 찾아갈 것입니다.

　　에릭슨(Erikson)은 사춘기의 사회심리적 발달과제를 '자아 정체성 확립'이라고 했습니다. 자신이 어떤 사람인지, 무엇을 좋아하고 잘할 수 있는지, 세상을 위해 어떤 일을 할 수 있는지를 찾아 가기 위해 고민하는 시기입니다. 다행히 자신의 정체성을 확립하면 에너지를 한곳에 모아 공부하고 준비하지만, 오랫동안 못 찾고 헤매는 아이들도 있습니다. 그렇다 하더라도 별 고민 없이 부모가 정해 준 목표를 따라가는 것보다는 좀 헤매더라도 자신이 직접 찾을 때 꼭 도달하고 싶은 목표가 됩니다. 목표가 분명할 때 학습동기가 점화되고, 비로소 열심히 공부하는 행동으로 나타나게 됩니다.

그럼 우리 아이가 정체성을 찾고 목표를 정할 수 있도록 어떻게 도와줄 수 있을까요?

우선, 아이가 좋아하는 것과 잘하는 것을 모두 적어 보는 작업을 하면서 자신의 흥미와 재능을 찾아보게 합니다. 생각이 나지 않는다면 시장이나 마트에 갔을 때 시선을 끄는 코너가 무엇인지 생각해 봅니다. 여유 시간에 자주 하는 활동이 무엇인지 적어 봅니다. 흥미(좋아하는 것)는 어떤 사물이나 활동에 대해서 끌리는 느낌이나 긍정적인 마음이고, 재능(잘하는 것)은 어떤 과제나 임무를 수행할 때 요구되는 특수한 능력이나 잠재력입니다. 나의 재능을 바탕으로 이 세상에서 내가 할 수 있는 일이 무엇인지 고민해 보는 것입니다. 장차 어떤 일을 하고 싶은지, 그 일을 통해 무엇을 이루고 싶은지, 어떤 사람이 되고 싶은지, 어떤 세상을 꿈꾸는지 생각하다 보면 좋아하는 것과 잘하는 것을 구분하여 인생의 목표를 세우고 진로를 선택할 수 있습니다. 〈정보 마당〉에서 소개되는 사이트와 상담센터를 활용하면 전문가의 도움을 받을 수 있습니다. 부모가 관심을 가지고 정보를 제공해 주고, 자녀가 직접 상담받을 수 있도록 도와주시기 바랍니다. 무조건 공부하라고 다그치기보다 공부해야 하는 이유를 찾게 도와줍시다.

진로 탐색에 도움이 되는 사이트

1. 커리어넷(www.careernet.re.kr)

2. 유스워크넷(www.work.go.kr/youth)

3. 한국청소년상담원(www.kyci.or.kr)

4. 한국직업정보시스템(www.know.work.go.kr)

5. 한국대학교육협의회(www.kcue.or.kr)

6. 한국전문대학교육협의회(www.kcce.or.kr)

7. 서울시 교육연구정보원(www.serii.re.kr)

8. 진학진로정보 센터(www.jinhak.or.kr)

9. 서울시립청소년직업체험센터─하자센터(www.haja.net)

10. 직업길라잡이─아주대 직업심리연구회(www.vcpkorea.com)

11. 한국직업능력개발원(www.krivet.re.kr)

12. 고용노동부 워크넷(www.work.go.kr)

시간 관리

초등학교 때부터 나의 시간표는 잠, 놀기, 공부의 세 칸이었다. 계획과 별로 친하지 않던 내가 이번 기회를 계기로 계획표를 짜게 되었다. 그동안 시간표를 짜라는 많은 압박에도 굴하지 않았는데, 고등학생이 되어서 변화의 필요성을 느꼈는지도 모르겠다. 계획표를 만들어야 한다는 말에 처음 느낀 감정은 귀찮음이었지만 그래도 한번 해 보기로 했다. 원래 계획이란 녀석과 친하지 않았기에 약간의 시행착오도 있었다.

'일주일이 지난 뒤 몰아 쓰기' 방식으로 버티기도 했으나 나 자신에 대한 회의로 다시 시작할 수 있었다. 귀찮음을 뒤로 하고 계획과 친해지기 위해 "미리미리, 매일매일"을 외치며 일주일이 지났다. 일주일 동안 나의 공부 행적을 훑어보며 내가 시간을 버리고 있다는 것을 깨달았다. 계획표를 쓰기 전에도 느끼고는 있었지만 역시 인간은 망각의 동물인지라…….

　허나 계획표를 써 보니 사라지지 않는 기록으로 인해 한 번 더 나 자신을 돌아볼 수 있었고 열심히 하자는 다짐도 할 수 있었다. 숙제에만 급급하던 내가 계획한 대로 숙제를 끝내고 나니 남는 시간도 생겼다. 이제 남는 시간에 그동안 미루어 왔던 공부를 하게 된다면 나의 계획표 쓰기 프로젝트는 성공할 수 있을 것이다. 꿈을 쫓는 내가 아니라 꿈을 잡는 내가 되기 위해 오늘도 파이팅을 외친다.

　이 세상에는 내가 하고 싶은 일, 내가 해야 하는 일, 내가 하게 되는 일이 있다. 나에게 주어진 시간은 한정되어 있고, 하고 싶은 일뿐만 아니라 나의 꿈과 미래를 위해 해야만 할 것들도 있다. 나는 선생님께 시간 관리 수업을 들으면서 시간 관리의 중요성, 여러 가지 할 일에 대한 우선순위, 내가 생각하는 나의 미래와 그 미래에 맞춰 해야 할 일 등에 대해 알게 되었다.

　첫 번째 배운 것은 시간을 관리할 수 있다는 것이다. 나는 여태까지 시간 계획을 세워 하루를 보낸 적이 거의 없었는데, 이번 기회에 미리 계획을 세우고 실천하는 것이 시간 관리라는 것을 알게 되어 나의 계획표를 만들어 보았다.

　두 번째는 여러 가지 일에 대한 우선순위이다. 내가 하고 있는 일은 의외로 많았고, 그 일은 내 자신을 위해 꼭 필요하고 가치가 있는 것도 있었지만, 별로 필요하지도 않고 가치 없는 일도 있었다. 그 일들을 네 가지 기준으로 분류하면서 여러 가지 일의 우선순위를 알게 되었다.

세 번째는 나의 미래를 생각해 보고 꿈을 이루기 위해서 지금 해야 할 일이 있다는 것이다. 내가 원하는 나의 미래는 거창하였고, 그 미래를 이루어 나가기 위해 지금 꼭 해야 할 일이 있다는 것도 알게 되었다.

내가 이 세 가지를 배우면서 느낀 점은 '시간의 중요성'과 내가 해야 하는 일을 분류할 수 있다는 것이다. 시간을 계획하고 짜는 것은 어려웠지만 신선한 시도였고, 내가 만약 이것을 계속 이어 나간다면 내 미래를 위한 기초가 되어 줄 수 있을 것 같다. 이것은 배울 가치가 충분히 있으며, 청소년뿐 아니라 모든 연령대의 사람들에게 큰 도움이 될 수 있을 것 같다.

컴퓨터와 핸드폰을 들여다보며 아까운 시간을 흘려보내는 자녀를 바라보는 부모님들은 속이 타들어 가실 것입니다. 해야 할 공부는 많은데 쓸데없는 일로 시간을 허비하는 것이 안타까워 잔소리를 하다 보면 결국 자녀와 충돌하여 관계만 나빠지는 경우가 허다합니다. 그렇다면 부모님들은 시간을 어떻게 사용하고 계신가요? 모처럼 운동을 하러 가려는데 친구가 향이 좋은 커피를 마시러 빨리 오라고 하면 어떻게 하십니까?

우리는 삶 속에서 동시에 두세 가지 일이 닥치면 어느 한 가지를 선택해야 합니다. 그럴 때 분명한 선택의 기준이 있다면 망설이느라 시간을 흘려보내지 않고, 바로 집중해서 그 일을 잘 해낼 수 있습니다. 미국의 아이젠하워 대통령은 중요성과 긴급성을 기준으로 하여 네 가지 유형으로 나누어 순서를 정했다고 합니다. 시간의 노예가 되어 끌려다니는 것이 아니라 시간의 주인이 되어 관리하는 사람들은 '아이젠하워의 원리'를 활용한다고 합니다.

'아이젠하워의 원리'에서 시간을 양으로 보지 않고 질로 보는 방법을 실제 삶에서 활용하기 쉽도록, 네 가지 유형에 이름을 붙여 보았습니다.

첫째: 중요하고 긴급한 일—발등의 불
둘째: 중요한데 급하지 않은 일—보석
셋째: 긴급한데 중요하지 않은 일—속임수
넷째: 중요하지도 않고 급하지도 않은 일—쓰레기통

운동은 나의 건강을 위해 중요하지만 급하지 않아서 자꾸 미루게 되는 '보석'입니다. 그렇다면 친구의 커피 초대는 위의 네 가지 중에서 어디에 해당할까요? 나에게 정말 소중한 친구이고 지금 꼭 해야만 한다면 '발등의 불'이고, 미리 친구와 커피 향을 즐기기로 약속했다면 '보석'이며, 빨리 오라고 해서 갔지만 별로 중요한 일이 아니었다면 '속임수'이고, 돌아오는 발길이 무겁고 시간이 아깝게 느껴졌다면 '쓰레기통'입니다. 자녀들이 매일 쫓기듯 공부를 하면 '발등의 불'이고, 미리 세운 계획대로 공부하면 '보석'이고, 별로 중요하지 않은 공부에 시간을 많이 보내면 '속임수'이며, 공부 시간을 중요하지 않은 딴짓으로 보내면 '쓰레기통'입니다.

〈이야기 마당〉에서 소개한 글은 '아이젠하워의 원리'를 배운 학생이 쓴 것입니다. 그런 활동을 해 보면 여학생들은 시간 관리에 대한 기록을 잘하고, 남학생들은 큰 관점에서 자신의 목표에 대한 탐색을 잘합니다. 남학생, 여학생 모두 시간을 양으로 보지 않고 질로 보는 방법, 시간의 노예가 아니라 주인이 될 수 있다는 사실에 눈을 반짝입니다. 자녀들이 시간을 보내는 모습을 보며 잔소리를 하기보다는 이런 원리를 알려 주는 것이 좋습니다. 그리고 부모가 중요하게 여기는 것을 이야기하고, 자녀가 중요하게 여기는 것도 인정하고 이해해 주어야 합니다. 부모님이 먼저 시간의 주인이 되어 살아가는 모습을 보여 주는 것이 가장 좋은 방법입니다.

〈정보 마당〉에서 중·고등학생들이 직접 찾아낸 네 가지 유형에 해당하는 일을 소개합니다. 물론, 각 개인이 무엇을 중요하게 여기느냐에 따라 달라지지만, 우리 자녀들이 자신의 일을 어떤 관점으로 보고 있는지를 아는 데 참고가 됩니다.

아이들이 분류한 네 가지 유형

발등의 불	보석
숙제, 시험공부, 수행평가	학교 수업, 예습, 복습, 일기 쓰기
아침식사, 학교 등교	부족한 과목 공부하기
없는 교과서 사기	계획표 짜기, 준비물 챙기기
친구와의 약속	섭취 활동, 샤워, 30분 낮잠
학원 가기	취미 생활 (운동, 독서, 봉사, 여행……)
가족 이벤트	가족과 대화하기
	대학 준비 (생활기록부, 포트폴리오)
속임수	**쓰레기통**
문자에 바로바로 답하기	몰래 컴퓨터하기
반복되는 친구와의 약속	수업 시간에 멍때리기
인터넷 쇼핑몰 구경하기	쓸데없는 수다와 싸움
동영상 강의 전에 웹툰 보기	몰래 빌린 만화 보기
긴 낮잠	짜증 내기
TV 드라마 챙겨 보기	싸돌아다니기
이성 친구 사귀기	게임에 빠지기
	친구를 괴롭히거나 골탕 먹이기
	핸드폰으로 시간 때우기

7 떠나보내는 단계

부모 역할은 자녀가 넓은 세상에서 자기 삶을 살도록 떠나보내는 것으로
완성됩니다. 그러려면 부모가 먼저 자녀로부터 독립해야 합니다.
몸은 자녀 곁을 떠나도 언제나 그들의 마음속에 따뜻한 사랑의 존재로
남아 있는 부모가 되려면 무엇을 어떻게 준비해야 할까요?

자녀가 작은 생명존재로 부모인 나를 찾아오는 까닭은 도움을 받은 후에 자신의 삶을 찾아서 날아가기 위함입니다. 결국 자녀를 키우는 목적은 떠나보내는 것이고, 부모로서 마지막 발달과업은 미래로 나아가는 자녀의 삶을 위해 부모가 먼저 독립을 하는 것입니다. 부모가 건강하게 하고 싶은 일을 하면서 기쁘게 살아서 자녀에게 짐이 되지 않아야 합니다.

부모로서의 삶이 중요하기는 하나 내 삶의 전부는 아닙니다. 부모 역할뿐 아니라, 세상은 넓고 세상을 위해 할 일은 많습니다.

7부에서는 서로 멀리 떨어져서도 자녀의 마음속에 따뜻한 사랑의 존재로 남아 있는 부모, 자유로운 갈매기가 되어 배우자와 함께, 또는 나라는 존재 자체로 원하는 삶을 만들어 가는 부모들의 이야기가 소개됩니다.

01

고장 난 헬리콥터와 자유로운 갈매기

저는 결혼 12년차인데 남편은 성실한 회사원이고, 초등학교에 다니는 두 딸도 예쁘게 잘 자라고, 저는 알뜰살뜰 살림하는 가정주부예요. 결혼 후 시부모님께서 살림은 내주지만 한 가족이 되려면 자주 만나야 한다고, 토요일이면 집에 와서 자고 가라고 하셨어요. 처음에는 겁이 더럭 났지만 외동아들이니까 우리가 잘해야 한다고 생각했어요. 토요일에 시댁에 가면 시어머니께서 음식을 다 해 놓으시고, 집에 올 때는 반찬도 싸 주시니까 솔직히 이틀이나 밥을 해결할 수 있어서 좋았어요. 임신했을 때는 제 입에 맞는 것을 해 주시고, 두 손녀딸에게도 지극정성으로 맛있게 해 주셔서 시어머님은 요리하는 것을 참 좋아하신다고 생각했었어요.

그런데 시어머님이 넘어지셔서 팔에 깁스를 하시면서부터 저에게는 고난의 주말이 시작되었어요. 매주 금요일이면 메뉴를 짜는 것도 어렵고, 반찬거리며 과일이랑 사려니 돈도 많이 들고요. 얻어먹을 때는 좋았는데, 주말마다 부엌에서 뱅뱅 도는 것이 너무 힘들고 스트레스가 쌓여요. 더구나 딸이 초등학교에 들어가니까 토요일에 가야 하는 학원도 있고 저도 주말이면 쉬고 싶은 마음이 굴뚝같은데, 남편은 시댁에 가도 편히 쉴 수가 있지만 저는 녹초가 돼서 월요일까지 지장이 있거든요. 시어머님께서 금요일에 시아버님과 시장은 봐다 놓으실 때도 있지만, 팔을 다치신 이후로는 도통 부엌일을 안 하셔요.

제가 용기를 내서 시부모님께 격주로 가겠다고 말씀드렸다가 공연히 긁어 부스럼을 일으켰어요. 매일 보고 싶은 손녀를 참았다가 일주일에 한 번 보는데 그것도 못 해 주냐고 하시는 어머니와, 애들 사정도 생각해 주자는 아버님이 대판 싸우신 거예요. 시부모님 싸움이 번져서 우리 부부도 대판 했고요. 정말 앞날이 캄캄해요. 아무리 떨어져 살아도 시부모님은 우리들만 바라보고 사시기 때문에 얼마나 부담이 되는지 몰라요. 아이들도 어려서는 할아버지 댁에 가는 것을 좋아했지만, 지금은 각자 생활에 바쁘니까 너무 서운해 하셔요. 친구들과의 약속 때문에 시간이 없다고 하면, 시아버님께서 손녀딸을 태우러 가실 때도 많아요. 두 분은 도통 다른 낙이 없으신 것처럼 집 안에서 그림같이 계시다가 우리가 가는 토요일만 기다리셔요. 어떤 때는 이렇게 질질 끌려서 찾아가는 것이 무슨 효도인가 하는 회의가 들어요. 은근히 유산 이야기를 하실 때는 그냥 포기하고 편히 살까 하는 생각도 들고요. 이다음에 저는 정말 자식만 바라보고 살지는 않을 거예요.

그날도 용인에 위치한 영보자애원으로 봉사를 가느라 바빠 엘리베이터를 타고 내려가는데 14층 할머니를 만났다. 나를 보시자마자 짜랑짜랑한 목소리로 물으신다.

"아침부터 어디 가?"

"봉사하러 가요."

"봉사하면 돈 줘?"

"말 그대로 봉사하는 건데 돈은 안 주죠."

"그럼 뭣하러 가누?" 하시며 따지듯 물어보신다.

자애원에서 보내 준 대형 버스에 올라 자리를 잡고 나니 할머님의 마지막 표정과 말씀이 떠올랐다. 내가 나 자신에게 똑같은 물음을 던져 본다. '봉사는 왜 하는 거지?' 얼핏 답이 안 나온다.

늦은 나이에 직장 생활을 4년여 동안 하다가 그만두고 나니 얼마간은 편안하다 싶었다. 그런데 직장 생활 할 때는 별문제가 아니었던 며느리와의 갈등이 한두 가지씩 나타나기 시작하는 거였다. 눈에 거슬리는 부분들과, 이해하기 어려운 현실이 살살 내 마음을 편치 않게 만들었다. 이러다간 가족 간에 마음의 상처만 깊어질 것 같다는 생각에 뭐라도 해야겠다고 생각한 것이 봉사였다. 때마침 아파트 근처 봉사 센터에서 23기 봉사대학을 개강한다기에 봉사는 그냥 하면 되는 것이지 무슨 강의까지 들어 가면서 하는 것일까 궁금했다.

두 시간씩 15회에 걸쳐 강의를 들으면서 내가 그동안 헛살았다는 생각이 들었다. 강의실에 들어서니 100여 명이 강의실을 가득 메웠다. 내 옆에 앉은 여자는 아들이 장애인이라 중학교까지 업어서 학교를 등하교시켰고, 그 어려운 상황에서도 대학을 졸업시켰단다. 그런 어려운 이웃이 있으면 도와주고 싶어서 봉사를 하게 되었단다. 가슴 찡한 일 아닌가? 또한 80세 되신 할아버지는 상담전화 봉사를 그때까지 하시다가 요즘은 귀가 잘 안 들리셔서 못 하시는데, 다른 봉사라도 할 것이 없나 해서 나오셨다고 하신다. 고개가 숙여졌다.

원래 자원봉사는 라틴어의 'Voluntas(자유의지)' 라는 말에서 유래했다고 한다. 즉, 스스로 우러나는 마음에서 하는 남을 위한 활동을 의미한다. 따라서 자원봉사는 시간적으로 한가하거나 물질적으로 여유가 있는 사람만이 하는 특별한 활동이 아니라, 누구든지 언제라도 남을 돕고자 하는 의지만 있으면 시작할 수 있는 자연스러운 활동이라는 사실도 알게 되었다. 이렇게 봉사를 시작하게 되었지만, 뭣하러 하는가에 대해서는 생각해 본 적이 없기에 그 답이 안 나온 것이 아닌가 싶다.

한 시간 반 정도를 달려 그곳에 도착하니 곳곳에 산책 나온 장애인들이 조금은 낯설게 우리 일행을 맞이했다. 몇 가지 주의 사항을 듣고는 두 명이 한 조가 되어서 열두 명 정도를 목욕을 시키는데, 처음에는 허리가 꾸부정한 상태에서 하려니 허리도 아프고, 다리도 아프고, 팔까지 아팠다. 몇 명을 시키다 보니 요령이 생겨 조금은 힘이 덜 들었지만 결코 만만치 않았다. 땀은 비 오듯 쏟아지고, 온몸이 내 것이 아닌 듯싶었다. 사서 고생을 한다더니 바로 내가 그 꼴이 되었다. 93세 되신 할머님이 가장 힘들었다. 그분은 다리가 구부러진 상태로 굳어서 씻겨 드리기가 너무 겁이 났다. 앙상하게 뼈가 그대로 드러난 몸을 눕혀야만 하기 때문에 뼈가 부러질까 봐 어찌나 진땀을 흘렸던지……

그런데 너무나 희한하게도 온몸을 휘감는 뿌듯한 느낌이 드는 건 무슨 까닭일까? 목욕이 끝난 다음 손에 손을 잡고 마당을 산책하는데 얼마나 정이 그리웠는지 온몸을 기대고 "엄마, 엄마!" 하면서 한없이 마당을 돈다. 헤어질 때는 눈물까지 흘리며 매달리는데 어찌나 가슴이 아프던지…….

아, 이것이었구나! 힘은 너무 들었지만, 내가 뜻깊고 보람 있는 일을 했구나 하는 느낌이 들었다. '봉사를 하면 두 배, 세 배의 기쁨을 얻는다는 말이 맞는 말이구나!'라는 답이 그제서야 나왔다. 그렇지만 14층 할머니께 어떻게 말씀 드릴지는 여전히 답이 안 나온 듯싶다. 직접 해 보시라고 해야 하려나? 아님, 봉사는 선택이 아니라 필수라는 것과, 1주일에 한 번 규칙적으로 봉사를 한 사람이 전혀 안 한 사람보다 사망률이 2.5배 낮았다는 조사 결과가 있으니 오래 살고 싶으시면 봉사를 하시라고 말씀드리면 이해를 하실는지…….

부모교육에 참여하시는 어머니들은 30대 후반부터 40 대까지 다양하지만 자녀 양육과 부모 부양이라는 양쪽 어려움은 똑같이 가지고 계십니다. 의외로 친정 부모님 이나 시부모님과의 갈등으로 힘들어하는 분이 많으십니다. 바람직한 가족 관계는 사랑으로 연결되어 있더라도 적정한 경계를 유지하면서 개인적 독립 을 바탕으로 공동체가 구성되어 있어야 합니다. 첫 번째 이야기에서 시부모 님은 개인의 삶이나 부부의 삶보다는 아들 가족과 함께하는 삶에서 기쁨과 행복을 느끼시는 것 같습니다. 두 분이 그림같이 집에만 계시면서 토요일만 기다리신다는 말이 가슴 아픕니다. 큰 미래를 향해 나아가는 자녀들을 과 거의 한 지점으로 자꾸 잡아당기는 것 같아서 안타깝습니다.

그 반면에, 두 번째 이야기는 아들, 며느리, 두 손녀딸과 함께 사는 저의 친구가 쓴 글입니다. 자신도 할머니면서 가족들이 주는 행복만 기다리지 않고 스스로 봉사를 하며 보람을 만들어 가는 멋진 친구입니다. 93세 할머니의 굳은 다리를 쓰다듬어 목욕을 시키고, 장애인들과 손을 잡고 산책하는 모습을 상상하면 참으로 아름답습니다. "엄마, 엄마!" 하며 헤어지기 싫어서 매달렸다는 장애인에게 그날 하루 사랑의 엄마가 되어 주었네요.

부모 역할은 자녀가 넓은 세상에서 자신의 삶을 살도록 떠나보내는 것으로 완성됩니다. 자녀가 좋은 회사에 취직해서 자리를 잡았다 해도 여전히 부모에게 의존하고 있다면 무슨 소용이 있겠습니까? 자녀의 독립된 삶이 가능하려면 먼저 부모가 자녀로부터 독립해야 합니다. 자녀가 대학에 들어가고 나서 빈둥지증후군으로 우울하게 자녀만 바라보고 있다면 서로에게 큰 불행입니다. 건강한 몸을 유지하여 신체적으로 독립하고, 노후 대책을 잘 세워서 경제적으로 독립하고, 즐겁게 몰입해서 할 수 있는 일을 찾아서 자녀에게 의존하지 않아도 되는 심리적 독립까지 이루어 내는 것이 부모로서의 마지막 발달과제입니다. 부모와 자녀가 서로에게 매여서 고장 난 헬리콥터처럼 그 자리를 뱅뱅 돌지 않고 혼자서 높이 날아서 멀리 볼 수 있는 갈매기처럼 살 수 있다면, 자유로운 행복을 찾을 수 있겠지요?

예언자

당신의 자녀들은 당신의 것이 아닙니다.
그들은 생명의 아들이고 딸입니다.
그들은 당신을 통하여 왔지만, 당신에게서 온 것은 아닙니다.

그들에게 당신의 사랑은 줄 수 있으나, 생각은 줄 수 없습니다.

왜냐하면 그들은 자기의 생각이 있으니까요.

당신은 그들의 몸은 가둘 수 있어도, 마음을 가둘 수는 없습니다.

왜냐하면 그들의 마음은 미래의 집에 거주하기 때문입니다.

당신은 그곳을 방문할 수 없습니다. 꿈속에서조차도……

당신이 그들처럼 되고자 해도 좋으나

그들을 당신처럼 만들지 마십시오.

왜냐하면 인생은 과거로 가는 것이 아니며

어제에 머무르지 않기 때문입니다.

그대들은 활, 그대의 아이들은 마치 살아 있는 화살처럼

그대들로부터 쏘아져 앞으로 나아갑니다.

사수이신 신은

무한의 길 위에 한 표적을 겨누고

그분의 온 힘으로 그대들을 구부립니다.

그분의 화살이 보다 멀리, 보다 빨리 날아가도록……

그대 부모들은 사수이신 신의 손길로 구부러짐을 기뻐하십시오.

왜냐하면

그분은 날아가는 화살을 사랑하는 만큼

흔들리지 않는 활도 사랑하기 때문입니다.

출처: 칼릴 지브란, 『예언자』

02

신혼으로 돌아가기

남편은 화가 나면 유난히 말이 없고 짜증을 내는 경향이 있습니다. 대화법을 배우기 전에는 그냥 내가 좀 참아 주면서 말과 행동을 조심했지요. 그럼에도 집안일로 의견 충돌이 생기면 특히 더 말을 안 하고 행동거지에 짜증이 섞여 있곤 했습니다. 한번은 그런 상황이 며칠 가기에 왜 그러는지 물었습니다.

"그냥, 짜증이 나."

"잘 생각해 봐요, 이유가 뭔지."

이틀이 지나고 나서 남편이 말했습니다.

"하루 종일 회사에 나가서 가족 먹여 살리려고 힘들게 일하고 왔는데, 기껏 집에 와도 당신이나 애들이 인사도 하는 둥 마는 둥 도대체 뭐냐고."

"아, 그래서 그랬구나. 그럼 내가 어떻게 해 주면 당신이 좋을까?"

"출근하기 전에 모두 인사하고, 뽀뽀하고, 퇴근해서 왔을 때도 인사하고
……."

남편이 무엇을 원하는지 알게 되어 아이들과 의논했습니다.

"아빠가 가족을 위해서 힘들게 일하시고 노력하시는데, 너희가 출근 때나
퇴근 때나 인사를 안 해서 기운이 없으시대."

"우리, 인사 잘할 수 있어요."

우리는 다 같이 아이디어를 냈습니다.

아침에 세 아이가 각자 자기 방에서 등교 준비로 바빠도, 아빠가 출근하
려고 하면 제가 "아빠 출근 세팅!" 하고 소리치면서 "짝짝!" 두 번 손뼉을 칩
니다. 그러면 아이들이 일렬횡대로 현관 앞에 서서 "안녕히 다녀오세요!" 인
사하고는 한 사람씩 아빠에게 뽀뽀를 합니다.

그러면 아빠는 정말 환하게 웃으며 출근을 합니다.

유교 집안에서 자란 경상도 남자라서 표현이 적은 편인데, 무엇을 원하는
지 찾아서 말해 주니까 참 좋았습니다. 내가 남편의 속마음을 이해하려고
노력하지 않았다면 '왜 저렇게 짜증을 오래 낼까?' 하며 대충 참으면서 포기
했을지도 모릅니다. 대화법을 배운 덕분에 이렇게 남편을 도울 수 있고, 아
이들도 적극적으로 찬성하고 지지해 주는 모습을 보면서 '아, 이것이 정말
행복이구나!' 하는 행복감에 깊이 젖어 듭니다.

남편의 출근 시간이 되면 짝짝 손뼉을 치면서 "아빠
출근 세팅!"이라고 외치는 아내의 경쾌한 목소리가 들리
는 듯합니다. 일렬횡대로 선 자녀와 아내의 뽀뽀 세례를

받고 출근하는 아빠는 얼마나 행복할까요? 그 모습을 상상하면 행복 바이러스가 저에게까지 퍼져 옵니다. 이렇게 부부가 서로 사랑하는 모습을 보며 크는 아이들은 이다음에 틀림없이 행복한 결혼 생활을 만들어 갈 것입니다. 왜냐하면 사랑은 설명이나 훈계로 배우는 것이 아니라, 사랑을 받아 보거나 사랑하는 모습을 보면서 행복감을 느낄 때 배울 수 있기 때문입니다. 부부 치료에 관한 이론을 공부할 때 들었던 여러 가지 이야기 중에서 지금도 뇌리에 깊이 남아 있는 한마디 말이 있습니다.

"모든 인간관계의 1순위는 부부이다. 만약 배우자보다 우선하는 것이 있다면 자식이든, 일이든, 운동이든, 애완견이든 그것은 모두 외도이다."

그런데 부모가 되면 어머니들은 자녀를 1순위에 두고, 아버지들은 직업상의 일이 1순위가 되어 부부 관계가 뒤로 밀리는 경우가 많습니다. 사는 게 다 그러려니 하고 예사로 넘기면 부부 사이는 점점 멀어집니다. 그렇게 후순위로 밀린 부부 관계는 자녀가 성인이 되었다고 해서 저절로 1순위로 회복되지 않습니다.

청춘 남녀가 사랑하게 되면 뇌에서 페닐에틸아민이라는 사랑의 화학성분이 분비된다고 합니다. 첫눈에 반하고, 눈에 콩깍지가 씌어 열정적인 사랑을 하게 만드는 성분입니다. 그러나 결혼하고 일정 기간이 지나면 더 이상 분비되지 않기 때문에, 이제부터는 부부가 사랑의 행동을 하려고 노력해야 합니다. 그래야만 친밀감이 쌓여 아름다운 노부부로 함께 손잡고 늙어 갈 수 있습니다. 부모교육에 참여하신 어머니들이 자녀의 조기 유학을 의논해 오면 저는 단호하게 반대합니다. 자녀의 공부 문제가 중요하기는 하나 가족이 함께 살면서 체·인·지의 균형을 잡아야 하고, 자녀가 어렸을 때 느낀 몸의 거리는 성장한 이후에 그대로 마음의 거리가 되기 때문입니다. 부부가 한편이 되기만 한다면 자녀 문제, 부모 부양 문제, 경제 문제 등 그 어떤 어려움이 닥쳐와도 헤쳐 나갈 수 있습니다.

로버트 스턴버그의 사랑의 3요소와 사랑의 삼각형 이론

1. 친밀감

친밀감은 사랑하는 관계에서 가까움, 연결감, 유대감을 느끼는 것이며 따뜻함을 불러오는 느낌을 포함한다. 스턴버그와 그레젝은 10가지 친밀감을 발견했다. 사랑하는 사람의 행복한 삶을 증진하려는 욕구, 사랑하는 사람과 함께하는 데서 오는 행복감, 사랑하는 사람에 대한 배려, 필요할 때 기댈 수 있는 것, 상호 이해, 자신의 자아와 소유물을 공유하는 것, 정서적 지원 받기, 정서적 지원 주기, 친밀한 의사소통, 소중하게 생각하는 것 등이다.

2. 열정

열정은 사랑하는 관계에서 로맨스나 신체적 매력, 성적 황홀감과 관련된 현상으로 이끄는 동인을 가리킨다. 열정은 동기부여적인 이들 원천과 사랑하는 관계에서 열정을 경험하도록 하는 여러 가지 흥분을 포함한다. 월스터는 이것을 '서로 합쳐지고 싶다는 강렬한 갈망 상태'로 칭했다. 사랑하는 관계에서 성적 요구는 이같은 경험의 전제조건이다. 하지만 자존감이나 후원, 부양, 친화, 지배, 복종, 자기실현의 다른 욕구들도 열정의 경험에 기여한다.

3. 결정/헌신

 단기적으로 결정/헌신은 특정한 사람을 사랑하겠다는 결정을 지칭한다. 장기적으로는 그 사랑을 유지하겠다는 약속이다. 이 같은 결정/헌신의 요소에서 두 가지 측면이 반드시 함께 나타나는 것은 아니다. 장기적 사랑 약속을 하지 않고서도 누군가를 사랑하기로 결정할 수 있다. 또한 상대방을 사랑한다는 걸 깨닫지 못한 상태에서 관계에 대한 헌신 약속을 할 수도 있다.

4. 사랑의 종류

 사랑의 세 가지 요소들은 별개지만 상호작용한다. 세 가지 요소는 사랑하는 관계의 중요한 부분이지만 각각의 중요성은 관계마다 다르며, 주어진 관계 안에서도 시간에 따라 달라진다. 세 가지 요소는 조합을 고려했을 때 여덟 가지 제한적 사례를 만들어 낸다. 사랑의 세 가지 요소의 하위 조합은 제한적 사례들로 각기 다른 종류의 사랑을 만들어 낸다. 즉, 삼각형의 세 개 점을 취하긴 하지만 그 양은 각기 다르다.

사랑의 유형	친밀감	열정	헌신
사랑이 아님	X	X	X
우정	O	X	X
눈먼 사랑	X	O	X
공허한 사랑	X	X	O
낭만적 사랑	O	O	X
우애적 사랑	O	X	O
얼빠진 사랑	X	O	O
완전한 사랑	O	O	O

출처: 『심리학 사랑을 말하다』(스턴버그 엮음 / 21세기북스)

03

꿈을 이루는 세 번째 인생

나는 젊었을 때 정말 열심히 일했습니다.

그 결과 나는 실력을 인정받았고 존경을 받았습니다.

그 덕에 나는 60세 때 당당한 은퇴를 할 수 있었죠.

그런 내가 30년 후인 90살의 생일 때 얼마나 후회의 눈물을 흘렸는지 모릅니다.

내 60년의 생애는 자랑스럽고 떳떳했지만, 이후 30년의 삶은 부끄럽고 후회되고 비통한 삶이었습니다. 나는 퇴직 후 '이제 다 살았다. 남은 인생은 그냥 덤이다.'라는 생각으로 그저 고통 없이 죽기만을 기다렸습니다.

덧없고 희망이 없는 삶…… 그런 삶을 무려 30년이나 살았습니다.

30년의 시간은 지금 내 나이 90세로 보면 3분의 1이 넘는 긴 시간입니다.

만일 내가 퇴직할 때 앞으로 30년을 더 살 수 있다고 생각했었다면 난 정말 그렇게 살지는 않았을 것입니다. 그때 내 스스로가 늙었다고, 뭔가를 시작하기엔 늦었다고 생각했던 것이 큰 잘못이었습니다.

나는 지금 90살이지만 정신이 또렷합니다. 앞으로 10년, 20년을 더 살지 모릅니다.

이제 나는 하고 싶었던 어학공부를 시작하려고 합니다.

그 이유는 단 한 가지…… 10년 후 맞이하게 될 100번째 생일날,

90세 때 왜 아무것도 시작하지 않았는지 후회하지 않기 위해서입니다.

출처: 어느 90세 노인이 생일날 쓴 글

45세라는 나이에 기타 앙상블 팀에 들어가기 위해 오디션을 준비했다. 가족들은 그런 나를 의아한 눈으로 쳐다보았지만, 나는 오디션을 꼭 통과하고 싶었다. 아이들을 어느 정도 키우고 나서 내가 좋아하는 음악을 하기 위해 기타를 배우기 시작했다. 처음에는 혼자서 조용히 즐기려고 문화센터에 등록을 했는데, 하다 보니 연주회도 하게 되고 합주회도 하게 되었다. 그러면서 앙상블에 들어가서 멋지게 연주하고 싶어졌다. 떨리는 마음을 꼭꼭 누르고 준비해 간 곡을 연주했고, 드디어 앙상블 팀에 들어가게 되었다. 선생님께서 4파트로 배정해 주시면서 파트장이 나를 적극 추천했다고 말씀하셨지만 나는 마음이 씁쓸하였다. 앙상블의 주력 파트는 1, 2파트이고 3, 4파트는 주로 반주를 하기 때문에 내 실력이 모자라는 것으로밖에는 이해되지 않았다.

그러나 서운한 마음을 접고 4파트에 들어가 곡을 연주하다 보니 각각의 파트가 다 중요하고, 어떤 때는 4파트가 주력이 되는 곡도 있다는 것을 알

게 되었다. 나는 생각을 바꾸어 '내가 맡은 파트를 열심히 하자. 내가 주력이 되는 곡이 나올 때 실력 발휘를 할 수 있도록 최선을 다하자.'고 마음먹었다. 기타를 잘 친다고 해서 누구나 1파트만 한다면 이런 멋진 화음이 나올 수 없을 것이다. 시간이 얼마 지나지 않아서, 주선율을 연주하는 사람이 있으면 받쳐 주는 사람이 있어야 하며, 서로서로 도와 가며 연주할 때 아름다운 음악이 만들어짐을 느낄 수 있었다.

인생도 마찬가지라고 생각된다. 넘치는 사람이 있으면 부족한 사람도 있고, 서로 도우며 맞춰 갈 때 조화로운 삶의 하모니가 울려 퍼질 것이다. 각자의 역할에 충실하면서 소리를 죽일 때는 죽일 줄 알고, 강한 소리가 필요할 때는 강하게 낼 수 있는 그런 조화를 온몸으로 배우고 있다. 앙상블을 하면서…….

인터넷에서 어느 90세 노인이 생일날에 쓴 글을 읽고 뒤통수를 맞은 듯 충격적인 감동을 느꼈습니다. 100세 생일에 후회하지 않으려고 평소에 관심이 있었던 어학공부를 시작하겠다는 부분에서 경탄과 응원의 마음이 솟아올랐습니다. 45세의 나이에 기타를 배워 오디션을 당당하게 통과하여 기타 앙상블 팀의 멤버가 되신 어머니의 이야기를 들었을 때 그 자리에 있던 어머니들이 모두 부러워했습니다. 부모 노릇에 시들시들 말라 가고 있는 마음을 촉촉하게 적셔 주는 느낌이 들어서 모두 행복감을 느꼈습니다.

사람은 세 번의 인생을 산다고 합니다. 부모 슬하에서의 첫 번째 인생, 결혼해서 자녀를 양육하고 독립시킬 때까지 두 번째 인생, 양육과 부양의 짐을 벗고 원하던 삶을 만들어 갈 수 있는 세 번째 인생입니다. 영국의 사회지표조사 저널 최신호에는 다음과 같은 연구 결과가 소개되었습니다. 미국과 독일의 과학자들이 10대~70대의 남녀 21,000명에게 행복지수를 체크하게 했더니 74세의 행복지수가 가장 높았다고 합니다. 스스로 체크한 행복지수는 15세부터 40세까지 계속 하락하다가 46세부터 상승하기 시작해서 74세에 정점을 이루었다고 합니다. 그러나 그 나이가 된다고 저절로 행복해지는 것은 아닙니다. 경제적, 신체적, 사회적 준비를 잘해서 자기가 하고 싶은 일을 하며 세 번째 인생을 잘 살아야 행복할 수 있습니다. 출세는 단지 남들이 부러워하는 성공만을 의미하는 것이 아니라 出世, 곧 세상으로 나아가는 것입니다. 부모로서의 마지막 발달과제인 자녀 떠나보내기를 마치고서, 세상으로 나아가 좋은 일을 해야 합니다. 내 자녀, 내 가족만을 위한 삶에서 한걸음 나아가, 남을 위해 세상을 위해 의미 있는 일을 해야 할 때입니다. 선업을 닦으면 세상에 좋은 기운을 보탤 수 있고, 나의 영혼도 맑아지며, 대를 이어 나의 후손에게 전해질 것입니다. 자녀를 잘 키워서 떠나보내고, 자기가 하고 싶은 일을 하며 행복하고 의미 있는 세 번째 나의 인생을 만들어 가는 부모가 됩시다!

노화는 생존을 위한 변화

　최근 본 저자의 실험실에서 수행한 연구 결과는 노화에 대한 전혀 다른 시각을 보여 주고 있다. 우선, 젊은 세포와 노화세포를 대상으로 독성 자극을 주어 반응을 비교해 보았다. 저강도에서 젊은 세포는 반응을 하나 늙은 세포는 반응을 하지 않았다. 그러나 고강도의 자극을 주었을 때 젊은 세포는 반응을 하다가 죽어 버렸으나 늙은 세포는 반응이 낮은 대신 죽지 않았다. 한편, 세포 수준이 아닌 개체 수준에서 세포 독성 화학물질을 복강에 투입하여 간조직 내 세포손상을 비교한 실험에서도 젊은 동물보다 늙은 동물의 간조직 세포 사멸지수가 현저하게 낮았다. 이러한 변화는 노화를 죽음의 전단계로 이해했던 종래의 관점을 정반대로 바꾼 현상으로 오히려 늙은 세포, 늙은 동물이 외부의 강한 독성에 높은 생존력을 보인다는 사실이다. 노화란 죽음의 전단계가 아니고 오히려 생명체가 생존을 위하여 노력하는 과정에 초래되는 적응적 변화임을 분명하게 해 주고 있다. 생명체에서 수명이 가장 긴 것으로 알려진 브리슬콘 소나무가 네바다 사막의 험한 지형에서는 오천 년 이상을 사는데, 기후가 온화하고 습도가 좋은 지역에서는 삼백 년 이상 살지 못한다는 사실에서도 생명체의 생존을 위한 진지한 노력이 노화라는 표현형질로 노정되는 것을 알 수 있다. 따라서 노화라는 개념은 살다가 죽어가는 현상이 아니라 생명체의 생존 노력에 의한 거룩한 현상임을 새롭고 분명하게 인지해야 할 것이다.

　　　　　　　　　　　　　출처: 『웰 에이징』(박상철 지음 / 생각의 나무)

04

마음속 영원한 부모

우리 아빠는 제가 6학년 때 어이없는 교통사고로 하늘나라에 갔습니다. 아빠한테 사랑한다는 말도 제대로 한 적이 없는데……

"우리 딸, 아빠 사랑해?" 아빠가 전화로 물어서, 제가 그냥 "응." 했어요. 근데 아빠가 사랑한다고 말해 달랬는데 "아빠, 나 바빠, 끊어." 그랬거든요.

제사 때 아빠 사진을 보면 눈물이 나지만 참아요. 강한 딸이 되려고요. 동생이 초등학교에 입학했는데 아빠 없다고 따돌릴까 봐 겁이 나요. 제 동생, 다섯 살 때 아빠가 사고를 당하셨는데 어린 나이에 너무 불쌍해요. 아빠랑 놀았던 추억이 별로 없어서요. 그때는 아빠가 건축 일 때문에 많이 못 들어오고 그랬거든요. 그래도 저는 아빠랑 놀았던 추억이 많이 있어요.

꿈에 아빠가 나와서 제가 막 불렀는데 아빠가 아무 말이 없었어요. 아빠 손 한번만 잡아보고 싶고…… 아빠한테 안겨 보고 싶고…… 아빠 옷에서 나는 그 냄새도 다시 맡고 싶고…….

아빠, 보고 싶어요!

아빠, 나 유정이야. 아빠 딸, 유정이! 아빠, 보고 싶어……. 아빠, 나 잊지 마.

내가 나중에 늙어서 죽으면 바로 아빠 찾아서 사랑한다고 말해 줄게.

난 세상에서 아빠가 제일 멋져. 사랑해 아빠, 나 착한 딸 될게…… 엄마 말도 잘 듣고…….

나, 강한 딸이 될 거야. 이제는 아빠가 하늘나라에 있으니까 눈물 많은 우리 엄마, 내가 지켜 줄게. 아빠한테 효도도 못 한 거…… 미안해! 그리고 ㅠ ㅠ 정말정말 사랑해, 아빠~.

출처: 강수정의 〈뮤직쇼〉

인터넷에서 하늘나라에 계신 아빠에게 쓴 유정이 편지를 읽고는 눈물을 참을 수가 없었습니다. 부모님들께 이 편지를 읽어 드리면 모두들 자신의 부모님을 회상하면서 눈시울을 붉힙니다. 부모라는 존재는 이 세상을 떠난 뒤에도 그렇게 자식들의 가슴속에 영원히 남아 있을 수 있습니다.

사람의 마음속에는 사랑그릇이 있습니다. 부모 역할의 두 가지 '사랑하기'와 '가르치기'를 정성껏 하면 자녀 마음속 사랑그릇이 가득 채워집니다. 물론, 한 번 채웠다고 영원히 가는 것이 아니며, 한 번 비워졌어도 다시 채울 수 있습니다. 부모와 자녀의 관계에 따라 사랑그릇의 수위는 올라갔다 내려

갔다 합니다. 다행스럽게도 유정이 아버님은 유정이 마음속 사랑그릇을 가득 채워 놓고 돌아가셨습니다. 그 시점의 사랑그릇은 유정이가 평생을 사는 동안 계속 유지될 것입니다. 사랑그릇이 가득하기에 유정이는 동생과 엄마를 걱정할 수 있는 것이며, 아마도 엄마와 동생의 사랑그릇을 채워 줄 수 있을 것입니다. 아빠가 유정이를 사랑한 것처럼……

열심히 일해서 돈을 많이 벌고 사회적으로 크게 성공했다 하더라도, 자녀의 마음속 사랑그릇이 텅텅 비어 있다면 부모로서 그런 성공이 무슨 의미가 있겠습니까? 사랑그릇이 채워진 사람만이 늙고 병든 부모를 사랑으로 대할 수 있으며, 세상에 사랑의 파문이 퍼져 나가게 할 수 있습니다. 내 안에 사랑이 없는데 어떻게 다른 사람에게 사랑을 줄 수 있겠습니까?

그리운 어머니

함수연

어머니! 어젯밤 꿈속에서 어머니를 만났어요.

하지만 어머니는 뭐가 그리 바쁘셨는지 제게 빨리 이사하라는 말과 함께

아파트 열쇠 하나 던져 주고는 허겁지겁 발길을 돌리셨답니다.

저는 계속 "엄마!"를 부르며 허우적대다 잠이 깼는데

어머니의 영상은 안개처럼 금방 사라졌고

반가움은 그리움으로 전이되어 오랫동안 가슴에 물결쳤습니다.

한편, 비행기로 열두 시간이나 걸리는 그 먼 거리를

운전면허도 없는 분이 혼자 차를 몰고 오셨다는 게 몹시도 의아했어요.

당신의 평생소원인 운전면허를 따신 건 아닐까? 하는 생각도 해 보았습니다.

우리 형제들이 어머니를 만나러 미국 LA에 갈 때마다 집 앞에 차를 멀쩡히 세

워 두고도

꼼짝달싹할 수 없다는 현실을 어머니는 매우 안타까워하셨기 때문입니다.

어쩌면 그 한을 꿈속에서라도 이루신 건가요……

어머니, 기억나세요? 그날 아침 제가 전화로 꿈 이야기를 했더니

분명 좋은 일이 있을 테니까 얼른 나가서 복권 몇 장 사라고 했던 말씀을……

마치 이 딸을 위해 진짜 아파트라도 한 채 사 주신 양,

그때 어머니의 목소리는 얼마나 힘 있고 당당했는지 모른답니다.

얼마 전, 격렬하게 몸살을 앓았어요.

기억에 지금까지 그토록 심하게 아팠던 적은 없었을 만큼

입술이 덜덜 떨리고 열은 펄펄 나는데 몸은 뼛속까지 시려 와

이불을 머리끝까지 올려 쓰고 계속 끙끙거렸습니다.

"아이고 엄마, 나 죽겠네."

대낮에도 창문의 커튼을 걷지 못한 채 컴컴한 방에서 신음소리가 저절로 터져

나왔지요.

그러나 몸 아픔보다 온종일 앓아누웠어도 누구 하나 곁에 없다는 것이 더 서

러웠어요.

이럴 때 어머니가 옆에 계셨다면 얼마나 좋을까,

정말이지 어머니가 이마라도 짚어 주고

엄마표 녹두죽이나 한 그릇 먹으면 금세 나을 것 같았어요.

요즘 들어 관절염 증세가 더욱 심해지셨다고 들었는데

그런데도 저는 이렇게 어머니에게 어리광 부릴 생각만 하고 있으니 우습지요?

아직도 철이 덜 들었나 봅니다.

팔순의 어머니 연세를 생각할 때 더 건강해지시기는 어렵겠지만

오래오래만 사셨으면 좋겠습니다.

그것이 어머니를 향한 마지막 소망이고 기도랍니다.

우리 나이에 친정어머니가 생존해 계시다는 것만으로도 축복이고 은총이니까요.

어머니, 사랑합니다!

이야기를 끝내며

　제가 교사의 길에서 내려서서 부모의 길로 들어섰을 때, 처음에는 그 길이 만만하게 느껴졌습니다. 남의 자식 육칠십 명도 가르쳤는데 내 자식 두 명쯤이야 하는 오만함이 있었지요. 그런데 두 아들이 커 가면서 부모의 길은 점점 고난의 길로 변했습니다. 햇빛 한 줄기 비치지 않는 어두운 길에서 희망을 잃어 가고 있었습니다.

　처음 부모교육을 만났을 때, 자녀를 통제할 수 있는 방법을 배워서 내가 원하는 방향으로 이끌어 가려고 했습니다. 그럴듯하게 포장된 말솜씨 속에는 내 뜻이 강하게 들어 있었습니다. 그러다 보니 부모의 길은 더욱더 가시밭길이 되었고, 막다른 길이 되어 도저히 어떻게 해 볼 도리가 없을 때가 되어서야 내 뜻을 내려놓아야 한다는 것을 깨닫게 되었습니다. 그런 깨달음이 행동으로 나오기까지 오랜 고통의 시간이었습니다. 그런데 참으로 이상한 일은, 그렇게 강력하게 내세우던 내 뜻을 접고 나니 오히려 아들들이 변하기 시작했고, 부모의 길이 편안해졌다는 것입니다.

　부모 노릇이 기쁠 때도 있지만 고통에 짓눌릴 때가 더 많습니다. 인생은

문이 하나 닫히면 반드시 다른 문이 열리게 되어 있습니다. 단지 뒤돌아 열린 문을 찾으려고 하지 않고 닫혀 있는 문만을 쳐다보고 있기 때문에 고통이 커지는 것입니다. 지금까지 저의 삶을 통해 깨달은 것은 행복이 고통의 보자기에 싸여서 우리에게 온다는 것입니다. 고통의 보자기를 풀지 않으면 행복과 만나지 못합니다. 고통 앞에서 부서지는 사람이 있는가 하면, 아픈 만큼 성숙해지는 사람도 있습니다. 부모의 길에서도 끝까지 자신의 뜻을 세우다가 생명의 기운을 소진시키는 부모가 있는가 하면, 자녀로 인한 고통 속에서 생명의 기운이 행복으로 피어나는 부모가 있습니다. 이 세상에 자녀만큼 부모를 성숙시키는 존재는 없는 것 같습니다. 우리의 아들, 딸들은 생명의 힘과 사랑의 기운으로 서로를 키워 낸다는 사명을 띠고 부모와 자녀의 인연으로 우리를 찾아왔나 봅니다. 이 책을 읽는 부모들이 도(道)를 닦듯이 부모의 길(道)을 가기를 소망하며, 채근담에 나오는 구절로 글을 마무리합니다.

고요한 곳에서 고요한 마음을 지키는 것은 참다운 고요함이 아니니,

소란한 곳에서 고요함을 지킬 수 있어야 천성의 참다운 경지를 얻으리라.

즐거운 곳에서 즐거운 마음을 지니는 것은 참다운 즐거움이 아니니,

괴로운 곳에서 즐거운 마음을 얻을 수 있어야 마음의 참다운 묘미를 알게 되리라.

강남

체·인·지의 균형을 생각하는 부모들의 이야기

부모의 길[道]을 도(道) 닦듯 함께 걷는 길동무[道伴]들,
부모교육 '체인지' 프로그램에 참여한 부모님들의 못다 한 이야기를 소개합니다.

1. 체·인·지 체험 활동을 하고 나서

　감기 한 번 앓는 일도 없이, 어쩌다가 감기를 앓더라도 약 한 번 먹기도 전에 이겨 내는 신체 건강한 아이 석우. 편식하는 법이 없고, 새로운 음식에 대한 호기심도 많고, 식욕이 왕성해서 생호박도 먹어 치울 정도로 몸 튼튼 부분에서는 자부한다. 이 고슴도치 엄마가 석우에게 "자랑스러운 석우 똥꼬"라고 할 정도로 정해진 시간에 배변하는 모습도 사랑스러운 아이이다. 내가 할 수 있는 만큼 식단도 유기농 음식이나 건강식으로 먹이려고 노력했고, 설탕이나 조미료를 사용하지 않으려는 노력을 했다. 지금은 또래에 비해서 키 크는 속도가 늦은 감이 있지만 그래도 건강한 편이다.

　마음 튼튼 부분은 아빠가 자상하고 석우와 잘 놀아 주기에 안심이다. 지금도 아이와 술래잡기와 보드게임을 하고, 몸으로 마음으로 기꺼이 시간을 내어 함께 즐기는 참으로 고마운 아빠이다. 나 또한 육아일기를 통해서 아이의 눈부신 성장에 관한 탄성과 기쁨, 또는 이 엄마의 참회의 마음을 글로 적는 노력을 했다. 말하자면, 마음 튼튼 부분도 부족한 점은 있지만 누수되었던 부분은 없었다고 어느 정도 자부한다.

　석우를 학습 면에서 지도하기 가장 어려웠던 점은 바로 '즉각적인 반응이 없다.'는 것이다. 아니, 즉각적인 반응은 고사하고, 어느 만큼 기다리면 반응이 있어야 하는데 내가 하는 노력에 대한 보람은커녕 실망과 좌절만을 경험했던 기억이 많다. 물론 이 엄마가 욕심이 과도했고, 아이의 특성을 무시했다는 점을 훗날 알았지만……. 일곱 살 때부터 시작한 피아노 학원이나 태권도 학원 선생님으로부터 들었던 말씀은 "아이가 또래에 비해 이해를 잘 못 하고 인지 수준이 낮다."는 것이었다. 지금 생각해 보면 인지 수준이 낮은 아이가 아니라 특기 적성이 맞지 않아서 아이가 집중해서 받아들이지 못한 부분이었는데, 그 당시에는 그 말을 완전히 좌절로 받아들여 너무너무 힘들어했다. 그때부터 서서히 '우리 아이는 부족한 아이'라는 생각을 내심에 깔고 아이를 대했던 것 같다. 그러면서도 온갖 문제집을 사다가 분철을 하여 풀게 하고, 가르치고, 채점하고, 다시 분철하고…… 그래도 기대했던 학교 점수는 나오지 않았다. 많이 채근하고 때리고 혼내고 했던 것이 석우의 마음과 몸까지도 위축되게 했던 것 같다.

체·인·지를 배우고 나서 몸과 마음은 튼튼하게 자란 석우가 대견했다. 그리고 하마터면 공부 때문에 몸 튼튼과 마음 튼튼이 헛것이 될 뻔했다는 것도 알았다. 최근에는 교우 관계도 점점 개선되고, 무엇이든 해 보려는 석우를 보면 고맙다. '참 괜찮은 아이를 너무 멀리 보냈었구나!' 하는 후회와 반성이 많이 든다. 몸이 튼튼하고 마음도 튼튼한 우리 석우가 스스로 공부하리라는 희망을 잃지 않으려고 한다. 자기가 좋아하는 공부를 만나면 튼튼한 몸과 마음이 큰 힘이 될 테니까…….

2. 체·인·지를 알고 나서

첫아이의 임신 사실을 알았을 때 걱정부터 앞섰다. 맨손으로 시작한 결혼 생활이었기에 둘이서 열심히 벌어 경제적으로 안정되는 것이 먼저라고 생각하고 있었다. 아기가 태어나면 모든 것이 흐트러질까 봐 두려웠고, 부모가 될 마음의 준비가 전혀 되어 있지 않았다. 아기가 태어났지만 친정이나 시집의 어느 쪽에서도 도움을 받을 수 없었고, 직장에서는 산후 휴가가 한

달밖에 안 되어서 일하는 사람에게 1개월 된 아기를 맡기고 출근해야만 했
다. 아기는 사랑스러웠지만 혼자 감당해야 하는 육아가 너무 힘들었고, 새
로 시작한 직장에 적응하느라 몸과 마음이 지쳐 가고 있었다. 아기를 돌보
면서 느끼는 기쁨보다 부담과 의무가 더 컸던 시간들이었다. 두 살 터울로
동생이 태어나면서 육아와 직장 일이라는 폭풍 속에 휘말려 정신을 차릴
수 없었다. 남편은 돈을 벌어다 주는 역할만 할 뿐, 육아는 전적으로 혼자
감당해야 했다. 아이들이 태어난 후 7년간 직장 일에 많은 에너지를 쏟다 보
니 체, 인, 지 모두 제대로 신경을 쓰지 못했다. 일하는 사람에게 맡겨 놓고
별 탈 없이 지나가는 시간에 안도하는 나날이었다.

　큰아들의 건강에 문제가 생기자 직장을 그만두고 온통 몸 튼튼에만 매
달렸다. 몸과 마음이 연결되어 있다는 사실을 몰랐기에, 그 많은 약과 치료
에 시달리는 아들의 마음은 미처 돌보지 못했다. 건강이 어느 정도 안정기
에 접어들자, 이제는 공부의 줄을 잡고 두 아들을 가르치기 시작했다. '체'와
'인'은 뒤로 제쳐 놓고, 아이들이 받아 오는 성적표가 마치 내 인생의 성적표
인 것처럼 '지'에만 매달렸다. 어떻게 공부했는지 과정을 보는 것이 아니라
점수에만 의미를 두었고, 자기주도학습이 아니라 엄마 주도 학습이었다. 중
학교에 진학하면서 마음의 힘이 약한 아이는 서서히 공부의 줄까지 놓아 버
리고, 나와 아들에게는 고통의 시간뿐이었다. 그렇게 나와 아들은 지쳐 가
면서 희망을 서서히 잃어 가고 있었다. 바로 그때 부모교육을 만났고, 자녀
의 발달단계를 배우면서 부모가 어떻게 해야 하는지 알게 되었다. 어떻게든
대화의 관계를 복원하려고 노력했으며, 비로소 마음 튼튼에 관심을 기울이
게 되었다. 만약 체, 인, 지의 균형을 잡지 못하고 계속 공부만 밀어붙였다면
마음 튼튼과 몸 튼튼도 무너졌을 것이다. 체·인·지를 알고 나니 균형 있게

도와주지 못했음에도 지금의 모습으로 자란 아이의 모습에 감사하는 마음이 샘솟는다. 그리고 몰라서 제대로 도와주지 못한 나 자신도 너그럽게 받아들이려고 한다. 지금이라도 아이를 새로 하나 낳으면 체·인·지의 균형을 잡아 가며 잘 키울 수 있을 텐데……

3. 공부보다 중요한 것

초등학교 때는 공부를 잘하던 아들이 중학교에 진학하면서 성적이 자꾸 떨어졌다. 대학 입시에 대한 걱정과 불안 때문에 그냥 기다릴 수가 없어서, 개인 과외를 시키면서 공부 쪽으로 밀어붙였다. 그러던 어느 날, 과외 선생님은 오셔서 기다리고 있는데 아들이 오지 않고, 연락은 안 되는 채 시간은 그냥 지나가고 있었다. 과외 선생님께 죄송하기도 하고, 약속을 안 지키는 아들에 대한 분노가 마구 올라왔다. 아들의 친구에게 연락이라도 해 볼까 하고 책상 서랍을 열었는데 그 안에 편지가 있었다.

"엄마, 나를 찾지 마세요. 나는 이 세상에 쓸모없는 존재예요. 나 하나 없어져도 이 세상은 아무런 변화도 없을 거예요. 죽고 싶어서 집에 있는 약을 다 먹어도 죽어지지 않더군요."

덜덜 떨리는 손으로 편지를 읽다가 그만 주저앉고 말았다. 편지를 내던지고 약 서랍을 열어 보니 진통제와 소화제 등이 하나도 없었다. 며칠 전 아들의 얼굴이 퉁퉁 부었는데 아마도 그날이 약을 먹은 날이었나 보다. 아들의 고통을 전혀 몰랐던 나는 '얼마나 잠을 많이 잤으면 저렇게 얼굴까지 부었을까?'라고 생각했었다. 시어머니가 놀라실까 봐 아무 말도 못하고 혼자 방에서 안절부절못하면서 쩔쩔매고 있었다. 울다가, 기도하다가, 답답한 가슴을 두드리며 어둠 속에서 허우적거리는 그 고통의 시간에 나를 지탱해 준 것은 아들의 편지 끝에 있던 한 구절이었습니다.

"할머니가 걱정하시니까 친구네 집에 갔다고 이야기해 주세요."

밤 열한 시가 되었을 때 전화가 왔다. 얼른 받았는데 아무 소리도 안 났다. 나는 그냥 외쳤다.

"너, 어디 있니? 무조건 집으로 와! 네가 엄마한테 얼마나 소중한 아들인데…… 이 세상에 네가 없으면 엄마도 살 수 없고, 우리 집에는 네가 꼭 있어야 돼. 그러니까 빨리 와~"

한참 있더니 아들은 모기만한 소리로 말했다.

"지금 집에 가도 돼요?"

유서까지 남기고 단행했던 아들의 하루 가출은 그렇게 끝이 났고, 엄마인 나는 고통의 시간을 통과하면서 점수로 표시되는 성적보다는 아들의 생명과 존재 자체가 훨씬 귀하다는 것을 깨닫게 되었다. 체·인·지의 균형을 잡게 된 귀한 사건이었다.

4. 교육비에 대한 의논

체·인·지에서 교육비보다 노후대책비를 우선해야 한다는 것을 배우고 나서 남편과 교육비에 대해서 대화를 하게 되어 좋았다. 혼자 생각하던 때보다 좋은 의견이 나왔고, 평소에 서로 오해하고 있던 부분이 어느 정도 풀렸다. 가정경제 안에서 교육비에 대해 함께 방향을 잡게 된 좋은 기회였다.

남편의 오해: 아내가 생각 없이 교육비를 너무 많이 쓴다.

아내의 오해: 현실을 모르면서 돈 쓰는 것에 너무 스트레스를 준다.

첫째: 가계의 전체 규모에 적당한 교육비를 책정하고 그 범위 안에서 지
출한다.

둘째: 아이의 재능에 대해 부부가 서로의 견해를 나눈다.

셋째: 자녀에게 사교육의 선택권을 준다.

넷째: 6개월간 시행해 보고 계획을 수정한다.

다섯째: 초, 중, 고, 대학 별로 예산을 장기 계획한다.

5. 나눔의 실천

체·인·지에서 교육비, 노후대책비, 나눔에 대하여 배우자와 의논하라는 이야기를 듣고 같이 분석해 보았다. 교육비는 가계의 범위 안에서 지출되고 있고, 노후 대책도 잘 준비되고 있음을 확인했지만, 나눔에서는 부족함을 느꼈다. 그동안 아이들로 하여금 하루 100원씩 모아 해외의 어린이를 돕게 하거나, 우리 아이들이 보던 책과 새로 구입한 책을 보태서 다문화가정을 위해 총 800권을 기증하기도 했다. 평소에 늘 나눔이 중요하다고 생각했으며, 우리 아이들도 봉사와 나눔의 삶을 살게 하고 싶었다. 차인표 씨가 주축이 되어 진행하고 있는 컴패션에도 관심이 있었지만, 어떻게 신청해야 하는지 궁금해하고 있던 차였다. 강사 선생님이 월드비전을 통해 방글라데시와

필리핀의 아동을 지원하고 있다는 이야기를 듣고 나서 '바로 이거다!' 하는 생각이 들었다. 일회적으로 돕는 것보다 한 아이를 지속적으로 돕는 것이 큰 의미가 있을 것 같아서 월드비전에 알아보니, 적어도 15년 이상, 아동이 30살이 될 때까지 지원해야 한다고 했다. 가족들과 의논을 했더니 처음에는 아이들이 의아해했다. 아이들이 자기 통장에서 매월 3만 원씩 빠져나가는 것이 부담스러웠던 것 같다. 나눔의 의미를 잘 설명하고 우리 가족 넷이서 각각 한 사람씩 지원하기로 했다. 월드비전에 신청했더니 에티오피아의 어린이 네 명을 연결해 주었다. 남편은 네 살 된 아이, 나는 일곱 살 된 아이, 큰딸은 한 살 아래, 둘째 딸은 동갑내기를 지원하게 되었다. 처음에는 미지근했던 아이들이 지원 아동의 사진을 받고 나서 아주 기뻐하였다. 자신과 너무 다르게 생긴 먼 나라의 어린이가 존재 자체로 가까이 느껴졌는지, 두 딸은 책상 앞에 사진을 붙여 놓고 친구에 대해 관심을 나타낸다. 또한 핸드폰에 사진을 저장해 놓고 가끔 들여다보기도 한다. 엄마인 나도 검은 피부와 반짝이는 커다란 눈을 보면 다정하게 느껴진다. 나눔의 시작에서부터 과정 모두를 가족이 함께 의논하고 결정했다는 것이 우리에게는 소중한 경험이 되었다.

6. 팔순 잔치에서 받고 싶은 편지 I, II, III

나의 엄마와 함께한 시간은 아름답고 행복했습니다.

제가 결정한 일을 할 때까지 지켜봐 주시는 든든함을 항상 느낄 수 있었습니다.

제가 힘들 때 이겨 내라고 응원하시는 소리를 멀리서도 들을 수 있었습니다. 제가 잘못했을 때 말 없이 지켜보시고, 제가 옳은 길을 다시 찾을 수 있는 시간을 주셨습니다. 제가 남을 미워할 때 제 마음이 다시 풍요로워질 것을 기원해 주셨습니다. 제가 억울할 때 제 이야기를 끝까지 들어 주셨습니다. 제 행복한 기억은 항상 엄마의 미소가 함께합니다. 제 슬픈 기억은 항상 엄마의 따뜻한 손이 함께합니다. 엄마가 계셔서 제 인생이 아름답고 행복했다고 말씀드리며, 정말 감사합니다.

*

아부지, 저는 이 단어가 참 편안합니다.

80세 생신을 축하드리면서 지나간 시간을 돌이켜보면 서운할 때도 있었지만 고마운 점이 더 많네요. 무엇보다 어머니와 함께 자식들을 사랑하고자 고민하셨던 수많은 밤들이 가슴에 남아 있습니다. 특히 37년 전 밤 늦게 거나하게 취해서 돌아오셨을 때, 어머니께서 숙제라며 무슨 편지를 쓰라고 하시니까 아부지는 샤프를 들고 숙제를 하셨지요. 그때 몰래 아부지께서 쓰신 편지를 읽고 눈물이 났었습니다. 아부지께서 살아가시는 의미가 저희들이라는 구절이 지금도 가슴에 남아 있습니다.

아부지, 항상 말씀하셨죠? 자신이 행하는 모든 일에 '확신'과 '신념'을 가져야 한다고…… 설령 그것이 실수나 오류일지라도 교정할 수 있다고…… 자신감이 필요하다고 말입니다. 살아 보니 진정 그 뜻을 이해하겠더라고요.

아부지, 당신이 태어나서 제일 잘한 것은 엄마를 만난 것이고, 둘째는 저희들이고, 셋째는 한의사가 된 것이라고 하셨는데 이제는 아부지의 뜻을 조금은 헤아릴 수 있게 되었습니다.

아부지, 어머니와 함께 평생을 저희가 인격적으로 성숙할 수 있도록 키워

주시고 공부하신 것, 지금도 두 분이 손주들을 위해 여러 공부를 하시는 것
이 얼마나 큰 축복인지 모르겠습니다. 저는 다시 태어나도 진정 아부지, 어
머니의 아들이고 싶습니다. 동생도 동감이라네요.

너무너무 감사드려요! 사랑합니다!

*

엄마! 저 쉰 살을 앞둔 경은이에요. 늘 젊고 재미있게 사시는 엄마가 팔순
이라는 것이 믿기지 않아요. 엄마는 잘한 것도 없는데 해마다 돌아오는 생
일을 축하받을 때가 제일 민망하다고 하셨지요? 그래서 어젯밤에 우리 엄마
가 잘하신 일들을 곰곰이 생각해 보았어요.

어려서부터 느리고 고집 센 저에게 너그러우셨고, 큰마음을 가졌으니 뚝
심으로 당당하게 살라고 하셨죠? 기다려 주고 믿어 주며 용기를 주신 엄마
덕분에 저는 오늘 이렇게 제가 원하는 일을 하며 행복하게 살 수 있게 되었
습니다.

열심히 배우고, 부지런히 일하고, 정직하게 살며 사랑을 나누는 사람이
되라고 강조하신 말씀을 늘 가슴에 새기고 살고 있습니다. 검소하게 사시
고, 정신을 강조하시는 자유로운 영혼의 나의 엄마를 제가 얼마나 사랑하
고 존경하는지요.

제가 초등학교 다닐 때 엄마는 자주 이런 말을 하셨지요. 다시 태어난다
면 제가 엄마가 되고, 엄마가 저의 딸로 태어났으면 좋겠다고⋯⋯. 그때는 제
가 엄마보다 훨씬 훌륭하다는 줄 알았었요. ㅋㅋ⋯⋯ 저도 자식 낳고 키워
보니 우리 엄마는 마음이 바다같이 넓으신 분이라는 것을 알게 되었어요.
제 안에서 가끔 엄마를 닮은 저를 발견할 때면 참 행복하답니다.

엄마, 세상에서 가장 짧은 기도는 '엄마'래요. 정말 그래요. 엄마를 부르면

행복하고 편안해지니까요. 그런 엄마를 둔 제가 엄마의 여든 번째 생신을
마음껏 축하드려요. 이 정도면 민망하지 않게 축하받으셔도 되겠지요?

엄마와 함께하는 오늘, 참 행복합니다! 사랑해요!

2048년 8월 10일 딸 경은 올림

7. 대화하는 아버지

모든 부모들이 그렇겠지만 우리는 딸을 힘들게 낳았기에 한없이 귀하게
여기는 부모들 중의 한 사람이다. 어느 날 아내로부터 부모교육 프로그램에
함께하자는 제의를 받고, 아이에게 도움이 될 것 같아 참석했다. 그런데 그
곳에 모인 15명이 전부 어머니들이어서 당황했고, 문득문득 대화 중에 남편
흉(?)을 볼 때 조금은 얼굴이 뜨거웠다. 그러나 교육이 진행될수록 처음 나
를 당황하게 만들었던 것들은 아무런 문제가 되지 않았다.

아이의 기본적인 교육은 부모에게 달렸기에 부모 역할이 아주 중요하다
는 것, 부모의 말 한마디 한마디가 아이에게 용기도 되고 상처도 될 수 있다
는 것, 아이가 아무리 어려도 인격체로 대해야 한다는 것, 좋은 말과 긍정적
인 말을 사용해야 한다는 것 등을 알게 되었다.

아이의 감정을 읽어 준다는 것이 처음에는 어색하고 낯설었지만, 막상 아
이에게 적용해 보니 정말 아이가 좋아한다는 것도 느낄 수 있었다. 부모교
육에서 배운 대화법은 아이에게만 적용되는 것이 아니었다. 작은 회사를 운
영하고 있는데, 우리 직원들에게도, 사업상 만나는 사람들에게도 대화법을
사용하고 있다. 상대방의 감정을 읽어 주고 '나'를 주어로 대화하면, 사업상
의 대인 관계에서도 효과가 있다는 것은 놀라운 경험이었다.

교육을 받으며 부모가 아이에게 어떤 존재인지 알게 되었고, 아이에게 쏟는 아내의 사랑을 다시 한 번 확인할 수 있었다. 아이는 낳기만 하면 그냥 성장하는 것이 아니었다. 아이가 성인으로 바르게 성장할 때까지 항상 옆에서 지켜보며 어떻게 잘 도와줄까 고민하는 어머니들에게서 참다운 어머니의 모습을 보았다. 아버지이자 남편의 한 사람으로서 모든 어머니들의 사랑과 노고에 감사하다는 말을 전하며 글을 마친다.

8. 수면 습관

초등학교 4학년 우리 딸 민경이는 열 시가 되면 자고, 다음 날 아침 일곱 시가 되면 잘 일어납니다. 하지만 일곱 살 유치원 다닐 때 민경이는 열두 시가 되어야 겨우 잠들었기 때문에 실랑이를 많이 했습니다. 그때 〈우리 아이가 달라졌어요〉라는 프로그램에서 졸려도 잠을 안 자는 아이의 이야기를 보게 되었습니다. 우리 민경이와 너무 비슷해서 남의 일 같지가 않았습니다. 그 아이는 낮에 졸려도 심한 잠투정만 할 뿐 잠들지 못했고, 밤에도 계속 놀자고 울면서 떼쓰고, 엄마 머리를 잡아당겨 못 자게 했습니다. 어쩌면 우리 민경이랑 그렇게 똑같은지, 우리 집의 밤 풍경을 보여 주는 것 같았습니다. 새벽 두 시에 아이를 유모차에 태우고 아파트 지하 주차장을 도는 아빠의 모습이 곧 우리 부부의 생활이었습니다.

그 엄마처럼 저도 처음에는 아이를 재우려고 달래다가, 나중에는 아이를 무시해서 울며 보채다가 지쳐 잠들게 하는 방법밖에 몰랐습니다. 그래도 그 아이는 아침에 잘 일어났지만 우리 민경이는 일어나지 못해서 아침마다 유치원 보내는 일이 전쟁이었습니다.

저는 그 아이가 어떻게 달라지는지 정신 똑바로 차리고 시청하고 나서 민경이에게 그대로 적용해 보았습니다. 아침이 되면 민경이를 깨워서 옷을 입혀 우선 밖으로 나갔습니다. 아침으로 먹을 만한 것을 준비해 가지고 나가서 놀이터에서 조금 놀리다가 먹었습니다. 그때가 6월 초라서 날씨가 따뜻하고 햇빛도 좋았습니다. 유치원 버스가 오면 태워 보내기도 하고, 유치원이 그리 멀지 않아서 둘이서 손잡고 걸어가기도 했습니다. 유치원에서 돌아온 다음에도 가능하면 낮잠을 재우지 않기 위해 또 햇빛 속으로 데리고 나갔습니다. 혹시 낮잠을 자더라도 30분만 되면 어떻게든 깨워서 놀이터로 놀러 나갔습니다. TV에서 하는 것처럼 저녁에는 충분히 놀아 주고, 아홉 시가 되면 슬슬 잘 준비를 했습니다. 족욕을 해 주면서 발마사지를 해 주고, 예쁜 잠옷을 사서 기분 좋게 잠자리에 눕게 하고 조용하고 부드러운 목소리로 책을 읽어 주었습니다.

TV에서처럼 첫날부터 곧바로 잠들지는 않았지만, 잠자는 시간이 점점 빨라졌습니다. 물론 시간이 왔다 갔다 했지만, 햇빛 속에서 뛰어노니까 저녁 때는 확실히 피곤해 하였습니다. 아이를 일찍 재우기 위해서 남편도 가능하면 일찍 퇴근해서 아이와 놀아 주었습니다. 우리 부부의 노력이 결실을 맺었는지, 한 달쯤 지나니까 민경이가 열 시에는 잠들게 되었습니다. 민경이가 자고 나면 그때부터 쉴 수 있는 시간도 생겨서 천국이 따로 없었습니다. "잠이 보약"이라는 말이 정말 맞는 것 같았습니다. 민경이가 일찍 자고 일찍 일어나는 새 나라의 어린이가 되고 나서 건강도 좋아졌습니다. 사실, 그때는 밤에라도 좀 편하고 싶어서 민경이를 일찍 재운 측면도 있었지만, 이번에 체·인·지 프로그램에서 아이들 수면의 중요성을 배우고 나니, 그때 민경이의 잠버릇을 바로잡게 된 것이 얼마나 다행인지 모릅니다.

9. 스스로 식사 프로젝트

우리 아이는 태어날 때부터 신장이 평균보다 5~10cm 정도 작아 성장 속도가 더디던 아이였다. 분유도 이유식도 너무 조금만 먹어서 소아과 의사에게 영양 상담을 받기도 했는데, 밥을 먹기 시작한 이후에도 "안 먹을래요."를 입에 달고 살았다. 아이는 또래에 비해 키도 작고 잔병치레가 심하다 보니 겨울엔 석 달 동안 소아과를 제집처럼 드나들기도 했다. 다른 아이들의 반도 안 먹으려 드니 부모로서 너무 답답했고, 직장 다니느라 다른 엄마들처럼 잘 챙겨 주지 못해서 그런 게 아닌가 싶은 자책도 들었다. 하지만 밥 먹기 싫어서 끼적거리는 모습을 보면 화가 치밀어 아이에게 먹으라고 다그치고 회유하고 협박하고, 아이는 눈치를 보며 밥을 두세 번 씹는 시늉만 하다가 삼켜서 웩웩거리기 일쑤이고, 그러면 나는 또 화를 내는 괴로운 식사 시간이었다.

어떻게든 식사 습관을 고쳐야 할 것 같아 여러 가지 궁리를 하던 중에 '스스로 식사 프로젝트'를 알게 되었다. 아이에게 그 계획에 대한 설명을 하고 동의를 구한 후 함께 마트에 가서 맘에 드는 알람 시계를 직접 고르도록 했다. 냉장고와 집 안에 있는 간식을 다 치우고, 아이가 가장 좋아하는 간식 한 가지만 준비해서 아이 손이 닿지 않는 곳에 보관했다. 식기도 아이가 맘에 들어 하는 아이 전용 식판을 준비해서 먹을 수 있을 정도의 양을 따로 담아 주었다. 식사 시간이 되면 알람을 10분 후로 맞추어 놓고 식사를 시작하고, 10분 후에 1차 알람이 울리면 아이가 직접 알람을 끄게 하고 두 번째 알람이 울리기 전에 식사를 끝내라고 말해 주었다. 10분 후 두 번째 알람이 울리면 밥상을 치웠다. 처음에는 아이의 성취 욕구를 자극하기 위해 아이가 좋아하는 반찬 위주로 차려 주었고, 밥의 양도 적게 시작하여 차차 늘려 갔다. 시간 내에 밥을 먹으면 칭찬을 해 주고, 표를 만들어 예쁜 스티커를 붙이게 한 후, 준비해 둔 간식을 주었다. 이 방법을 시행하면서 아이가 시간 내에 밥을 다 못 먹을 것 같으면 아이가 먹기 싫어서 일부러 꾸물대는지 열심히 먹고는 있으나 시간이 부족한 것인지를 구별하여, 아이가 꾸준히 열심히 먹고 있다면 알람 울리는 시간을 조금 늦추어 주는 유연성을 발휘했다. 처음 하루이틀은 신기한 마음에 잘 먹던 아이가 시간이 지나자 다시 예전 습관이 나왔다. 화내지 말자 생각은 했지만, 답답한 마음에 빨리 먹으라고 나도 모르게 채근하기도 했고, 밥상을 치운 후 간식을 먹고 싶다고 울며 조르는 아이를 보며 마음이 흔들리기도 했다. 하지만 다행스럽게도 엄마인 내가 흔들릴 때면 아빠가 중심을 잡아 주었기 때문에 꾸준히 실천할 수 있었다. 시작한 지 두 달 정도 되자 밥을 먹을 땐 아이가 알아서 시계를 챙기기도 하고, 첫 번째 알람이 울리면 본인이 식사 속도를 조절할 줄도 알게 되었고, 밥을 못 먹은 날은 "엄마, 오늘 간식 못 먹지요?" 하며 스스로 받아들일 줄도 알게 되었다.

나의 경험으로 볼 때, 이 방법이 성공 할 수 있는 첫째 포인트는 부모의 굳은 결심이다.

약해지는 마음을 이겨 내고 몇 달 정도만 꾸준히 투자하여, 내 아이가 올바른 식습관으로 건강하게 자라는 모습을 상상하면서 굳은 결심으로 노력하면 된다. 두 번째 포인트는 부모의 협동 작전인데, 아빠가 강한 마음을 먹고 실천하려는데 엄마가 마음이 약해져 아이에게 간식을 주거나 따라다니며 밥을 떠먹이면 이 방법은 실패하게 마련이다. 부모가 한마음이 되어 아이에게 일관되게 행동해야 아이도 받아들이기 때문이다. 한쪽 부모가 마음이 흔들릴 때 옆에서 잡아 주고, 설혹 순간 섭섭한 마음이 들지라도 아이가 보는 앞에서만큼은 서로 배려하고 존중하면 성공할 수 있다.

10. 영·유아의 독서 지도

아이를 낳고 나서 임신을 한 엄마 집에 놀러간 적이 있었다. 아이가 태어나지도 않았는데 이미 아이 책장이 있고 세 질의 전집이 꽂혀 있었다. 그 엄마 차를 타면 항상 그 전집에 들어 있는 CD의 노래가 흘러나오고, 그 엄마는 그 노래를 들으며 태교를 한다고 했다. 그땐 좋아 보인다기보다는 기가 좀 질린다는 느낌을 받았다. '책은 서점에 가서 내용을 보며 맘에 드는 거 한권 한권 골라야지, 신생아에게 저렇게 비싸고 많은 양의 전집이 왜 필요할까? 독서가 조기교육의 한 수단으로 이용되는 게 아닐까?' 하는 생각이 들었다.

아기가 50일 된 무렵부터 책을 사기 시작했는데, 책을 보는 안목도 없었고 어디서 어떤 책을 사 줘야 하는지도 잘 몰랐다. 그래서 인터넷 서점의 베스트셀러 목록, 다른 엄마들 집에 공통으로 꽂혀 있는 국민 도서, 짧은 문장과 색감과 소리로 아이의 관심을 끄는 책들부터 사서 읽어 주기 시작했다. 그런데 아이가 5개월이 넘어가면서 뭔가 허전하다는 생각이 들기 시작했다. 유아 도서는 종류가 많은데 영아기에 읽힐 만한 책은 마땅한 책을 고르기도 쉽지 않고, 그림이나 내용 자체가 흥미롭지 않다는 생각이 자꾸 들었다. 임신 때부터 책장을 준비했던 그 엄마 집에서 보았던 그 기가 질리던 전집이 눈에 들어왔다. 알록달록 예쁜 색감, 들을수록 귀에 익는 그 노래들, 듣기에도 예쁜 문장들, 그 집 엄마가 그 책을 읽어 줄 때 웃고 반응하는 아기의 모습을 보며 그 전집을 사기로 마음먹었다. 우리 형편에 과분한 수준이었지만 큰맘 먹고 전집 한 질을 사 주었다. 20%만 계약금으로 지급하고 나머지는 8개월간 분납해서 가계에 타격을 최소화하는 방법으로 사 줄 수 있었다. 힘든 형편에 구매한만큼 아이에게 신나게 읽어 주었다. 차를 타고 이동할 때는 항상 그 CD를 틀어 놓고 어린아이마냥 신나게 노래를 부르고, 집에서도 틈만 나면 그 노래를 흥얼거렸다. 내가 그 노래를 부르면 까르르 웃는 아이를 보며 내 선택이 틀리지 않았음을 나름 확신할 수 있었다.

기어 다니기 시작한 아이는 수시로 나에게 책을 가져왔고, 워낙 글밥이 적기 때문에 반복해서 하루에 20권에서 50권을 목이 말라서 따끔거릴 때까지 읽어 주었다. 책을 가져오는 아이의 모습이 너무 신기하고, 책에 투자한 것도 있어서 힘든 줄도 모르고 뿌듯해 하면서 읽어 주었다. 그렇게 돌 무렵까지 읽어 주다 보니 슬슬 새로운 책을 들여 주고 싶은 생각이 들었다. 돌잔치가 끝나고 조금 남은 돈으로 '자연 관찰' 한 질을 더 사 주고, 돌반지 하나에 조금 보태서 창작 동화 한 질 사 주곤 했다. 인터넷 카페에 중고로 싸게 나온 책들을 사 주기도 하고, 아이의 흥미가 떨어진 책들은 중고로 팔기도 했다. 책이 늘어갈수록 아이가 이해하는 책의 수준도 점점 높아지고 나와 교감하는 부분도 점점 커져 갔다. 그런 재미로 나는 책과 아이와 함께 참으로 행복한 시간을 보냈다.

11. 외동딸을 위하여

나는 아이를 낳기 전에 컴퓨터 프로그램을 개발하는 일을 하였다. 그러나 딸이 태어난 후에는 일을 그만두고 1년 동안 내 손으로 키웠다. 돌이 지나자 그동안 미루어 놓았던 일을 다시 하려고 마음먹었다. 그러려면 아이를 믿고 맡길 만한 곳이 있어야 하는데, 여러 사정을 고려해서 놀이방에 맡기기로 결정했다. 집 주변에서 놀이방을 찾아보았는데, 너무나 어둡고 허술하여 도저히 내 아기를 맡길 수가 없어서 참으로 난감하였다. 외동딸이라 더욱 신경이 쓰여 언니와 의논을 하였다. 언니는 아이를 아주 좋아하는 성격이지만 시간이 넉넉한 편은 아니었다. 많은 고민 끝에 언니와 나는 놀이방을 하기로 했다. 오전 10시부터 2시까지 4시간만 운영하기로 했다. 내가 하던 컴퓨터 관련 일을 더 뒤로 미루고 놀이방을 하기로 한 데에는 딸이 혼자 크지 않도록 함께 사는 친구를 만들어 주고 싶다는 이유가 가장 컸다. 나름 신경 써서 우리 집을 놀이방으로 꾸몄더니 주위에서 한명 두명 오기 시작했다. 처음에는 딸아이의 친구를 만들어 주고 엄마의 마음으로 다른 아이들을 돌봐 주는 것만 생각했는데, 점점 아이들이 늘어났다. 그래서 언니와 함께 공부해서 보육 교사 자격증을 따고, 아파트 1층을 빌려서 놀이방을 운영하게 되었다. 보육 교사를 두 명 더 충원해서 교사 1인당 4~5명이 되도록 했고, 배운 대로 일주일 교육 일정을 짜서 운영했다. 아이들에게 중요한 책읽기와 놀이활동을 중심으로 구성했다. 딸은 그렇게 친구들과 함께 풍요로운 시간을 보냈다.

아이가 다섯 살이 되어 유치원을 갈 수 있게 되었을 때 놀이방을 그만두었다. 아이들과 헤어지는 것이 아쉽기는 했지만, 딸아이가 크고 나니 다른 아이들에게 집중하지 못할 것 같았다. 그리고 상가로 나가야 할 정도로 놀이방이 커졌기 때문에 그만두기로 결정했다. 놀이방을 그만두고 나는 본연의 직업인 컴퓨터 강사로 돌아갔다. 놀이방을 운영한 3년 동안 힘들고 아쉬운 점도 많았지만 행복한 시간이었다.

체·인·지를 배우고 나서 보니 딸아이가 외동으로 자라지 않도록, 그리고 성격 발달에 도움이 되도록 환경을 만들어 주었다는 것이 그 시기에 적절한 부모역할을 한 것 같아 감사하고 뿌듯했다.

12. 단호한 훈육

비 오는 날 제 몸집보다 커 보이는 가방을 메고 한 손엔 우산, 다른 손엔 준비물을 들고 아파트 입구를 걸어 나가는 가냘픈 딸의 뒷모습에 자동차 키를 들고 계단을 뒤따라 내려가고픈 마음을 억누르다 보면 목이 뻐근해 온다. 학습지를 풀기로 한 약속을 지키게 하기 위해 30분 늦게 등교시키며 입술을 깨물던 일도 생각난다. 일관된 엄마의 모습을 보이기 위해 노력하면서도 과연 올바른 교육을 하고 있는 것인지 늘 회의를 느꼈다.

사실 초등학교 6학년과 4학년, 두 딸아이는 "요즘 아이 같지 않은 아이"라는 말을 듣는다. 사춘기에 접어들 나이가 되면 엄마에게 사사건건 트집을 잡는다는데 너무나 조용하다. 나의 교육 방법에 문제가 있는 것은 아닌가? 아이들 기를 키워 주려고 온갖 정성을 기울이는 부모들이 많다는데 나는 너무 기를 죽인 것은 아닌가? 온갖 상념들로 머리가 무겁던 때에 《부모에게 약이 되는 이야기》 훈육편 책자는 나의 의문에 확실한 마침표를 찍어 주었다.

책을 읽어 보니 자녀를 훈육하는 데에서 '단호한 훈육 방법'이 가장 좋다고 했다. 부모가 행동의 기준을 분명하게 알려 주고 일관성 있게 밀고 나가면, 자녀는 자신의 행동에 대한 결과를 미리 예측할 수 있고 처벌에 불만이 없다고 했다. 그래야 부모의 권위가 생겨난다는 말에 나도 몰래 고개를 끄덕이지 않을 수 없었다.

체크리스트를 해 보니 나는 단호한 훈육자로 분류되었다. 나와 아이들의 생각이 다를 수도 있기에 아이들에게 해 보라고 했더니 놀랍게도 나와 같은 결과로 나왔다.

"엄마, 수동적 훈육자는 뭐예요?"

"아이들이 하자는 대로 내버려 두는 형이지."

"아하! 우리 엄마는 그러실 분이 아니죠."

"얘들아! 엄마가 교육하는 방식이 가장 바람직한 방법이라고 이 책에 나와 있구나."

아이들 표정이 눈부시다. 양팔로 두 아이를 한꺼번에 감싸 안는다.

정말 상쾌하고 기분이 좋다.

13. 옛날이야기와 동화책

싫증을 잘 느끼고 뒷심이 약한 내가 몇 년째 꾸준히 책을 읽어 줄 수 있었던 것은 책을 의무감으로 읽어 주지 않았던 게 가장 큰 원동력이 되지 않았을까 싶다. 책을 읽어 줄 때 좋아하는 아이의 모습에 고무된 부분도 물론 있었지만, 내가 읽어도 아주 재미있었기 때문이다. 그래서 책을 읽어 줄 때 단순히 등장인물에 따라 목소리만 변조한 것이 아니라, 등장인물이 화를 낼 땐 화나는 심정으로 읽었고, 기뻐할 땐 최대한 큰 소리를 질러 가며 환호하고 기쁜 마음을 다해 읽어 주었다. 그러다 보면 감정이입이 되어 슬픈 내용이면 내 눈에도 눈물이 핑 돌기도 했다. 동시집을 읽어 줄 때는 감정과 운율에 맞춰 노래하듯 읽어 주려 노력했다. 자연 관찰이나 과학 관련 책처럼 건조한 문체의 책을 읽어 줄 때도, 예를 들어 다람쥐 책을 읽으면서 다람쥐의 먹이가 도토리라는 이야기가 나오면 '산골짜기 다람쥐'라는 동요를 불러 주어서 자연스럽게 도토리와 다람쥐의 연관성을 상기시키고 흥미를 유발하고자 하였고, 지식을 넣어 주는 것이 아니라 실생활이나 아이에게 친근한 것과 연결시키는 방법을 사용했다. 내가 아는 것을 이 아이에게 가르쳐 주는 것이 아니라 나도 모르는 것을 책을 통해 아이와 함께 배워 가고 있었다. 실생활에서 책에 나온 문장들을 활용해서 말하곤 했더니 아이도 책의 내용으로 말을 하게 되어 책과 연결된 대화가 가능했다. 책 내용을 가지고 역할 놀이를 하는 방법도 사용했다. 『외로운 덩치』라는 책을 읽을 때, 아이는 외로운 덩치가 되고 나는 아기 물고기가 되어 이불을 뒤집어쓰고 "도와주세요. 도와주세요. 커다란 그물에 걸렸어요." 하면 아이가 덩치가 되어 이빨로 그물을 끊는 시늉을 해서 이불 속에 갇힌 나를 구해 주었다. 특별히 놀 주제가 없을 때 책 내용을 활용하는 일석이조의 효과를 누리기도 했다.

세상엔 참 다양한 능력을 가진 엄마들이 많다. 그런데 내가 한 일이라고는 꾸준히 책으로 아이와 소통해 왔고, 의도와 목적 없이 순수하게 아이와 함께 책읽기를 즐겼다는 것이다. 덕분에 좋아진 것은 아이의 상황 판단력, 인과관계에 대한 인식, 어휘력이 또래답지 않게 깊이 있고 수준이 있다는 이야기를 많이 듣는다는 것, 그리고 나 또한 아이에게 무언가 해 줄 수 있는 엄마라는 자신감이 생겼다는 점이다. 아이가 읽기 독립을 하고 나면 아이가 읽는 책을 같이 읽을 것이고, 서로의 생각을 일상 대화하듯 자연스럽게 이야기할 수 있으리라 기대한다. 어렸을 때 책을 많이 읽던 아이라도 커 가면서 TV나 컴퓨터, 게임 등 자극적 환경 때문에 책에 대한 흥미를 잃게 될 가능성은 충분히 존재하기에, 계속 책과 친한 아이로 자랄 수 있도록 노력할 것이다.

14. 바깥놀이

큰아들이 3학년, 작은아들이 1학년일 때 부모교육 프로그램을 만났다. 그 당시에 나는 아이들의 일주일 스케줄을 짜다가 빈 시간이 있으면 학원을 한 군데라도 더 보내고, 아이들이 학원과 학습지를 잘하도록 관리하느라 바쁜 엄마였다. 그런데 부모교육을 받으면서 내 생각이 바뀌게 되었다. 창의성, 인간성, 윤리 의식, 어려움을 이겨 내는 아이가 미래 사회의 인재로 자랄 수 있다며, 강사 선생님이 각자의 자녀에게서 네 가지 중에서 한 가지를 찾아 자랑하라고 하셨다. 갑자기 망치로 한 대 얻어맞은 듯 멍해졌다. 시키는 건 잘하지만 창의성은 왠지 좀…… 동생한테 양보도 잘 안 하는데 인간성도…… 윤리 의식은 나부터 아이들한테 이야기한 적이 없고…… 벌레만 봐도 질색을 하는 우리 아이가 어려움을 이겨 내는 힘이 있나? 점점 무기력해지는 것 같은 아들의 모습을 보게 된 순간이었다. 바깥에서 충분히 뛰어놀게 해 주는 것이 돈 들여서 아이를 지치게 하는 것보다 훨씬 잘 키우는 것이라는 강사 선생님의 말씀이 자꾸 생각났다. 사실, 남편과 계속 충돌하는 것도 그 문제였다. 남편은 아들을 치마폭에 싸서 나약하게 키운다고 늘 불만스러워했다. 남편에게 배운 이야기를 했더니 너무 좋아했다. 그래서 우리는 한편이 되어, 아이들과도 의논해서 수학 학원과 영어 학습지만 남기고 모든 것을 정리했다. 노는 시간이 많아지니까 아들들은 너무 좋아했다. 학교 운동장에서 놀다 오기도 하고, 옆 단지 아파트 놀이터로 놀러 가기도 했다. 어둑어둑해질 때까지 안 들어와서 아이들을 찾으러 나가면서 옛날 생각이 났다. 전봇대 불빛 아래 모여서 공기놀이를 할 때 밥 먹으라고 부르던 엄마의 푸근한 목소리가 생각나서 가슴이 찡~ 했다.

함께 놀 친구들은 없지만 그래도 형제라서 둘이서라도 놀 수 있으니 다행이다. 하지만 아직도 마음이 흔들린다. 다른 집 아이들은 모두 학원에 가 있는데 우리 집 아이들만 놀고 있으면 불안하다. 특히 시험 기간에는 정말 아파트 단지가 조용해지는데 나만 이렇게 키워도 되는지 슬그머니 걱정이 자꾸 올라온다. 그럴 때 가장 위안이 되는 사람은 남편, 그리고 같이 공부했던 엄마들이다. 건강하게 피어나는 두 아들의 환한 얼굴을 보면 다시 옛날로 돌아갈 수는 없다는 생각이 강하게 든다.

15. 캠핑 동호회 활동

체·인·지 프로그램에서 마음 튼튼을 위해 공동체 활동이 중요하다는 이야기를 듣고, 우리 아이들의 초등학교 시절 캠핑을 다니던 일이 생각났다. 여름방학 때 어느 바닷가로 놀러 갔다. 바닷가 솔밭에 알록달록 텐트들이

쳐 있고, 그 속에서 놀고 있는 아이들은 우리 아이 또래였는데 그림처럼 좋아 보였다. 우리는 무작정 그 속으로 들어갔다. 캠프 동호회에서 같이 온 여러 가족들이었는데 모두들 반겨 주었다. 텐트를 구입하는 방법, 동호회에 어떻게 가입해야 하는지, 다음엔 어디로 갈 계획인지 친절하게 알려 주었다.

우리는 대충 준비를 해서 일주일 후에 캠핑을 떠났다. 약속 장소에 도착해 보니 정말 이런 곳이 있나 싶을 정도로 아름다운 자연이 우리를 반겨 주었다. 우리가 미처 준비하지 못한 것들을 친절하게 주변에서 잘 돌봐 주었고, 저녁이 되어 우리 가족을 소개하자 모두들 진심으로 환영해 주었다. 모두 둘러앉아 기타를 치며 노래도 부르고, 모닥불에 고구마, 밤, 감자를 구워 먹었다. 어른들은 이야기꽃을 피우고, 까르르~ 아이들의 웃음소리는 푸른 밤하늘로 퍼져 나갔다. 이튿날 아침을 같이 먹고 가까운 산으로 가벼운 오지 트래킹을 했다. 몸을 움직이는 것에는 늘 꾀를 피우던 초등학교 2학년 딸아이는 어제 사귄 친구와 손을 잡고 일찌감치 1등으로 걸어가고 있었다. 집으로 돌아오는 길에는 맛집에 들러 막국수를 먹으며 피드백을 주고받았다. 캠핑을 먼저 시작한 분들의 이야기를 들으면서 욕심이 났다. 2년쯤 열심히 다니다가 남편과 나는 시들해졌지만, 아이들이 다른 친구들과 만나기로 약속을 해서 억지로 가는 상황이 되기도 했다.

우리는 큰아이가 중학교에 갈 때까지 4~5년간 캠핑을 다녔다. 거의 매주 가다시피 하니까 전국의 좋은 곳은 거의 다 가 본 것 같다. 언젠가 '하롱베이'에 갔을 때 아이들은 세계 문화유산으로 지정된 그곳보다 우리나라의 순천만 습지가 더 좋다고 했다. 집에서는 각자 방에서 생활하고 대화하는 시간도 부족한데, 캠핑을 떠나기 위해 준비하기 시작하면 정말 대화를 많이 하게 된다. 자연 속에서는 컴퓨터와 핸드폰도 버리고, 도시 생활에서 벗어나 가족이 함께 요리를 해서 다른 사람들과 나누어 먹는다. 물론 운동도 많이 하게 되고, 스위스 호른에 맞추어 요들송도 배우며, 비 오는 날 아이들은 텐트 속에 누워서 듣는 빗소리가 이렇게 좋은 줄 몰랐다고 감탄했다.

큰아이가 우연히 잡았던 '사슴벌레'는 아이의 호기심에서 시작하여 본격적인 공부의 대상이 되었다. 지금까지도 균사 사육, 톱밥 사육 등 다양한 방법으로 키우고 있고, 원서를 찾아 공부할 정도로 몰입하더니 사슴벌레 박사가 되어 이것으로 대학 수시입학을 준비하고 있다. 큰아이는 늘 컴퓨터 게임 아니면 플레이스테이션 만화책을 끼고 살던 비만아였는데, 캠핑을 다니면서 뛰어놀고, 몸으로 하는 사륜 바이크나 네비게이션 놀이, 카누 타기의 경험으로 밖의 놀이가 얼마나 재미있는지 체득하면서 아주 건강해졌다. 작은아이는 새침하고 잘 어울려 놀지 못하는 소심한 성격이었는데, 여러 아이들과 수영장에서 뛰어놀고 요리도 같이 하면서 점점 웃음이 많아졌다. 동요 부르기 대회, 어린이 요리 대회, 나뭇잎을 이용한 공동 작품 만들기 등을 통해 적극적인 성격으로 변했다. 무뚝뚝한 남편도 캠핑을 다니면서부터 집안일을 잘 도와주고 아이들과 대화하는 법을 배운 것 같다.

가장 기억에 남는 일은 가족 연주단 대회이다. 아빠는 기타, 아들은 대금, 딸은 플루트로 연주단을 구성해서 강원도 오지에 있는 학교에 악기를 사 주기 위한 모금 활동에 참여했던 일이다. 우리 아이들은 우리나라의 자연 경관에 큰 자부심을 가지고 있고, 사회 과목(지리)은 지금도 출중한 성적이 나온다. 체·인·지 모두에 좋은 캠핑 동호회 활동, 강추!

선택과 책임을 배우고 온 날, 혁이에게 말했다. 아침에 일어나는 것은 혁이의 선택이기 때문에 깨우려고 화내거나 잔소리하지 않을 것이고, 아무리 늦어도 차를 태워 주지 않겠다며 선택과 책임에 대해 설명했다. 엄마가 화내지 않는다는 말에 혁이는 좋아하며 자기가 혼자서 일어나 보겠다고 했다. 혁이 담임선생님께 전화를 드려서 선택과 책임을 가르치고 있으니, 혹시 지각을 하면 따끔하게 야단을 쳐 주시도록 부탁드렸다.

첫날, 일어날 시간이 되어 알람이 울리니까 혁이는 끄고 또 잔다. 들어가서 두드려 깨우고 싶은 마음이 굴뚝같다. 안절부절못하고 거실과 부엌을 왔다 갔다 한다. 신문을 보고 있어도 신경줄은 온통 아들 방을 향해 있다. 일부러 TV 소리를 크게 해 놓고 부엌에서 우당탕탕 소리를 낸다. 그렇게 인내심으로 버티는 30분쯤이 지났을 때 혁이가 놀라서 깼다. 내가 아무 말도 안 하고 있으니까 눈치를 슬슬 보더니 밥도 안 먹고 학교에 갔다. 아슬아슬 지각은 안 했다고 무용담처럼 자랑을 한다.

둘째 날, 한 시간이 지나도 일어나지 않는다. 염치를 무릅쓰고 강사 선생님께 전화를 했더니 얼마나 속이 타는지 내 마음을 알아주시면서 엄마도 새로운 선택을 하느라 고통이 크지만 꼭 성공하라고 격려해 주셨다. 결국 늦게 일어난 혁이는 지각을 해서 선생님께 벌을 받았다고 했다.

셋째 날, 혁이는 여전히 일어나지 않는다. 강사 선생님이 알려 주신 대로 아침 식탁에 편지를 써 놓고 운동하러 나갔다. 집 안에서 혁이가 깨기를 기다리는 것이 너무 힘들어서 그 자리를 피했다. 혁이가 언제 일어났는지 얼마나 지각을 했는지 물어보지 않았다. 왜냐하면 혁이도 지금 마음속 전쟁

중일 테니까…….

그렇게 일주일이 지나고 나니 혁이가 나에게 깨워 달라고 부탁을 했다. 아이가 부탁을 할 때는 사랑으로 도와주어야 한다는 말이 생각나서 화내지 않는 목소리로 세 번만 깨워 주기로 약속했다. 그날 이후로 아침이 편안해졌다. 세 번째 깨우면서 "이번이 세 번째, 마지막이다."라고 말하면 혁이는 벌떡 일어난다. 혁이와 내가 기분 좋게 아침을 시작할 수 있고, 혁이가 스스로 제시간에 일어나기로 선택하는 힘이 생겨서 너무 좋다.

*

부모교육을 받고서 이제는 옷을 치우는 문제로 딸들과 싸우지 말고 선택과 책임이라는 것을 대화로 잘 가르쳐야겠다고 마음먹었다. 사실, 엄마인 나도 그런 것에 대해서는 별로 생각해 본 적이 없었다. 그날 저녁에 선택과 책임에 대해 설명해 주고 두 딸과 규칙을 정했다.

1. 아이들 방에 빨래통을 따로 준비하고 빨래통에 넣은 옷만 빨래한다.

2. 옷을 자주 갈아입는 것에 대해 엄마는 잔소리하지 않는다.

3. 준비물을 안 가져갔을 때 엄마에게 가져다 달라고 전화하지 않는다.

4. 급한 도움이 필요할 때는 예의를 갖춰 엄마에게 부탁한다.

이런 내용을 종이에 쓰고, 세 사람이 사인을 해서 냉장고에 붙였다. 딸은 재미있어하면서 자기가 어른인 것 같아서 기분이 좋다고 한다. 이렇게 규칙을 정해서 실천해 보니까 결국 문제는 엄마인 나한테 있다는 것을 알게 되었다. 그냥 기다려 주고 좀 모르는 척해도 될 것을 자꾸만 도와준답시고 간섭하니까 아이들이 반항했던 것 같다. 나쁜 선택을 하니까 나쁜 결과가 온 것인데 아이들만 야단을 치고 살았다는 것을 뒤늦게나마 알 수 있었다.

  어느 날 초등학교 4학년 아들의 담임선생님으로부터 뜻밖의 전화를 받았다. 영수가 같은 반 여자아이를 떠밀어서 다쳤고, 병원에서 치료를 받아야 한다는 말을 듣고 나는 가슴이 철렁했다. 영수가 평소에 조용하고 싸움을 하지 않았는데 무슨 일로 여자아이와 싸워 병원까지 가게 되었을까? 안절부절 걱정이 되었다. 드디어 영수가 집에 왔는데, 화가 나서 씩씩거리며 "선생님은 알지도 못하면서 나만 때렸어."라고 울기까지 했다. 우선 영수의 마음을 달래야겠기에 "영수야, 선생님한테 야단맞고 매도 맞아 억울하고 분했겠구나."라며 감정을 읽어 주고 달래 주었다. 그러고 나서 어떻게 된 사정인지 물어보았다. 혜정이가 자기 의자를 더럽혀서 치우라고 했더니 "네 의자니까 네가 치워!"라고 말했다는 것이다. 그래서 "네가 어질러 놓은 걸 내가 왜 치워!" 하면서 옥신각신하다가 밀게 되었다는 것이다. 내가 "선생님이 네 이야기를 들어 보지 않고 야단을 치셔서 선생님께 섭섭한 마음이 많았겠구나."라며 마음을 달래 주었지만, 영수는 오후 내내 씩씩거렸다.

  그날 밤, 자기 전에 나는 영수에게 버츄카드를 뽑자고 했다. 영수가 뽑은 카드는 '사려'였다. "사려가 깊다는 것은 다른 사람의 감정과 그들이 처한 상황에 대해 신중하게 생각하는 것입니다. 사려 깊은 사람은 항상 자신의 행동이 다른 사람에게 어떤 영향을 미칠지를 염두에 둡니다. 다른 사람이 무엇을 좋아하고 무엇은 좋아하지 않는지에 대해서도 세심한 주의를 기울입니다. 또, 즐겨 그들을 행복하게 해 주는 일을 합니다."

  영수는 자기가 뽑은 '사려' 카드를 읽고 나서 별다른 반응 없이 잠이 들었다. 그런데 다음 날 학교에서 돌아온 영수가 이렇게 말했다. "엄마, 어제 내가 혜정이에게 한 행동은 사려 깊지 못한 행동이었어요. 내일은 사과해야겠어요." 영수의 말을 듣고 나는 버츄카드의 위력에 새삼 놀랐다. 사실은 영수에게 여자 친구를 때리면 안 된다든가 화가 나도 참아야 한다는 것을 가르치고 싶었지만, 자칫 잔소리가 되면 영수의 행동을 바꿀 수 없다는 것을 알았기에 버츄카드를 뽑아서 읽도록 했을 뿐이었다. 인간의 행동은 다른 사람이 명령하고 지시하고 훈계한다고 변화하는 것이 아니며, 인간의 변화는 미덕이라는 기준에 따라 자신의 행동을 돌이켜 보고 스스로 다른 선택을 할 때 가장 확실하다는 사실을 알게 되었다.

18. 공부 습관 훈련

체·인·지를 알고 나서 아들에 대한 생각이 많이 바뀌었다. 우리 아들은 딱지치기, 줄넘기, 축구 등을 좋아하는 4학년이다. 놀기, 운동, 친구만 좋아하고 공부에는 영 취미가 없어서 늘 잔소리를 했는데 몸과 마음이 튼튼한 것이 얼마나 좋은 것인지 알게 되었다. 그리고 공부에서도 점수보다는 스스로 공부할 수 있는 힘이 중요하다는 것을 알게 되어, 공부 습관을 들이기 위해 배운 대로 실천해 보았다. 아들과 의논해서 저녁 8시부터 9시까지 한 시간 동안 자기 책상 앞에 앉아서 공부하기로 했다.

첫째 주에는 처음 시도해서 그런지 10분도 제대로 못 앉아 있었다. "의자에 앉아라." "집중해라." 격려하면서 시간을 지키기 위해 힘썼다. 시험이 들어 있는 주간이라서 아들이 노력은 하는데, 습관이 안 된 탓에 너무 힘들어한다. 엄마가 지켜보는 것을 아주 못마땅해 하면서 책상에 엎드리고 자세가 엉망이다. 그래도 앉아 있는 시간을 조금씩 늘려 갔다.

둘째 주에는 시험이 끝났다고 첫째 날은 쉬어야 했다. 둘째 날부터 다시 시작했다. 8시가 되었는데 시간이 조금씩 안 지켜진다. 8시 10분, 8시 20분, 어느 때는 7시 50분에 방으로 들어간다. 공부는 조금 하더라도 일기를 쓰거나 책읽기 등으로 어쨌든 한 시간을 채웠다. 나는 옆에서 책을 보고 아들은 주로 숙제를 했는데, 앉아 있는 자세가 점점 좋아지고 있다.

셋째 주에는 8시가 되어 방으로 들어가자 하면 군말하지 않고 들어간다. 30분 정도는 얌전히 앉아 있게 되었다. 정해진 시간이 되면 스스로 방에 들어가야 한다는 것을 아는 것 같았고, 혼자서 문제를 풀기도 한다.

이제 한 달도 안 되었으니까 앞으로 갈 길이 멀다. 그래도 저녁이면 숙제 때문에 실랑이하는 것이 많이 줄었다. 우리 아들이 자기주도학습 능력을 가질 수 있도록 앞으로 배운 방법대로 열심히 노력할 것이다.

19. 예습 도와주기

우리 아이는 초등학교 2학년 여자아이다. 아직 저학년이고, 예습과 복습에 대해 엄마인 나 자신도 잘 몰라서 그동안에는 지도하지 않았다. 이번 체·인·지 부모교육에서 예습의 중요성과 방법을 배우고 나서 딸과 함께 예습을 해 보았다.

'듣기·말하기'에서 다음 날 '해와 달이 된 오누이'를 인형극으로 역할극을 하는 내용이었다. 그래서 딸에게 미리 읽어 보게 하고, 어떤 역할을 할 것인지 생각해 보라고 했다. 딸은 호랑이 하겠다고 했고, 다른 역할도 미리 생각해 보라고 말해 주었다. 딸은 호랑이, 나는 오누이가 되어서 한 번씩 표현해 보고 학교에 갔다.

학교에서 돌아온 딸은 너무나 신이 나 있었다. 자기가 호랑이를 실감 나게 했더니 친구들이 재미있다고 모두들 웃었고, 자기 모둠이 제일 잘해서 영양 간식을 선물로 받았다고 했다. 그날 공부한 내용을 복습할 때도 딸은 해와 달이 된 오누이 이야기를 몇 번이고 말했다. 이번 기회에 딸은 예습의 중요성과 재미를 느낄 수 있었다. 앞으로도 계속 예습과 복습을 잘할 수 있도록 노력할 것이다. 뒤늦게나마 예습과 복습에 대해 배워서 아이를 지도할 수 있게 되어 너무나 감사하다!

20. 우리 가족의 거실 독서

우리 가족은 거실에서 TV를 과감하게 치우고, 책을 보거나 담화를 나눌 수 있는 큰 테이블을 마련했다. 그곳에서 우리 가족만의 행복을 싹틔우고 있다. 우리 거실도 불과 5년 전에는 우리나라 일반 가정의 거실 모습과 비슷했다. TV는 당연히 가장 잘 보이는 곳에 위치하고 있었고, 가족 모두 소파에 앉아 TV를 습관처럼 보면서 생활했다. 그러던 어느 날, 부모교육 강의에서 "당신은 어떤 부모인가?"라는 질문을 받았다. 그 강의를 듣고 나서 집으로 돌아와 아이들에게 아빠를 어떻게 생각하느냐고 물었다.

"아빠는 매일 늦게 들어오시는 데다 집에 계실 때도 TV만 보셔서 너무 싫어요."

좋은 아빠가 되기 위해 나름대로 노력했던 나에게 무척 충격적인 말이었다. 그래서 좋은 아빠가 되기 위해 무엇을 해야 하나 곰곰이 생각해 보았다. 오랜 생각 끝에 아이들로부터 부모를 멀게 만드는 환경 자체를 개선해야겠다고 생각했다. 일렬횡대식의 거실 구조 때문에 가족이 함께 진지한 대화를 하지 못해 가정 해체의 원인이 되고 있다고 평소에 느꼈기에, 큰마음을 먹고 거실을 변화시켰다. 현재 우리 집 거실에는 커다란 테이블이 있고, 거기에서 우리 가족은 책을 읽고, 책 읽은 내용을 나누고, 일상을 이야기하고 있다. 처음에는 TV에 대한 집착을 버리기가 쉽지 않았지만, 의외로 빨리 거실문화의 변화에 기쁨을 느끼기 시작했다.

거실에서 TV를 치워 버리고 부모가 솔선수범해서 책 읽는 모습을 보여 주자 아이들이 자연스레 책을 접하게 되어 독서 습관이 심어진 것은 물론, 자녀와의 대화 시간이 늘어났다. 또한 공동의 취미를 가지게 됨으로써 일체감이 형성되어 갔다. 부부간에도 대화의 양과 질이 좋아지고, 독서를 통한 패러다임의 변화와 인격적 성숙을 통해 서로에 대한 존중감과 이해심이 깊어졌다. 그뿐 아니라 TV 시청에 빼앗긴 시간을 운동 시간으로 확보해 육체적인 건강도 좋아졌고, 가족이 함께 즐길 수 있는 공동 프로그램 개발 등으로 시간을 효과적으로 사용하게 되었다.

아이들에게서 갑자기 TV를 빼앗는 것 같아 우리 부부는 아이들과 함께 영화를 보고, TV보다 더 재미있고 부모의 사랑을 느낄 수 있는 대화 시간을 늘려 갔다. 그러다 일주일에 한 번씩 '굿 뉴스 퍼레이드'라는 가족행사를 하게 되었고, 지금까지 꾸준히 진행하고 있다. '굿 뉴스 퍼레이드'에서는 아이들이 번갈아 가며 직접 사회자가 된다. 그리고 사회자의 진행에 따라 지난 일주일 동안 가장 행복했던 소식을 가족에게 전한다. 좋은 소식을 가족들에게 자랑하고, 함께 축하해 주고, 마음을 나누는 이 시간은 이제 일상이 되어 우리 가족의 행복 비결이 되었다. 더욱더 행복한 것은, 우리 형제가 4남매인데 '굿 뉴스 퍼레이드'를 1년에 4회씩 모두와 함께한다는 점이다. 우리 가족을 넘어 조카, 고모, 큰아버지, 작은어머니 등 친척이 모두 '굿 뉴스 퍼레이드'를 즐기게 되었다. 내가 살면서 참 잘했다고 느끼는 것들이 그렇게 많지는 않지만, 거실문화를 바꾼 나의 선택과 결정은 참 탁월했다고 생각한다.

아이들과 다정한 시간을 나누고 싶으세요?

아이들이 아빠와 함께하는 시간이 없다고 투덜대나요?

자녀가 부모와 대화하기를 꺼리나요?

집안에 웃음이 사라지고 있나요?

거실문화를 바꿔 보세요! 그리고 자녀와 함께 책을 읽고 대화를 시도해 보세요!

친구지간에도 매일 만나는 친구와 할 얘기가 더 많다는 거 아시죠?

가정의 행복을 위해 가장인 아빠가 먼저 바뀌는 모습을 보여 준다면 정말 행복해집니다. 대한민국 아빠들, 모두 파이팅합시다!

21. 사춘기, 내 아들

어제 저녁엔 오랜만에 오페라 관람을 했다. 중학교 2학년 아들과 초등학교 6학년 딸아이와 함께. 남편이 재직하는 대학의 개교 기념 공연이었는데, 자기는 교재 제작 건이 있다며 슬며시 발을 뺐다. 한창 멋내기에 온통 에너지를 쏟고 있는 딸아이의 발작(?)으로 인터미션에 우리들의 아름다운 외출은 동강이 나고 말았다. 딸아이가 어제 파마한 머리에 온통 신경이 가 있어 부스럭대는 바람에 도중하차하고 말았다. 사춘기 두 아이들을 데리고 오페라 관람이라니…… 따라나서 준 것만 해도 고마워해야 할는지……. 그래도 아이들과 이렇게라도 유대감을 가질 수 있게 해 준 부모교육과 지난 1년여를 생각해 본다.

아들의 중학교 1학년 1학기 중간고사 성적표로부터 시작된 지나간 시간들! 전교 부회장을 비롯해 그리기, 글쓰기, 하다못해 달리기 선수까지 나의 기대에 못 미친 적이 없는 우리 아들이 내민 성적표는 그야말로 하늘이 뒤집어지는 엄청난 충격을 가져왔다. 아들과의 기나긴 줄다리기는 시작되었고, 아들은 팔에 두 번 깁스를 하고 연이은 두 번의 실신, 결국 아들은 소위 '잠수'하기 직전까지 가고 말았다. 삶의 모든 방향키를 놓고 무의미하다며 무기력한 아들의 모습을 보고 있자니, 나 또한 육아의 시행착오에서 오는 자괴감을 어찌할 수 없었다. 이래서는 안 되었다. 어딘가 길이 분명 있을 것 같아 서점으로 내달았다. 육아서와 사춘기에 관한 책들을 한 아름 사 들고 왔다. 우리 집 서가엔 그럴듯한 책이 많이 쌓여 갔다.

"아들아, 우리 여행 갈까?"

겨울방학 두 달을 포기하고 열 달을 건지자는 각오로 모든 일을 스톱하고 제주도 여행을 기획했다. 오랜만의 가족 여행이었지만, 서로 마음이 열리지 않은 상태에서 합체가 되기엔 무리였다. 돌아와선 열심히 운동을 하며, 부모교육을 받으면서 서로에게 긍정적인 에너지가 쌓일 수 있도록 노력했다. 방학이 끝날 무렵 또 한 번의 여행을 계획했다. 이번엔 남편이 바빠서 빠지고 내가 핸들을 잡았다. 고속도로 운전 경험이 없었지만 이럴 때 엄마는 강해야 했다. 무조건 아들을 살려야 한다는 절박감으로 핸들을 잡고 남으로 향했다. 외가에 들러 풍천 장어도 실컷 먹고 3일을 유람했다. 찬바람을 맞으며 낙화암을 오르는 중에 앞서 가던 아들이 되돌아 내려오더니 "엄마! 업어 드릴까요?"라고 했다. 아들 등에 업혀서 언덕길을 오르는데 눈물이 눈물이…… '그래! 이게 내 아들이야.' 하며 마음이 평안해졌다. 내 평생 가슴이 시리도록 짜릿한 경험이었다.

여행 이후에도 아들은 내내 고전했지만, 의외로 내 마음은 안정되어 있었다. 용기, 격려, 칭찬과 부모교육 프로그램과 함께하며 항상 마음을 달랠 수 있는 책을 머리맡에 두고 진정한 부모됨에 충실하려고 애썼다. 며칠 전 2학기 중간고사가 있었다. "시험 잘 봤냐?"는 아빠의 물음에 "네, 나름대로 만족해요."라는 말을 들을 수 있었다. 이 엄마는 안다. 우리 아들이 최선을 다했다는 것을!

이 엄마는 기쁘기 한이 없다. 멀리 외치고 싶다. "우리 아들 최고!"라고……. 이 말이 나오기까지 얼마나 많은 시간이 필요했던가? 아집으로 똘똘 뭉쳐서 자기 방식만을 고집하려던 이 엄마를 철든 부모로 거듭나게 도와준 우리 아들! 엄마는 이제 알아 버렸다. 자식의 미래는 아이의 것이라는 것을…… 부모는 그저 자식이 힘들어할 때 도와줄 수 있을 뿐이라는 것을…… 아이가 살아 내야 할 21세기라는 것을…….

그리고 나는 기꺼이 우리 딸의 사춘기를 기다리고 있다. 웃음을 머금으며 말이다.

22. 인내의 열매

아들: (컴퓨터 게임을 하면서) 아싸~ 아이쿠~ 아, 짜증 나!

엄마: (째려보며) 야, 몇 신데 아직까지 게임이냐? 아주 하루 종일 컴퓨터
　　　에 붙어 있네. 아휴, 컴퓨터를 없애버리든가 해야지, 원~.

아들: 왜 그래, 스트레스 쌓이게. 안 그래도 짜증 나 죽겠는데……

엄마: 네가 짜증 날 게 뭐 있어? 공부방 있겠다, 컴퓨터 있겠다, 휴대폰 사
　　　주었겠다, 네가 아쉬울 게 뭐 있어? 하라는 공부는 안 하고 맨날 게
　　　임이나 하면서……. 내가 짜증 나서 돌아 버리겠다. 너 때문에 미쳐
　　　~. 옆집 영수는 이번에도 1등 했다더라. 정말, 너 땜에 속 터져 죽겠
　　　다.

아들: 그럼 걔 데려다 키우든가……. 아이, 학교고 집이고 뭐 마음 편한
　　　데가 있어야지……, 확 나가 버릴까 보다.

엄마: 너, 지금 그걸 말이라고 하는 거야? 내가 누구 때문에 이러고 사는
　　　데…….

이랬던 엄마가 요즘 이상해졌습니다. 제가 컴퓨터를 하고 있으면 슬그머
니 간식을 가져다 놓기도 하고, 내가 잘 때까지 안 주무시고 거실에서 십자
수를 놓으십니다.

엄마: 요즘 힘들지? 학교에서 공부하랴, 학원 가랴, 놀고 싶은데 놀지도 못
　　　하고 스트레스 많이 받지? 엄마는 알아~, 우리 아들 힘든 거…….

아들: 아, 왜 그래요? 닭살 돋게…….

엄마: 엄마가 미안해! 요즘 부모교육 받으면서 공부해 보니까 엄마가 잘못
　　　한 게 많더라. 그래서 요즘 반성하고 있어. 우리 아들한테 좋은 엄
　　　마 되려고 무진장 노력하고 있거든? 엄마 이쁘지? 잘 봐 주세용~.

이렇게 변해 버린 우리 엄마! 옛날엔 잔소리하는 엄마 때문에 미쳐 버릴

것 같았는데, 요즘은 잔소리 안 하는 엄마 때문에 정말 더 미칠 것 같다. 짜증도 못 내겠고, 공부도 더 열심히 해야 할 것 같고…… 아, 정말 돌아 버리겠어~.

23. 코칭 대화

나에게 엄마라는 타이틀을 달게 해 준 아들 승우!

어느 부모나 첫아이에게는 남다른 사랑이 있을 겁니다. 저는 제 아들이 영재인 줄만 알았습니다. 착각에 빠진 엄마였고, 승우의 교육을 위해서라면 못 할 것이 없었습니다. 하지만 시간이 흐를수록 나의 열정과 기대만큼 승우는 따라 주지 않았고, 답답하고 안타까운 마음에 승우를 다그치는 악순환이 반복되고 있었습니다. 더 이상 내 아이를 통제하기 어렵다는 위기감을 느꼈고, 내 감정을 다스리지 못하고 승우에게 폭언을 하면서 때로는 매를 들기도 했습니다.

"너는 왜 그 모양이니?" "도대체 언제까지 알았다는 말만 할 거야?" "너는 도대체 무슨 생각으로 사니? 생각은 하면서 살고 있니?" "오빠답게 행동 좀 해!" "그렇게 공부해서 성적이 올라가겠니?" "알아서 한다면서, 알아서 한 게 겨우 이거야?"

내 입에서 나온 이런 막말들이 승우에게 얼마나 깊은 상처가 되었을지 지금 돌이켜 보면 가슴이 아픕니다. '부모 코칭' 강의를 들으면서 나 자신을 돌아보면서 반성하게 되었습니다. 그리고 대화할 때 승우의 마음을 알아주고, 승우에게 질문을 하려고 노력합니다.

수학 학원에서 강남권 시험문제로 시험을 보았는데, 승우가 첫날에는 36점, 두 번째는 56점을 받았습니다. 승우가 아침에 잠자리에서 일어나며 20점이나 올랐는데 다시 내려갈까 봐 걱정합니다.

"엄마, 나 수학 점수 내려가면 어떻게 하지?"

"승우가 수학 점수가 내려갈까 봐 많이 걱정되는구나?"

"네~."

"네가 걱정이 되면 수학 시험 준비를 어떻게 해야 할까?"

"……."

"승우야, 아빠랑 낚시터 가서 물고기 잡아 봤지? 어떻게 하는데?"

"낚시하려면 낚싯대 펴 놓고, 떡밥도 준비하고, 물고기 잡으면 보관할 어망도 찢어지지 않았는지 살펴서 저수지에 담가 놓고 낚시를 시작하지."

"승우랑 아빠는 고기를 잡기 전에 왜 어망을 준비해 두니?"

"우리는 분명 고기를 잡을 것이고, 잡은 물고기를 잘 살려서 가지고 가려고 그러지."

"승우랑 아빠는 준비해 둔 어망에 물고기를 넣어 두고 다시 신나게 낚시를 했잖아. 그러니까 준비가 중요한 거네. 그럼, 오늘 올리고 싶은 점수는 몇 점이야?"

"목표는 5점 올리는 거요."

"그래, 승우야, 넌 할 수 있어! 준비하는 사람에겐 당할 자가 없다고 하잖아!"

아들은 고개를 끄덕이며 웃는 얼굴로 학교에 갔습니다.

그날 수학 테스트에서 승우는 60점을 받았습니다. 4점은 작은 점수지만 승우는 커다란 성취감을 느꼈고, 나는 아들에게 힘을 보태 주는 엄마가 되었다는 기쁨을 느꼈습니다. 참, 어제는 85점을 받았습니다. 지금까지는 사랑하기 때문에 화를 냈지만, 이제는 사랑하는 만큼 기다리고 격려해 주려고 합니다. 이론과 실제는 하늘과 땅 차이보다 크고, 아이의 생각이나 행동은 나의 인내심에 한계를 느끼게 하지만, 부모 코칭의 세 가지 철학을 깊이 마음에 새깁니다.

첫째, 우리 승우는 무한한 가능성과 잠재력을 가지고 있다!

둘째, 문제의 해답은 승우가 가장 잘 알고 있다!

셋째, 나는 그 해답을 승우가 찾을 수 있도록 도와주는 동반자이다!

24. 진로 선택

나는 아이로 하여금 삶의 질을 높일 수 있는 직업을 선택하게 하고, 그 직업에 맞춰 아이의 공부 방향을 잡아 왔다. 그런데 아이는 고등학생이 되어서도 자신이 무엇을 잘할 수 있는지 찾아내지 못했다. 되고 싶은 것도 없고 하고 싶은 것도 없다며 생각조차 하려 하지 않았다. 아이가 이제껏 무엇에 열심이었나를 되짚어 보았다. 뛰어나게 잘하지는 못하지만 골고루 예체능을 잘하고 국어, 영어, 수학, 과탐, 사탐을 잘 따라가고 있기에 나도 '이거다!' 하고 내놓을 카드를 선택하기 어려웠다.

부모교육을 받고 나서 아이의 진로 선택을 위해서는 엄마인 나의 가치관을 정리할 필요가 있음을 느끼고 생각을 정리했다. 그때 깨달은 것은 내가 아이의 진로를 선택해 주는 것이 아니라 아이가 스스로 선택을 해야 한다는 것이었다. 그래서 시간만 나면 아이에게 물어보았다.

"하고 싶은 게 뭐니?"

처음에는 별로 대답이 신통치 않았지만 이야기가 거듭될수록 아이는 서서히 방향을 잡아 가고 있었다. 인내심을 가지고 1년 6개월이라는 시간을 기다렸다. 엄마와 아빠가 바라는 것에 자신을 맞추느라 급급했던 아이가 드디어 자기 자신의 삶을 생각하게 되었다.

그러면서 우리의 질문은 바뀌었다.

"어떻게 살고 싶니?"

아이는 서서히 뜬구름을 걷어 버리고 사실에 가까운 사진을 만들어 갔다. 시골에서 살았던 기억 때문인지, 시골에 작은 집을 짓고 아이들을 가르치면서 자연 속에서 살고 싶다고 했다. 그 말을 들으면서 우리 아이가 교회에서 주일학교 보조 교사를 하며 아이들과 잘 지냈던 일, 동생 공부를 봐 줄 때 큰 소리 안 나게 잘 가르치던 일들이 생각났다.

'그래, 바로 이거다!'

그렇게 살기 위해서는 초등학교 교사가 되어야 하며, 초등학교 교사가 되기 위해서는 교대를 가야 한다는 결론이 내려졌다. 아이는 길을 찾았고, 우리는 모두 동의했다. 결론은 내려졌지만 현재의 성적으로 교대를 가기에는 부족하다. 하지만 아직 1년이 남았으니 열심히 해 보겠다고 한다. 어느 대학을 갈 것인가? 좀 늦은 결정이었지만, 인생에서 1~2년은 결코 늦는 것이 아니라고 생각하게 되었다. 우리는 아이의 선택을 전적으로 지원하게 되었고, 내 아이는 분명 자신이 선택한 삶을 살기 위한 준비를 잘해 나갈 것이라고 믿는다. 자녀의 진로 선택을 도와준다는 것은 끊임없이 사랑으로 격려하고, 스스로 찾아가도록 기다려 주는 것이라고 생각한다. 지금 나는 마음이 편하다.